ОТКРОВЕННЫЕ РАССКАЗЫ СТРАННИКА

ДУХОВНОМУ СВОЕМУ ОТЦУ

ORTHODOX LOGOS PUBLISHING

ОТКРОВЕННЫЕ РАССКАЗЫ СТРАННИКА ДУХОВНОМУ СВОЕМУ ОТЦУ

Неизвестные авторы

Икона на обложке книги:
«Христос Вседержитель», Андрей Рублёв
Начало XV века

© 2024, Orthodox Logos Publishing, The Netherlands

www.orthodoxlogos.com

ISBN: 978-1-80484-133-4

This book is in copyright. No part of this publication may be reproduced, stored in a retrieval system or transmitted in any form or by any means without the prior permission in writing of the publisher, nor be otherwise circulated in any form of binding or cover other than that in which it is published without a similar condition, including this condition, being imposed on the subsequent purchaser.

ОТКРОВЕННЫЕ
РАССКАЗЫ СТРАННИКА
ДУХОВНОМУ СВОЕМУ ОТЦУ

ORTHODOX LOGOS PUBLISHING

СОДЕРЖАНИЕ

Преподобный Макарий Оптинский:
Предостережение читающим духовные отеческие книги и желающим проходить умную Иисусову молитву. 7

Предисловие к изданию 30

Часть I

Рассказ первый 37

Рассказ второй. 52

Рассказ третий 88

Рассказ четвертый 92

Три ключа ко внутренней молитвенной сокровищнице. Обретенные в духовных богатствах Св.Отцов 127

Свято-отеческие наставления о внутренней сердечной молитве

1) Наставление св. Симеона Нового Богослова . 133

2) Наставление с. Григория Синаита 136

3) Наставление Никифора Монаха 140

4) Наставление Игнатия и Каллиста 144

1) Изречения Исихия Пресвитера Иерусалимского 150

2) Изречения Филофея Синайского 158

3) Изречения Феолипта Митрополита.
(Доброт. 2. лист. 44-50) 161
4) Изречения Варсонофия Великого и Иоанна . 164

Свод отеческих уроков 184

Часть II
Рассказ странника при пятом свидании . . . 187
Шестое свидание 232
Седьмое свидание 266
Примечание. 281

ПРЕПОДОБНЫЙ МАКАРИЙ ОПТИНСКИЙ
ПРЕДОСТЕРЕЖЕНИЕ ЧИТАЮЩИМ ДУХОВНЫЕ ОТЕЧЕСКИЕ КНИГИ И ЖЕЛАЮЩИМ ПРОХОДИТЬ УМНУЮ ИИСУСОВУ МОЛИТВУ

Настоящее «Предостережение» составлено около полутора столетий тому назад преподобным оптинским старцем *Макарием (Ивановым)*. Обращено оно к желающим проходить умную Иисусову молитву, но не имеющим к тому искусных наставников-руководителей. Однако в равной степени творение старца Макария может быть адресовано и всем христианам — как совет не искать в себе высоких духовных дарований и таких же состояний, а смиренно шествовать путем исполнения Христовых заповедей, положившись во всем на Божью волю. Приводя свидетельства великих отцов-подвижников, старец убеждает: несвоевременное стремление к «высокой», «созерцательной» жизни чревато прелестью, умоисступлением, а нередко не только душевной, но и физической гибелью.

Вместе с тем, преподобный Макарий, сам опытно проходивший путь умного делания, ни в коем случае не стремится отвратить современных ему иноков и благочестивых мирян от спасительного и святыми отцами заповеданного моления именем Господа нашего Иисуса Христа. Он только утверждает: мера новоначального – молитва устная, не сопровождаемая никакими «художественными способами», сведения о которых содержатся в святоотеческих творениях.

Очень определенно пишет об этом же в своих наставлениях об Иисусовой молитве современник старца Макария – *святитель Игнатий (Брянчанинов)*: «Новоначальные должны держаться при упражнении молитвою Иисусовою одного благоговейнейшего внимания, одного заключения ума в слова молитвы. (...) Вот тебе (новоначальный) завет мой: не ищи места сердечного. Не усиливайся тщетно объяснить себе, что значит место сердечное; удовлетворительно (в свое время) объясняется это одним опытом. Если Богу угодно дать тебе это познание, то Он даст в свое время. Занимайся исключительно молитвою покаяния со всею тщательностью; старайся молитвою принести покаяние»[1].

Также преподобный Макарий объясняет, в каком душевном устроении нужно совершать молитву Иисусову, какой при этом должна быть деятельная жизнь христианина и к стяжанию каких именно духовных плодов обязан стремиться молящийся именем Христовым. Полагаем, что «Предостережение» оптинского старца будет полезно и современным христианам, стремящимся к провождению духовной жизни, поможет избежать различных козней врага рода человеческого и не сделаться жертвой прелести или неправильного «мнения» о себе.

Предостережение читающим духовные отеческие книги и желающим проходить умную Иисусову молитву

Поводом к написанию сего предостережения послужили две причины.

Первая и главная причина объяснена самим переводчиком отеческих писаний с эллино-греческого на славянский язык, опытным делателем молитвы, молдавским старцем *Паисием Величковским* в письме его к старцу Феодосию, архимандриту Софрониевой пустыни, где он пишет так:

«Извещаю духовно Вашу Святыню, что напечатание святоотеческих книг как на греческом, так и на славянском языках, внушает мне и радость, и страх. Радость – потому как они уже не будут преданы совершенному забвению, и ревнующие о своем спасении получат возможность более свободно приобретать их. Страхом – потому как боюсь и трепещу, что уже не только инокам, но мирянам могут быть предложены они – как и любая иная имеющаяся в продаже книга. Те же (**миряне**) самочинно, без наставлений опытных в делании опытной молитвы принявшись за прохождение оной удобно могут сделаться жертвами прелести. А по причине прелести как бы не последовало хулы от неразумных на это святое и пренепорочное, от многих великих святых отцов засвидетельствованное делание».

(Представив бывший пример хулы на молитву, старец продолжает):

«Сего-то, о чем уже сказал прежде, боюсь и трепещу: да не постигнет самочинно проходящих умное делание прелесть, прелести же да не последует хула, а хуле – сомнение в истинности учения богоносных наших отцов.

Потому-то богоносные отцы, о молитве сей учаще (**Иисусовой**), начало и основание ее полагают в истинном, нелицемерном послушании. От послушания рождается смирение. А оно хранит подвизающегося от всех родов прелести, грозящей проходящим путь сей самочинно. И как возможно без послушания, лишь своим умом руководствуясь – чему неизбежно прелесть последует, на таковое страшное и ужасное дело, то есть на сию молитву, без всякого наставления понуждать себя и избежать многоразличных прелестей вражиих, на молитву сию и на подвижников ея весьма хитрым образом наводимых? Отнюдь невозможно»[2].

Другою причиною предостережения послужила одна рукопись неизвестного писателя, в которой объясняются различные молитвенные действия и утешения духовные, каких сподобляем был сибирский старец Василиск. В этой рукописи сочинитель оной написал безразличное убеждение к прохождению умной и сердечной молитвы, поставляя главною целью в сем делании искание высоких дарований и утешений духовных, что может повести к весьма опасным последствиям в отношении прелести вражией. Хотя рукопись сия пока находится еще в немногих руках и редким известна, но нельзя умолчать о ней; она написана убедительно; доказательства приспособлены из книг отеческих; а опасная сторона по сему предмету умолчана, так что не совершенно знающий учение святых отцов, легко увлечься может таким убеждением, и особенно кому не случалось самому видеть или от других слышать о повредившихся душевно чрез такое делание. Чтобы яснее увидеть истину, приведем на среду свидетельства святых и богоносных отцов о том, многим ли доступно умное делание молитвы Иисусовой и правильна ли и безопасна ли цель искать чрез сие делание дарований и утешений духовных.

Из соображения всего учения святых отцов видно, что проходящие делание молитвы Иисусовой правильным и законным образом действительно сподобляются иногда от Господа великих дарований духовных и откровения таинств, и различных духовных утешений, благодатию Божиею промыслительно действуемых в душах смиренных и достойных молитвенников; но достигают сего весьма немногие.

Святой *Исаак Сирин* говорит:

Как из многих тысяч едва находится один, исполнивший заповеди и все законное с малым недостатком и достигший душевной чистоты, так из тысячи разве один (из проходивших умное делание) найдется сподобившийся, при великой осторожности, достигнуть чистой молитвы, расторгнуть этот предел и приять оное таинство, потому что чистой молитвы никак не могли сподобиться многие; сподобились же весьма редкие; а достигший того таинства, которое уже за сею молитвою, едва, по благодати Божией, находится и из рода в род[3].

Из сих слов святого Исаака видно, что «если по представляемому убеждению, всякий безразлично будет браться за прохождение умной молитвы, имея целию достижение высоких дарований и утешений духовных, то неминуемо должны многие впасть в одну из двух крайностей: или уловлены будут в прелесть вражию ложными ощущениями и обольстительными мечтаниями, или не получат никакого успеха, будут безрассудно смущаться, потому что высокой духовной молитвы, по слову святого *Исаака Сирина*, сподобляется един от бесчисленных человек»[4].

Святые и богоносные отцы написали о великих дарованиях духовных не для того, чтобы всякий безрассудно стремился к получению их, но для того, чтобы не имеющие оных, слыша о таких высоких дарованиях и откровениях, получаемых достойными, сознавали свою глубокую немощь и великое недостаточество, и невольно преклонялись к смирению, которое паче всех деланий и добродетелей нужно для ищущего спасения.

Святой Лествичник пишет:

«Как убогие, видя царские сокровища, еще более познают нищету свою: так и душа, читая повествования о великих добродетелях св. отцов, делается более смиренною в мыслях своих»[5].

И в другом месте сей святой говорит:

«Удивляться трудам сих святых дело похвальное; ревновать им спасительно; а хотеть вдруг сделаться подражателем их жизни есть дело безрассудное и невозможное»[6].

А у святого *Исаака Сирина* сказано:

«Если же скажешь, что некоторые Отцы писали о том, что такое душевная чистота, что такое здравие, что такое бесстрастие, что такое видение: то писали не с тем, чтобы нам с ожиданием домогаться этого прежде времени; ибо написано, что не приидет царствие Божие с соблюдением ожидания[7] (*Лк. 17, 20*). И в ком оказалось такое намерение, те приобрели себе гордость и падение. А мы область сердца приведем в устройство делами покаяния и житием благоугодным Богу; Господне же приходит само собою, если место в сердце будет чисто и не осквернено. Чего же ищем «с соблюдением», разумею Божии высокие дарования, то отвергнуто Церковию Божиею; и приемшие это стяжали себе гордость и падение. И это не признак того, что человек любит Бога, но недуг души. Да и как нам домогаться высоких Божиих дарований, когда божественный Павел хвалится скорбями, и высоким Божиим даром почитает общение в страданиях Христовых»[8] (то есть терпение скорбей и страданий).

Так же и в другом месте говорится у святого Исаака:

«Всякаго человека, который прежде совершеннаго обучения в первой части (то есть деятельной), переходит к сей второй (то есть умозрительной), привлекаемый ея сладостию, не говорю уже – своею леностию, постигает гнев (Божий) за то, что не умертвил прежде «уды своя, яже на земли» (*Кол. 3, 5*), т.е. не уврачевал немощи помыслов терпеливым упражнением в делании крестнаго поношения, но дерзнул в уме своем возмечтать о славе крестной. (...) У кого ум осквернен постыдными страстями, и кто поспешает наполнить ум свой мечтательными помыслами, тому заграждаются уста наказанием за то, что, не очистив прежде ума скорбями и не покорив плотских вожделений, но положившись на то, что слышало ухо и что написано чернилами, устремился он прямо вперед, идти путем, исполненным мраков, когда сам слеп очами. Ибо и те, у кого зрение здраво, будучи исполнены света и приобретя себе вождей благодати, день и ночь бывают в опасности, между тем как очи у них полны слез, и они в молитве и в плаче продолжают служение свое целый день, даже и ночь, по причине ужасов, ожидающих их в пути и встречающихся им страшных стремнин и образов истины, оказывающихся перемешанными с обманчивыми призраками оной. Говорят: «Что от Бога, то приходит само собою, а ты и не почувствуешь». Это правда, но только если место чисто, а не осквернено. Если же нечиста зеница душевного ока твоего, то не дерзай устремлять взор на солнечный шар (мысленный), чтобы не утратить тебе и сего малого луча, т.е. простой веры, и смирения, и сердечного исповедания, и малых посильных тебе дел, и не быть извергнутым в единую область духовных существ, которая есть тьма кромешная, то, что вне Бога и есть подобие ада, как извергнут был тот, кто не устыдился прийти на брак в нечистых одеждах»[9].

Здесь святой Исаак явно показал, что ищущие в молитве сладостных ощущений духовных с чаянием, и особенно стремящиеся преждевременно к видению и созерцанию духовному, впадают в прелесть вражию и в область тьмы и помрачения смысла, будучи оставлены помощию Божиею, и преданы бесам на поругание, за горделивое искание паче меры и достоинства своего.

После жалкой повести о прельщенных диаволом Малпате и Асине, святой Исаак говорит:

«Не напрасно я сказал здесь это, но – чтобы познать нам поругание от бесов, жаждущих погибели святых, и не вожделевать невовремя высоты умного жития (умных видений – **прим**.), а иначе – будем осмеяны лукавым супостатом нашим: ибо и ныне вижу, что юноши, исполненные страстей, безбоязненно суесловят и учат о тайнах бесстрастия».

Относительно людей, которые исполнены страстей и входят в исследование об отношениях телесного и бестелесного, и не отличаются от больных, учащих о здоровье, одним из святых написано:

«Блаженный Павел, когда узнал об учениках, которые пренебрегали заповедями и не препобедили страстей, но вожделевали блаженства в созерцании тайн, возможном по очищении, сказал им: совлекитесь сперва ветхого человека страстей, и тогда вожделевайте облечься в человека нового, обновляемого познанием тайн по подобию Творца (*Кол. 3,9–10*), и не вожделевайте того моего и прочих Апостолов видения, действенно совершенного благодатию; потому что Бог «егоже хощет милует, а егоже хощет, ожесточает» (*Рим. 9, 18*). Ибо кто противостанет лицу Его, или воспротивится воле Его? Бог подает иногда даром; иногда же требует дел и очищения, и потом уже посылает дар; а иногда и после дел и очищения не дает здесь, но хранит, чтобы даровать созерцание на своем месте»[10].

Святый *Григорий Синаит*, ревностный учитель умного делания, в главах о безмолвии пишет:

«Близ и около новоначальных и самочинных бесы обыкновенно распростирают сети помыслов и пагубных мечтаний и уготовляют рвы падений, так как град их еще находится под властью варваров. И нечего дивиться, если кто из них заблудился, или выступил из ума, или принял и принимает прелесть. (...)

В том, что новоначальные ошибаются и после многих трудов, ничего нет дивного. (...) Память Божия, или умная молитва, выше всех деланий; но бесстыдно и дерзостно желающий внити к Богу и исповедать Его чисто, и нудящийся стяжать Его в себе удобно умерщвляем бывает от бесов, если попущено им будет сие. (...) Господь милосердный к нам, видя, как скоры мы на высокое, часто не попускает нам впасть в искушение, чтоб каждый, сознав свое высокоумие, сам собою обратился к настоящему действованию, прежде чем сделается поношением и посмехом для бесов, и плачем для людей. (...) Ибо сильным и совершенным принадлежит бороться всегда с бесами одним, и на них непрестанно обращать меч духовный, «иже есть глагол Божий» (*Еф. 6, 17*); немощные же и новоначальные пользуются, как твердынею, бегством, с благоговением и страхом, отказываясь от противоборства и не дерзая прежде вступать в него, и таким образом избегают смерти (душевной)»[11].

У сего Святого говорится еще, что не всякого должно и можно учить умному деланию молитвы, как написано у него в 15-ти главах.

«Добре также творят и те, кои совсем не держат псалмопения, если они преуспевают. Таковые не имеют нужды в псалмопении, но должны пребывать в молчании, непрестанной молитве и созерцании, если достигли просвещения. Ибо они с Богом соединены и не должны отторгать ум свой от Него, и ввергать его в смущение (или в толпу помыслов). (...) Научить других сему чину (то есть непрестанной Иисусовой молитве) не всех возможно. Послушников[12] простецов и неграмотных – да; потому что послушание ради смирения ко всякой добродетели способно. Непослушливым же, простецы ли они или ученые, не преподается сия наука, чтоб не впали в прелесть; ибо самочинный не может избежать самомнения, которому обычно сопутствует прелесть, как говорит св. Исаак. Некоторые же, не помышляя об имеющем быть вреде, всякого прилучающегося учат своими усилиями держать память Божию (то есть Иисусову молитву) для того, чтобы ум навык сей памяти и возлюбил ее, что невозможно, особенно для привыкших жить по своему чину. Ибо так как ум их нечист по причине нерадения и высокомудрия и не предочищен слезами, то они узревают паче срамные образы помыслов, нежели молитву, между тем как гнездящиеся в сердце их духи нечистые, будучи тревожимы страшным именем (Божиим), скрежещут, желая погубить уязвляющего»[13].

Притом должно знать, что умная молитва не малого требует внимания, подвига и труда. Кто желает в разуме проходить делание сие, тому святой *Симеон Новый Богослов* предписывает следующее:

«После (установления в сердце) совершенного послушания, какое, как мы сказали, должно тебе иметь к духовному отцу своему, и все прочие дела свои делай с чистою совестию, как бы ты был пред лицом Бога: ибо без послушания невозможно быть совести чистой. Совесть же свою хранить чистою должен ты в трояком отношении: в отношении к Богу, в отношении к духовному отцу своему и в отношении к прочим людям, также к вещам и предметам мира (житейским).

В отношении к Богу долг имеешь хранить совесть свою чистою, не позволяя себе делать ничего такого, о чем знаешь, что оно не успокаивает Бога и неприятно Ему.

В отношении к духовному отцу своему делай одно то, что он заповедует тебе, и ни больше, ни меньше того не позволяй себе делать, но шествуй по намерению его и по воле его.

В отношении к другим людям соблюдешь совесть свою чистою, не позволяя себе делать им ничего такого, что сам ненавидишь и чего не желаешь, чтоб они делали тебе самому.

И в отношении в вещам долг имеешь хранить совесть свою чистою, употребляя их всегда, как должно, – именно пищу, питие, одежду.

И вкратце, все делай так, как бы ты был пред лицом Бога, и ни в каком деле не допускай себя до того, чтоб обличала и уязвляла тебя совесть, что ты не сделал его хорошо»[14].

Кто имеет возможность и произволение жить по сему наставлению преп. *Симеона Богослова*, тот, без сомнения, со смирением и надеждою на помощь Божию, может коснуться обучения делания сердечной молитвы, употребляя при сем и другие советования святых отцов, то есть растворяя молитву памятию смерти, памятию прежнего жития и воспоминанием согрешений своих по виду (кроме плотских, сих бо памятование вредно), да всеми способами стяжет и удержит сокрушение духа и смирение, и плач, «ибо мы имеем брань с гордыми демонами»[15], говорит преп. Филофей Синайский. Делатель сей также должен иметь в виду и цель молитвы истинную, а не ту, какую представляет упоминаемый писатель, то есть искание дарований и утешений духовных. Истинно, праведные подвижники не искали дарований, но, напротив, некоторые из них молились Богу о том, чтобы отъяты были от них и данные уже дарования. «Если же некоторые из них, – говорит святый *Исаак Сирин*, – и принимали дарования, то принимали по нужде (для общей пользы) или по простоте своей»[16].

Преподобные Каллист и Игнатий пишут: «Не ищи прежде времени того, что будет в свое ему время»[17]. И в другом месте сии святые, приводя свидетельство из книги святого Исаака о Божественном в нас явлении и существенном благодатном просвещении, предостерегают неопытных, говоря так:

«Это Иерусалим и царство Божие, внутри нас сокровенное, по слову Господню (*Лк. 17, 21*). Эта область есть облако Божией славы, в которую только чистые сердцем внидут узреть лице своего Владыки. Только сам он да не ищет явления Бога в себе, чтоб не принять того, кто воистину тьма есть, – и лживо представляется светом»[18].

Какая же истинная цель молитвы? Святой Кассиан Римлянин в послании к Леонтину, игумену, пиша о беседе своей с аввою Моисеем, говорит, что преподобный сей целию духовной жизни поставляет чистоту сердца, то есть очищение оного от страстей.

Как достигается цель сия?

При помощи хранения заповедей Божиих; и чрез сие когда кто совлечется ветхого человека, то есть страстей, то сподобляется чистой и духовной молитвы, по сказанному у святого *Исаака Сирина*:

«Сподобляется же ее человек (то есть духовной молитвы), когда хранением заповедей Господних, противящихся греху, и внутренне и наружно совлечется греха. Кто возлюбит сии заповеди и воспользуется ими по чину, для того необходимым сделается освободиться от многих человеческих дел, т.е. совлечься тела и быть вне его, так сказать, не по естеству, но по потребности. Кто ведет жизнь по образу Законоположника (то есть по примеру его), и руководствуется заповедями Его, в том невозможно оставаться греху. Посему Господь обетовал в Евангелии сохранившему заповеди сотворить у него обитель» (*Ин. 14,23*)[19].

У *Макария Египетского* в книге Семи слов читаем:

«А если кто, не имея молитвы, принуждает себя только к молитве, чтобы получить благодатную молитву, а к смиренномудрию, к любви и к соблюдению прочих Господних заповедей не принуждает себя, то иногда, по прошению его, дается ему благодатная молитва, даже отчасти в упокоении и веселии, но нравами уподобляется он тому же, чему и прежде был подобен. Ибо не имеет он кротости, потому что не взыскал ее с трудом, и не приуготовлял себя быть кротким; не имеет смиренномудрия, потому что не просил и не принуждал себя к этому; не имеет любви ко всем, потому что не имел о сем попечения, и не искал сего усильно в молитвенном прошении. Ибо каждому, кто приневоливает и нудит себя, даже против желания сердца, к молитве, надобно также принуждать себя и к любви, и к кротости и ко всякому терпению, и великодушию, по написанному, с радостию; (...) а таким же образом надобно принуждать себя к уничижению, к тому, чтобы почитать себя худшим и низшим всех»[20].

В той же книге и в том слове еще сказано, что таковый всегда близок к падению:

«Если же кто принуждает себя к молитве, пока не примет дарования от Бога, а к этому, то есть к смиренномудрию, к любви, к кротости и к прочим добродетелям не приневоливает и не нудит себя в той же мере, то бывает иногда к нему Божия благодать по его молитве и прошению; потому что благ и милостив Бог, и просящим у Него дает просимое. Но, не приуготовив и не приучив себя к исчисленным выше добродетелям, или утрачивает он благодать, или приемлет и падает, или не преспевает от высокоумия; потому что не предает себя от всего произволения заповедям Господним. Обитель или упокоение Духа есть смиренномудрие, любовь, кротость и прочие заповеди Господни»[21].

И опять говорит сей святой:

«Если смиренномудрие и любовь, простота и благость не будут в нас тесно соединены с молитвою, то самая молитва, лучше же сказать, эта личина молитвы, весьма мало может принести нам пользы»[22].

Упомянутый писатель, убеждая к прохождению умной молитвы, на вид выставляет душевное устроение и образ жизни лишь только избранных подвижников, уже очистивших себя от страстей, а как в начале совершается духовно борение со страстьми посредством молитвы, – о том он умалчивает. В надсловии же на книгу преп. *Нила Сорского* сказано:

«Поставь с одной стороны заповеди Христовы, с другой – всегдашнюю молитву: «Остави нам долги наша». И прими за непреложное правило: не преступать ни единой заповеди. То есть: не потворствовать похоти, не гневаться, не осуждать, не клеветать, не лгать, не празднословить, любить врагов, благотворить ненавидящим, молиться за творящих зло; также – уклоняться сластолюбия, сребролюбия, блудных помыслов, печали, тщеславия и презорства, и просто всех грехов и помыслов злых. И с тем приступай к обучению умному деланию, внимая при том тщательно, сколько раз на каждый день, невзирая на принятое правило, преступишь заповеди, какими грехами, страстями и злыми помыслами уязвишься»[23].

Место сие, во-первых, показывает, как умное делание должно быть сопряжено с хранением заповедей Божиих, о которых упоминаемый писатель нигде утвердительно не говорит, а лишь повествовательно в конце послания своего упоминает мало. Во-вторых, оно показывает, что не вдруг делатель молитвы наслаждается желаемыми плодами, хотя упоминаемый убедитель и скорый обещает успех в этом. Из учения святых отцов видно, что обучение умного делания требует многого, не только труда и подвига, но и времени. Святой *Иоанн Златоуст* пишет:

«Дело это не одного или двух дней, но многих лет и долгого времени, и подвига, и труд немалый необходим, прежде чем изгнан будет враг и вселится Христос»[24].

У преп. Исихия и Никифора монашествующего, хотя представлены многие подробности, как должно в начале проходить обучение умного делания, но не испытавшим еще оного, преимущественно должно держаться наставлений преп. Каллиста и Игнатия, потому что они в постепенном порядке излагают руководство к прохождению умного делания, поставив впереди многие к оному приготовления. Во-первых, сии святые говорят, что начало всякого по Бозе делания есть жительствование по заповедям Спасителя и что желающий жить по Бозе должен направляться к исполнению всех заповедей Божиих, особенно же хранить мир с ближними и иметь любовь ко всем. Далее пишут, что прежде всего должно избрать духовного наставника и иметь к нему совершенное повиновение и отсечение пред ним своей воли. Выставив признаки истинного послушания, они объясняют еще, что делателю сему при православной вере надлежит быть исполнену и благих дел, избегать молвы и смущения, печали и попечения, быть молчаливу и безмолвну, и о всем благодарить Бога; познавать свою немощь, и добльственно терпеть искушения, с надеждою на Бога и ожиданием от Него пользы душевной; во время случающихся изменений не отчаиваться, а с верою и терпением ожидать перемены на лучшее, и особенно погружаться в глубину смиренномудрия, от души считая себя грешнейшим и непотребнейшим паче всех человек, потому что смирение покрывает многие немощи наши и паче других добродетелей умилостивляет о нас Бога. Еще преподобные сии советуют быть осторожну в отношении утешений духовных. Написана ими и глава об утешении Божественном и притворном, где выставлено на вид, как лукавый враг злохитро и тонко старается обольстить ложными утешениями не только неопытных, но и искусных подвижников, преклоняя их в некоторый тончайший сон, чтобы не могли отличить утешения ложного от истинного. Главный признак прелести в том и состоит, когда человек ложные ощущения радости или утешения вражии приимет за благодатные, или приимет ложный совет за истинный. Почему, во избежание вреда, сии святые советуют, в таком случае, вопрошать могущего научить не только от Божественного писания, но и от опытного Божественного просвещения. Если же такового нет, то лучше не принять утешения, а со смирением прибегнуть к Богу, от чистого сердца, считая себя недостойным такового достоинства и видения.

Хотя Апостол Павел в числе других плодов упоминает и о радости (*Гал. 5, 22*), но должно быть весьма осторожну, чтобы не увлечься ложным ощущением радости, как пишет о сем св. Лествичник, говоря: «Рукою смирения отвергай приходящую радость, как недостойный ее, чтобы не обольститься ею, и не принять волка вместо пастыря»[25]. Истинная и непрелестная радость, как видно из самого исчисления Апостолом плодов духовных, принадлежит и великой мере духовной. Как дары Духа Святого начинаются от меньшего, то есть от страха Божия, и восходят постепенно; так равно и плоды духовные начинаются не высшими, но низшими, то есть воздержанием во всем и кротостию, которым последует живая вера, всякое милосердие к ближнему; потом благость, о которой говорят Пророк Аввакум и св. *Исаак Сирин*: «Око благое не узрит зла»[26]. Далее, долготерпение в скорбях и искушениях, внутренних и внешних, и мир от помыслов и всякой страсти. Ежели кто сими добродетелями, названными от Апостола плодами, растворяет молитву свою, и достиг в свое время радости духовной, тот может наслаждаться оною достойно и праведно, быв исполнен смирения и любви, которая, по слову Апостола, «никогда не перестает» (*1 Кор. 13, 8*).

Кстати скажем о прелести вообще; св. *Григорий Синаит* пишет:

«Ты же, если добре безмолвствуешь, чая с Богом быть, никогда не принимай, если что увидишь чувственное или духовное, вне или внутри, хотя бы то был образ Христа, или Ангела, или Святого какого, или бы свет мечтался или печатлелся в уме. Ум и сам по себе естественную имеет силу мечтать и может легко строить призрачные образы того, что вожделевает, у тех, кои не внимают сему опасно, и таким образом сами себе причиняют вред.(...) Потом внимай, да не поверишь чему-либо, увлекшись тем, хотя бы то было что-нибудь хорошее, прежде вопрошения опытных и полного исследования дела, чтоб не потерпеть вреда; но будь всегда недоволен сим, храня ум бесцветным, безвидным и безобразным. Часто и то, что было послано Богом, к испытанию для венца, во вред обращалось многим. Господь наш хощет испытать наше самовластие, куда оно клонится. Но узревший что-либо мысленно или чувственно и приемлющий то без вопрошения опытных, легко – хотя то и от Бога есть, – прельщается или имеет прельститься, как скорый на приятие помыслов. Бог не негодует на того, кто тщательно внимает себе, если он из опасения прельщения не приимет того, что от Него есть, без вопрошения и должного испытания, но паче похваляет его, как мудрого. Ибо немалый труд постигнуть истину явно и чисту быть от того, что противно благодати; потому что диавол обычай имеет, особенно для новоначальных, представлять под видом истины прелесть свою, преображая лукавое свое в духовное»[27].

И у Симеона Нового Богослова сказано:

«На этом пути стоя, прельщаются и те, которые видят свет телесными очами своими, обоняют благовония обонянием своим, слышат гласы ушами своими, и подобное. Некоторые из таких взбесновались и в безумии ходят с места на место. Другие прельстились, приняв диавола, преобразившегося и явившегося им в виде Ангела света, а они того не распознали, и остались неисправимыми до конца, не хотя слышать совета ни от какого брата. Иные из таких сами себя лишили жизни, быв подвигнуты на то диаволом; иные бросились в пропасть; иные удавились. И кто может пересказать разные прелести, какими прельщает их диавол, когда они неисчислимы?»[28].

Сей прелести особенно подвергаются те, которые, не очистив себя от страстей, возводят ум на небо и воображают небесная благая и чины Ангел и проч., как написано у *Симеона Нового Богослова* в той же главе выше:

«Когда кто, стоя на молитве и воздевая на небо руки свои и очи свои, и ум свой, держит в уме божественные помышления, воображает блага небесные, чины ангелов и обители святых, и кратко все, слышанное в Божественных Писаниях, собирает в ум свой, и рассуждает о том тогда – во время молитвы, зря на небо, и подвигает тем душу свою к вожделению и любви Божией, а иной раз извлекает даже слезы и плачет. При этом мало-по-малу (молящийся так) начинает кичиться в сердце своем, сам того не понимая; ему кажется, что делаемое им есть от благодати Божией в утешение ему, и он молит Бога сподобить его всегда пребывать в таком делании. А это есть знак прелести: ибо добро уже не добро, когда не бывает добрым образом и как следует»[29].

Что значит когда не бывает добрым образом и как следует? Святый Симеон в ответ приводит свидетельство из книги святого Лествичника, который уподобляет образы внимания и молитвы лествице о четырех степенех, и глаголет:

«Иные укрощают страсти и смиряются; иные поют, т.е. молятся устами; иные упражняются в умной молитве; иные восходят в созерцание... Которые, – продолжает св. Симеон, – берутся восходить по сим ступеням, не начинают с верхних, чтоб нисходить к нижним, а от нижних идут к верхним, – ступают на первую, потом на вторую, далее на третью и наконец на четвертую. И, во-первых, нужно подвизаться умом и укротить страсти, во-вторых, упражняться в псалмопении, т.е. молиться устами, потому что, когда умаляются страсти, тогда молитва уже естественно доставляет удовольствие и сладость даже языку и вменяется в благоугодную пред Богом, в-третьих, молиться умно, – и в-четвертых, восходить в созерцание. Кто проходит все сие по чину, каждое в свое время, тот может, после того, как очистится сердце его от страстей, всецело весь и вдаваться в псалмопение, и противоборствовать помыслам, и на небо воззревать чувственными очами или созерцать его очами души умственными, и молиться чисто воистину, как подобает»[30].

Все сии свидетельства от учения святых и богоносных отцов выписаны по желанию пользы ближнему и для предостережения неопытных и немощных, чтобы нерассудно и дерзостно не стремились выше меры своей к прохождению умного делания, да не впадут в прелесть вражию, и будут поругание бесам и плач в человецех, как сказано выше. Но отнюдь не писано сие с тем, чтобы удержать и отвратить от сего делания кого-либо, в разуме и по учению святых отцов желающего проходить оное. Мы радуемся о тех, которые разумно и достойно могут соединиться с Господом чрез сие блаженное делание; не достигшим же того и нудящимся к прохождению сего делания советуем самим читать с должным вниманием отеческие книги, да познают истину и прелесть, и подсады вражии, и соблюдут себя от начинаний выше меры своей.

Многим прилично и полезно помнить слово св. *Исаака Сирина*, который советует употреблять образ молитвы согласно с образом своей жизни и соответственно мере душевного устроения, говоря: «Сообразна с житием твоим должна быть и молитва твоя»[31]. И в другом месте: «Трудно что-либо высокое преподать еще новоначальному и младенцу возрастом (духовным)»[32]. Не вотще и Апостол заповедует прежде молитися молитвою устною, как написано в послании к Евреям: «Тем убо и приносим жертву хваления выну Богу, сиречь плод устен, исповедающихся имени Его» (*Евр. 13, 15*).

Также и преподобный *Петр Дамаскин* учит прежде проходить молитву деятельную, объясняя, что умозрительная даруется после, благодатию Божиею, не по воле человека, а по воле Божией, когда обрящется сердце и ум его могущими вместить оную, как сказано у него во 2-й книге:

«даяй молитву молящемуся» (*1 Цар. 2, 9*), то есть: хорошо молящемуся телесною молитвою дает Бог умную молитву, и тщательно пребывающему в ней – безвидную и необразовидную, от чистого страха Божия. И опять хорошо совершающему сию – ведение творений и от него – восхищение ума к Богословию и благому действию будущего дарует Бог тому, кто от всего «упраздняется» (*Пс. 45, 11*) и поучается в сем делом и словом, а не слухом только»[33].

ПРИМЕЧАНИЯ К ПРЕДОСТЕРЕЖЕНИЮ

1 – Искатель непрестанной молитвы. Наставление Св. Игнатия о молитве Иисусовой для новоначальных. – Издание братства «Неопалимая купина» при участии издательства «Храм». – М, 1991.

2 – Письмо преподобного старца Паисия приведено нами в современном русском переводе: язык оригинала мог быть не для всех одинаково понятен. (Письмо это было напечатано в книге жития и писаний старца Паисия в первом издании 1847 г., на стр. 265, 266, 267. – **прим. преп. старца. Макария.**)

3 – Аввы *Исаака Сирина* «Слова подвижнические», Слово 16. – «Правило веры» М., 1993.

4 – Там же, Слово 21.

5 – Преподобного отца Иоанна, «Лествица», 26, гл. 211. СПб. 1995.

6 – Там же, Слово 4, гл. 42.

7 – Вариант:«...с усмотрением».

8 – Аввы *Исаака Сирина* «Слова подвижнические», Слово 55. – «Правило веры» М., 1993.

9 – Аввы *Исаака Сирина* «Слова подвижнические», Слово 2. – «Правило веры» М., 1993.

10 – Аввы *Исаака Сирина* «Слова подвижнические»,

Слово 55. – «Правило веры» М., 1993.

11 – «Добротолюбие», т. 5. Главы преп. *Григория Синаита*. «Наставление безмолвствующим», гл. 7. – Свято-Троицкая Сергиева Лавра. Сергиев Посад, 1993.

12 – Не по простому обычаю так названных, но в повиновении находящихся у духовного отца, с отсечением своей воли и разума. – **прим. преп. старца Макария.**

13 – «Добротолюбие», т. 5. Главы преп. *Григория Синаита*. «О молитве и безмолвии», гл. 8. – Свято-Троицкая Сергиева Лавра. Сергиев Посад, 1993.

14 – Преподобный *Симеон Новый Богослов*. «Творения», т. 2, слово 68. – Свято-Троицкая Сергиева Лавра. Сергиев Посад, 193.

15 – «Добротолюбие», т. 3. Главы преп. Филофея Синайского «О трезвлении», гл. 13. – Свято-Троицкая Сергиева Лавра. Сергиев Посад, 1993.

16 – Аввы *Исаака Сирина* «Слова подвижнические», Слово 36. – «Правило веры». М., 1993.

17 – «Добротолюбие», т. 5. Главы Каллиста Патриарха и сподвижника его Игнатия Ксанфопулы, гл. 59. – Свято-Троицкая Сергиева Лавра. Сергиев Посад, 1993.

18 – Там же, гл. 60.

19 – Аввы *Исаака Сирина* «Слова подвижнические», Слово 21. – «Правило веры» М., 1993.

20 – Преподобный *Макарий Египетский*. «Семь слов», Слово 13. – «Духовные беседы». – Свято-Троицкая Сергиева Лавра. Сергиев Посад, 1994.

21 – Там же, гл. 14.

22 – Преподобный *Макарий Египетский*. «Семь слов», Слово 3, гл. 5. – «Духовные беседы». – Свято-Троицкая Сергиева Лавра. Сергиев Посад, 1994.

23 – Эти слова преподобного *Нила Сорского* приведены здесь в переводе на современный русский язык.

24 – Эти слова из «Слова к монахам» св. *Иоанна Златоуста* также приведены здесь в переводе на современный русский язык.

25 – «Лествица», Слово 7, гл. 57. – СПб. 1995.

26 – Аввы *Исаака Сирина* «Слова подвижнические», Слово 21. – «Правило веры», М., 1993.

27 – «Добротолюбие», т. 5. Главы преп. *Григория Синаита*. «Наставление безмолвствующим», гл. 7. – Свято-Троицкая Сергиева Лавра. Сергиев Посад, 1993.

28 – Преподобный *Симеон Новый Богослов*. «Творения», т. 2, слово 68. – Свято-Троицкая Сергиева Лавра. Сергиев Посад, 1993.

29 – Преподобный *Симеон Новый Богослов*. «Творения», т. 2, слово 68. – Свято-Троицкая Сергиева Лавра. Сергиев Посад, 1993.

30 – Преподобный *Симеон Новый Богослов*. «Творения», т. 2, слово 68. – Свято-Троицкая Сергиева Лавра. Сергиев Посад, 1993.

31 – Аввы *Исаака Сирина* «Слова подвижнические», Слово 5. – «Правило веры» М., 1993.

32 – Там же, Слово 74.

33 – *Петр Дамаскин*. «Творения», Слово 24. – М., 1993.

ПРЕДИСЛОВИЕ К ИЗДАНИЮ

Выходящие ныне новым изданием «Откровенные рассказы странника духовному своему отцу» уже давно и достаточно известны русскому обществу. Написанные во второй половине прошлого столетия, они распространялись и в рукописном виде, и печатно. Переписаны они были на Афоне настоятелем Черемисского монастыря Казанской епархии, игуменом Паисием, и им же изданы, иждивением этого монастыря. В 1884 г. в Москве вышло уже четвертое издание. Рассказы были дважды переизданы и за границей, издательством YMCA-Press, в Париже.

Кроме этих четырех «рассказов странника», в России, еще в 1911 г., было издано (2-мя изданиями) дополнение к этим рассказам, найденное в рукописи в бумагах известного Оптинского старца, иеросхимонаха Амвросия. Эти новые, – пятый, шестой и седьмой, – рассказы были также переизданы отдельной брошюрой за-границей в Русской церковной типографии во Владимировой на Словенску в 1933 г. К первым (четырем) рассказам было составлено предисловие настоятелем Черемисского монастыря, а к заграничному изданию предисловие написал проф. Б. П. Вышеславцев. Дополнительному изданию трех рассказов предпослал свое предисловие еп. Вологодский, Никон, издатель «Троицких Листков».

В настоящем издании читатель имеет все семь рассказов, дополненные, как и раньше, тремя «ключами» для внутреннего молитвенного делания, составленными из творений известных отцов-аскетов.

Автор этих рассказов остался неизвестным. Устное предание называло разные имена: и игумена Тихона, настоятеля одного из монастырей Нижегородской или Владимирской епархии, автора нескольких душеполезных книг (например, «Высокое служение иерея Божия на земле»), и старца, о. иеросхимонаха Амвросия оптинского, и даже самого еп. Феофана Затворника Вышенского. Но никаких неопровержимых данных нет в пользу кого бы то ни было из них. Очень возможно, что это вообще никому не ведомый писатель. Во всяком случае, надо сказать, что он был не лишен литературного дарования и вкуса.

В значительной степени успех этой книжки объясняется ее внешними качествами, вполне соответствующими и ее внутреннему содержанию. Излишне говорить, что часто стиль духовно-просветительной литературы, не подчинявшийся требованиям литературной критики и культуры, отталкивал от себя очень многих читателей, жаждавших религиозного просвещения. Книги духовно-нравственного содержания почему-то почти всегда писались особым, неприемлемым для литературного слуха языком, обильно уснащенным славяно-русскими оборотами, языком условным, приторно-елейным и потому легко кажущимся неискренним. Можно смело сказать, что при всем богатстве богословских трактатов и монографий первоклассной научной ценности, русское общество, жаждавшее религиозного просвещения, было совершенно лишено книг, написанных вполне естественным языком, не режущим слух литературно-образованного читателя. Даже академические переводы святоотеческих творений, почти всегда выполненные профессорами высших богословских школ, зачастую страдали от этого искусственного приспособления к выработанному стилю духовных листков и брошюрок для народа. Пушкинскому языку почему-то закрыты были двери в эту область религиозной литературы.

«Рассказы странника» служат как раз счастливым исключением. Их автор сумел возвыситься над утвержденным уровнем духовно – нравственной письменности. Эта книга написана живым, народным и правильным русским языком. Конечно, она не чужда известной доли манерности; язык ее для нашего времени значительно устарел; он не свободен от примеси церковно-славянизмов; ритм и стиль кое-где не выдержан до конца. Но, в общем, эти детали никак не умаляют благоприятного впечатления от всего повествования Странника. Это все не выдумано и не искусственно создано. Автор безусловно слышал этот говор, так сказать, с натуры. Он вполне вошел в этот распев и владеет им умело и уверенно.

Встает вопрос, принадлежат-ли вторые три рассказа тому же автору, что и первые четыре? Странным кажется, почему только в 1911-ом году, после того, как книга выдержала четыре издания и была широко распространена по всей России, вдруг были найдены последние рассказы. Найдены, по-видимому, и не сразу после смерти покойного старца Амвросия. У меня лично нет полной уверенности в тождественности составителей. Автор последних трех рассказов вполне, по-видимому, овладел стилем предыдущих повествований, но какая-то доля сомнения все же остается. Но это и не столь важно.

Гораздо важнее этой внешней стороны самое внутреннее содержание книги. Это – путь странника по бесконечным дорогам, большакам и проселкам Св. Руси; одного из представителей той «во Христе бродячей» России, которую мы так хорошо знали тогда, давно, давно..., – России, которой теперь нет и которой, вероятно, никогда больше и не будет. Это те, кто от преп. Сергия шли в Саров и на Валаам, в Оптину и к киевским угодникам; заходили и к Тихону и Митрофанию, бывали и в Иркутске у святителя Иннокентия, доходили и до Афона и до Св. Земли. Они, «не имея пребывающего града, искали грядущего». Это те, кого манила даль и беспечная легкость бездомного жития. Оставив свой дом, они находили его в иноческих обителях. Сладости семейного уюта они предпочли назидательную беседу старцев и схимников. Крепкому укладу векового быта они противопоставили ритм монастырского богослужебного года с его праздниками и церковными воспоминаниями. Они кажутся нам теперь гораздо более близкими к Бедняку из Ассизи или еще ближе к тем первохристианам, о которых древний автор написал: «христиане населяют свои отечества, но как пришельцы; во всем участвуют, как граждане, но все терпят, как чужестранцы; всякая чужбина им – отечество, и всякое отечество – чужбина... Будучи во плоти, они не по плотскому живут; по земле скитаются, но на небе жительствуют» (так называемое «Письмо к Диогнету»).

И вот этот «по милости Божией человек-христианин, по делам великий грешник, по званию бесприютный странник», ночующий то у мужика-полесовщика, то у купца, или в захолустной сибирской обители, а то у благочестивого помещика или священника, ведет свой безыскусственный рассказ о своем странствовании. Ритм его напева легко захватывает читателя, подчиняет себе и заставляет слушать и поучаться. Обогащаться тем богатым сокровищем, которым владеет этот бедняк, не имеющий ничего с собою, кроме сумки сухарей, Библии за пазухой, да «Добротолюбия» в своей сумке. Это сокровище – молитва. Тот дар и та стихия, которым безмерно богаты те, кто его стяжали. Это – то духовное богатство, которое отцы-аскеты назвали «умным деланием» или «духовным трезвением», которое унаследовано от подвижников Египта, Синая и Афона, и корни которого уходят в седую древность христианства. Это – то богатство, которое близко всем мистикам всех религий, то внутреннее самоуглубление, которое открывает «потаенного сердца человека», которое показывает подвижнику «ведение логосов твари», т. е. премирный смысл и художественный замысел божественного плана созданной вселенной.

Апостольские слова «непрестанно молитесь», с которых, в сущности, и начинается это духовное паломничество Странника, полюбились христианским мистикам древности и, воплощенные в их внутреннем делании, выработались в особую духовную науку о постоянном трезвении ума. Уже Климент Александрийский, философ и богослов, один из первых христианских мистиков, знает основные принципы этого делания. Его совершенный «гностик» стремится молиться этой внутренней молитвою, которой не нужны ни особое время, ни место, ни книги, ни молитвенные символы. Ему не нужны слова и звуки. Безмолвная молитва его уст, шепот его губ, это – крик его сердца. Он молится весь день и всю жизнь. Он не нуждается в храмах, и богослужение его сердца не подчиняется церковному типикону. Цель его молитвы – не исполнение прошений, а чистое созерцание Бога.

Об этой же молитве знают и учат свв. Макарий Египетский и Антоний Великий, Иоанн Лествичник и Максим Исповедник, Исаак Сирин и Симеон Новый Богослов, Ареопагитики и Григорий Палама. То, что Церковь хранит бережно и ревниво в писаниях всех этих аскетов – художников этого делания, и представляет собою вершину всего молитвенного искусства. Наиболее полное и яркое выражение свое оно получило в слове св. Симеона Нового Богослова, о трех образах молитвы, раскрывающем нам всю ценность и содержание этой «безобразной» молитвы, — молитвы, не воплощенной в литургико-иконописные символы, а состоящей в непрестанном повторении имени Божия, услаждения им и созерцания в нем несозданных энергий Божиих, поскольку это дается Богом очищенному сердцу подвижника. От Паламы и Синаита этот опыт передался и сохранился у исихастов Афона; от них, через Паисия Величковского, был воспринят и нашими старцами, оптинскими и валаамскими исихастами.

Христианское подвижничество неоднократно пытались застилизовать под обскурантизм или гнушение миром и человеком. Но, имея «такое облако свидетелей» за собою, опираясь на весь святоотеческий опыт аскетики, подвижник, творец умной молитвы, есть в то же время и носитель истинного духовного просвещения. Он, как и совершенный гностик Климента, не только не колеблется перед кажущимися противоречиями истинного ведения и веры, но и стремится всей душой и умом к стяжанию этого знания о вещах и о мире. Для него молитва есть не только путь к богообщению, но и к боговедению. Молитва имеет свое глубокое гносеологическое значение и открывает ему в его мистических созерцаниях то, что отцы назвали «знанием логосов вещей», т. е. премирного их смысла. Исихасту-страннику, повествователю своих откровенных рассказов, открылось целое миропонимание и мироощущение, неведомое мудрецам позитивного знания. За «грубою корою вещества» он видит божественные логосы этих тварей, ту настоящую реальность, отраженными символами которой являются вещи этого мира. Это наполняет его такой любовью к миру, к природе, к зверям и людям, что не только нельзя говорить о мироненавистничестве, но, наоборот, в его безыскусственном рассказе можно прочитать настоящий гимн любви к этому миру и человеку. Он познал сам и учит нас тому, что так знал, например, св. Максим Исповедник, да и другие отцы и писатели Церкви, а именно, что весь видимый мир представляет собою необъятное органическое целое, связанное союзом любви.

Углубленный в себя, в постоянное повторение святейшего имени Иисусова, он в безмолвном созерцании Логоса Божия, достигает внутреннего озарения себя, а через то – и созерцания преображенного в Фаворском свете мира и человека.

Профессор **Архим. Киприан.**
Сергиевское подворье.
Март. 1948 г.

ЧАСТЬ I
РАССКАЗ ПЕРВЫЙ

Я по милости Божией человек-христианин, по делам великий грешник, по званию бесприютный странник, самого низкого сословия, скитающийся с места на место. Имение мое следующее: за плечами сумка сухарей, да под пазухой Священная Библия; вот и все. В двадцать четвертую неделю после Троицына дня пришел я в церковь к обедне помолиться; читали Апостол из послания к Солунянам, зачало 273, в котором сказано: *непрестанно молитеся*. Сие изречение особенно вперилось в ум мой, и начал я думать, как же можно беспрестанно молиться, когда необходимо нужно каждому человеку и в других делах упражняться для поддерживания своей жизни? Справился в Библии, и там увидел собственными глазами то же, что слышал – и именно, что надо непрестанно молиться [1 Сол. 5, 16], молиться на всякое время духом [Еф. 6, 18. 1 Тим. 2, 8], воздевать молитвенные руки на всяком месте. Думал, думал, не знал, как решить.

Что мне делать, – подумал я, – где сыскать, кто бы растолковал мне? Пойду ходить по церквам, где славятся хорошие проповедники, авось там услышу себе вразумление. И пошел. Много слышал очень хороших проповедей о молитве. Но все они были наставления о молитве вообще; что есть молитва; как необходимо молиться;

какие плоды молитвы; а о том, как преуспеть в молитве, никто не говорил. Была проповедь о молитве духом и о непрестанной молитве; но как дойти до такой молитвы, не было указано. Так слушание проповедей и не привело меня к желаемому. Почему наслушавшись их и не получив понятия, как непрестанно молиться, я уже не стал слушать публичных проповеданий, а решился при помощи Божией искать опытного и сведущего собеседника, который бы растолковал мне о непрестанной молитве, по неотступному влечению моему к сему познанию.

Долго я странствовал по разным местам: все читал Библию, да расспрашивал, нет-ли где какого духовного наставника или благоговейного опытного водителя? По времени сказали мне, что в оном селе живет уже давно господин и спасается: имеет в доме своем церковь, никуда не выезжает и все Богу молится, да беспрестанно читает душеспасительные книги. Услышавши это, я уже не шел, а бежал в сказанное село; достиг и добрался до помещика.

– Какую имеешь до меня нужду? – спросил он меня.

Я слышал, что вы человек богомольный и разумный; потому и прошу вас, ради Бога, растолковать мне, что значит сказанное у Апостола: *непрестанно молитеся*, и каким образом можно непрестанно молиться? Желательно мне сие узнать, а понять никак не могу.

Барин помолчал, пристально посмотрел на меня, да и говорит: непрестанная внутренняя молитва есть беспрерывное стремление духа человеческого к Богу. Чтобы успеть в сем сладостном упражнении, следует чаще просить Господа, чтоб научил Он непрестанно молиться. Молись больше и усердней, молитва сама собою откроет тебе, каким образом может быть непрестанною; для сего потребно свое время.

Сказавши это, он велел накормить меня, дал на дорогу и отпустил. И не растолковал.

Опять я пошел; думал-думал, читал-читал, размышлял-размышлял о том, что сказал мне барин и не мог-таки понять; а хотел очень уразуметь, так что и ночи не спались. Прошел верст двести и вот вхожу в большой губернский город. Увидел там монастырь. Остановившись на постоялом дворе, услышал, что в этом монастыре настоятель добрейший, богомольный и странноприимный. Пошел к нему. Он принял меня радушно, посадил и начал угощать.

Отче святый! – сказал я, – угощение мне не нужно, а я желаю, чтоб вы дали мне духовное наставление, как спастись?

Ну как спастись? Живи по заповедям, да молись Богу, вот и будешь спасен!

Я слышу, что надо непрестанно молиться, но не знаю как непрестанно молиться, и не могу даже понять, что значит непрестанная молитва. Прошу вас, отец мой, растолковать мне это.

Не знаю, любезный брат, как еще растолковать тебе. Э! Постой, есть у меня книжка, там растолковано; и вынес святителя Дмитрия духовное обучение внутреннего человека. Вот, читай на этой странице.

Я начал читать следующее: «оные Апостольские словеса: непрестанно молитеся – должно разуметь о творимой умом молитве: ум бо может всегда вперен быть в Бога и непрестанно ему молиться».

Растолкуйте мне это, каким образом ум всегда может быть вперен в Бога, не отвлекаться и непрестанно молиться.

Это весьма мудрено, разве кому сам Бог так даст, сказал настоятель. И не растолковал.

Переночевавши у него, и на утро поблагодаривши за ласковое станноприятие, я двинулся далее в путь, и сам не зная куда. Горевал о своем непонятии, да для отрады читал св. Библию. Шел так дней пять по большой дороге; наконец, под вечер, нагнал меня какой-то старичок, по виду как будто из духовных.

На вопрос мой он сказал, что он схимонах из пустыни, которая верстах в 10, в сторону от большой дороги, и звал меня зайти с ним в их пустыню. У нас, говорил, странников принимают, успокаивают и кормят вместе с богомольцами на гостинице.

Мне что-то не хотелось заходить, и я отвечал на приглашение его так: покой мой зависит не от квартиры, а от духовного наставления; за пищей же я не гонюсь, у меня много сухарей в сумке.

А какого рода ты ищешь наставления и в чем недоумеваешь? Зайди, зайди, любезный брат, к нам; у нас есть опытные старцы, могущие дать духовное окормление и наставить на путь истинный, при свете слова Божия и рассуждения св. отцов.

Вот видите, батюшка, около году тому назад, как я, бывши у обедни, услыхал в Апостоле таковую заповедь: *непрестанно молитеся*. Не умея этого понять, я начал читать Библию. И там также во многих местах нашел повеление Божие, что надо непрестанно молиться, всегда, на всякое время, на всяком месте, не токмо при всех занятиях: не токмо в бодрствовании, но даже и во сне. *Аз сплю, а сердце мое бдит* [Песн. песн. 5, 2]. Это очень удивило меня, и я не мог понять, как можно сие исполнить и какие к тому способы; сильное желание и любопытство возбудилось во мне; и день и ночь из ума моего сие не выходило. А посему я стал ходить по церквам, – слушать проповеди о молитве; но сколько их ни выслушал, ни в одной не получил наставления, как непрестанно молиться; все только говорено было о приготовлении к молитве или плодах ее и подобное, не научая, как непрестанно молиться и что значит таковая молитва. Я часто читал

Библию и ею проверял слышанное; но при сем не находил желаемого познания. И так я до сих пор остался в недоумении и беспокойстве.

Старец перекрестился и начал говорить: благодари Бога, возлюбленный брат, за сие открытие Им в тебе непреодолимого влечения к познанию непрестанной внутренней молитвы. Познай в сем звание Божие и успокойся, уверившись, что до сего времени совершалось над тобою испытание согласия твоей воли на глас Божий, и даваемо было разуметь, что не мудростию мира сего, и не любознательностию внешнею достигают небесного света, непрестанной внутренней молитвы, но напротив, нищетою духа и деятельным опытом обретается оное в простоте сердца. А посему нисколько не удивительно, что ты не мог слышать о существенном деле молитвы, и познать науку, как достичь непрестанного действия оной. Да и правду сказать, хотя не мало проповедуют о молитве, и много есть о ней поучений различных писателей, но поелику все их рассуждения основаны большею частию на умозрении, на соображениях естественного разума, а не на деятельной опытности, то более они и поучают о принадлежностях молитвы, нежели о сущности самого предмета. Иной прекрасно рассуждает о необходимости молитвы; другой — о ее силе и благотворности: третий о средствах к совершенству молитвы, то-есть о том, что для молитвы необходимо нужно усердие, внимание, теплота сердца, чистота мысли, примирение со врагами, смирение, сокрушение и проч. А что такое молитва? и как научиться молиться? — на сии, хотя и первейшие и самонужнейшие вопросы, весьма редко у проповедников сего времени можно находить обстоятельные объяснения; поелику они труднее для понятия всех вышеисчисленных их рассуждений и требуют таинственного ведения, а не одной токмо школьной научности. Да что еще всего сожалительнее, что суетная стихийная мудрость заставляет измерять Божие мерилом человеческим. Многие о деле молитвы рассуждают совсем превращенно, думая, что приуготовительные средства и подвиги производят молитву, а не молитва рождает подвиги и все добродетели. В сем случае они плоды или последствия молитвы неправильно принимают за средства и способы к оной, и сим унижают силу молитвы. И это совершенно противно священному писанию: ибо Апостол Павел дает наставление о молитве в таковых словах: *молю убо прежде всех* (прежде всего) *творити молитвы* [1 Тим. 2, 1]. – Здесь первое наставление в изречении Апостола о молитве есть то, что он поставляет дело молитвы прежде всего: *молю прежде всех творити молитвы*. Много дел благих, которые требуются от христианина, но дело молитвы должно быть прежде всех дел, потому что без нее не может совершиться никакое другое дело благое. Не можно без молитвы найти путь ко Господу, уразуметь истину, распять плоть со страстьми и похотьми, просветиться в сердце светом Христовым и спасительно соединиться без предварительной, частой молитвы. Я говорю частой, ибо и совершенство и правильность молитвы вне нашей возможности, как говорит и св. Апостол Павел: о чесом помолимся, яко же подобает, не вемы [Рим. 8, 26]. Следственно токмо частость, всегдашность оставлена на долю нашей возможности, как средство к достижению молитвенной чистоты, которая есть матерь всякого духовного блага. Стяжи матерь, и произведет тебе чад, говорит св. Исаак Сирин, научись приобрести первую молитву и удобно исполнишь все добродетели. А об этом-то и неясно знают и немного говорят мало знакомые с практикою, и с таинственными учениями св. отцов.

В сем собеседовании мы нечувствительно подошли почти к самой пустыне. Чтобы не упустить мне сего мудрого старца, а скорее получить разрешение моего желания, я поспешил сказать ему: сделайте милость, честнейший батюшка, объясните мне, что значит непрестанная внутренняя молитва, и как научиться оной: я вижу, что вы подробно и опытно это знаете.

Старец принял сие мое прошение с любовию и позвал меня к себе: зайди теперь ко мне, я дам тебе книгу св. отцов, из которой ты ясно и подробно можешь уразуметь и научиться молитве, при помощи Божией. Мы вошли в келию, и старец начал говорить следующее: непрестанная внутренняя Иисусова молитва есть беспрерывное, никогда не престающее призывание Божественного имени Иисуса Христа устами, умом и сердцем, при воображении всегдашнего Его присутствия, и прошении Его помилования, при всех занятиях, на всяком месте, во всяком времени, даже и во сне. Она выражается в таковых словах: Господи, Иисусе Христе, помилуй мя! И если кто навыкнет сему призыванию, то будет ощущать великое утешение, и потребность творить всегда сию молитву так, что уже без молитвы и быть не может, и она уже сама собою будет в нем изливаться.

Теперь понятно ли тебе, что есть непрестанная молитва? – Очень понятно, отец мой! Бога ради научите меня, как ее достигнуть! – воскликнул я от радости.

Как научиться молитве, о сем прочтем вот в этой книге. Сия книга называется Добротолюбие. Она содержит в себе полную и подробную науку о непрестанной внутренней молитве, изложенную двадцатью пятью св. отцами, и так высока и полезна, что почитается главным и первейшим наставником в созерцательной духовной жизни, и, как выражается преподобный Никифор, «без труда и потов в спасение вводит».

– Неужели она выше и святее Библии? – спросил я.

— Нет, она не выше и не святее Библии, а содержит в себе светлые объяснения того, что таинственно содержится в Библии, и не удоборазумно по высоте своей для нашего недальновидного ума. Я представляю тебе сему пример: солнце есть величайшее, блистательнейшее и превосходнейшее светило; но ты не можешь созерцать и рассматривать его простым, неогражденным глазом. Потребно известное искусственное стекло, хотя в миллионы раз меньшее и тусклейшее солнца, чрез которое мог бы ты рассматривать сего великолепного царя светил, восхищаться и принимать пламенные лучи его. Так и священное писание есть блистательное солнце, а Добротолюбие – то потребное стекло.

Теперь слушай – я буду читать, каким образом научиться непрестанной внутренней молитве. – Старец раскрыл Добротолюбие, отыскал наставление св. Симеона нового Богослова и начал: «сядь безмолвно и уединенно, преклони главу, закрой глаза; потише дыши, воображением смотри внутрь сердца, своди ум, т. е. мысль из головы в сердце. При дышании говори: „Господи Иисусе Христе, помилуй мя", тихо устами, или одним умом. Старайся отгонять помыслы, имей спокойное терпение, и чаще повторяй сие занятие».

Потом старец все сие мне растолковал, показал сему пример, и мы еще прочли из Добротолюбия св. Григория Синаита, да и преподоб. Каллиста и Игнатия. Все прочтенное в Добротолюбии старец мне растолковал и своим еще словом. Я с восхищением внимательно слушал все, поглощал памятью и старался как можно подробнее все помнить. Так мы просидели всю ночь и не спавши пошли к заутрени.

Старец, отпуская меня, благословил и сказал, чтоб я, учась молитве, ходил к нему с простосердечным исповеданием и откровением, ибо без поверки наставника самочинно заниматься внутренним деланием неудобно и малоуспешно.

Стоя в церкви, я чувствовал в себе пламенное усердие, чтобы как можно прилежнее изучить внутреннюю непрестанную молитву и просил о том Бога, чтобы Он помог мне. Потом думал, как же я буду ходить к старцу на совет или на дух с откровением; ведь на гостинице больше трех дней жить не дадут, около пустыни квартир нет?.. Наконец, услышал, что версты за 4 есть деревня. Пришел туда искать себе места; и по счастию моему Бог показал мне удобство. Я нанялся там на все лето у мужика стеречь огород, с тем, чтобы и жить мне в шалаше на сем огороде одному. Слава Богу! — нашел спокойное место. И так стал жить и учиться, по показанному мне способу, внутренней молитве, да похаживать к старцу.

С неделю я пристально занимался в уединении моем на огороде изучением непрестанной молитвы, точно так, как растолковал мне старец. Вначале как будто дело и пошло. Потом почувствовал большую тягость, лень, скуку, одолевающий сон, и разные помыслы тучею надвигались на меня. Со скорбию я пошел к старцу и рассказал ему мое положение. Он, любезно встретивши меня, начал говорить: это, возлюбленный брат, война против тебя темного мира, которому ничто в нас так не страшно, как сердечная молитва, и потому он всячески старается, чтобы помешать тебе, и отвратить от изучения молитвы. Впрочем, и враг действует не иначе, как по воле Божией и попущению, сколько это для нас нужно. Видно еще потребно тебе испытание к смирению; а потому еще и рано с неумеренным рвением касаться высшего сердечного входа, дабы не впасть в духовное корыстолюбие.

Вот я тебе прочту об этом случае наставление из Добротолюбия. Старец отыскал учение преподобного Никифора монашествующего, и начал читать: «если несколько потрудившись, ты не возможешь войти в страну сердечную так, как тебе было растолковано, то сделай, что я скажу тебе, и при помощи Божией найдешь искомое. Знаешь, что способность словопроизношения находится у каждого человека в гортани. Сей способности, отгоняя помыслы (можешь, если захочешь) и дай беспрестанно говорить сие: Господи Иисусе Христе, помилуй мя! – и понудься всегда произносить оное. Если некоторое время в сем пробудешь, то отверзется тебе чрез сие и сердечный вход без всякого сомнения. Это дознано по опыту».

Вот слышишь, как наставляют св. отцы в сем случае, сказал старец. А потому ты должен теперь с доверенностью принять заповедь, сколь можно более творить устную Иисусову молитву. Вот тебе четки, по коим совершай на первый раз хоть по три тысячи молитв в каждый день. Стоишь ли, сидишь ли, ходишь ли, или лежишь, беспрестанно говори: Господи Иисусе Христе, помилуй мя, – не громко и не спешно; и непременно верно выполняй по три тысячи в день, не прибавляй и не убавляй самочинно. Бог поможет тебе через сие достигнуть и непрестанного сердечного действия.

С радостию я принял сие его приказание и пошел в свое место. Начал исполнять верно, и в точности, как научил меня старец. Дня два мне было трудновато, а потом так сделалось легко и желательно, что когда не говоришь молитвы, являлось какое-то требование, чтобы опять творить Иисусову молитву, и она стала произноситься удобнее и с легкостию, не так уже, как прежде с понуждением.

Я объявил о сем старцу, и он приказал мне уже по шести тысяч молитв совершать в день, сказав: будь спокоен и токмо, как можно вернее, старайся выполнить заповеданное тебе число молитв: Бог сотворит с тобою милость.

Целую неделю я в уединенном моем шалаше проходил каждодневно по шести тысяч Иисусовых молитв, не заботясь ни о чем и не взирая на помыслы, как бы они не воевали; только о том и старался, чтобы в точности выполнить старцеву заповедь, И что же? – так привык к молитве, что если и на краткое время перестану ее творить, то чувствую, как бы чего-то не достает, как бы что-нибудь потерял; начну молитву, и опять в ту же минуту сделается легко и отрадно. Когда встретишься с кем-нибудь, то и говорить уже не охотно, и все хочется быть в уединении, да творить молитву; так привык к ней в неделю.

Ден десять не видавши меня, старец сам пришел навестить меня; я объяснил ему мое состояние. Он, выслушавши, сказал: вот ты теперь привык к молитве, смотри же, поддерживай и усугубляй эту привычку, не теряй времени втуне, и с Божией помощью решись не упустительно совершать по двенадцати тысяч молитв в день; держись уединения, вставай пораньше, да ложись попозднее, чрез каждые две недели ходи ко мне на совет.

Стал я так поступать, как повелел мне старец, и на первый день едва-едва успел в поздний вечер окончить мое двенадцатитысячное правило. На другой день совершил его легко и с удовольствием. Сперва чувствовал при беспрестанном изрекании молитвы усталость, или как бы одеревенение языка и какую-то связанность в челюстях, впрочем приятные, потом легкую и тонкую боль в небе рта, далее ощутил небольшую боль в большом пальце левой руки, которою перебирал четки, и воспламенение всей кисти, которое простиралось и до локтя и производило приятнейшее ощущение. Притом все сие как бы возбуждало и понуждало к большему творению молитвы. И так ден пять исполнял верно по двенадцать тысяч молитв и вместе с привычкою получил приятность и охоту.

Однажды, рано поутру, как бы разбудила меня молитва. Стал, было, читать утренние молитвы, но язык не ловко их выговаривал, и все желание само собою стремилось, чтобы творить Иисусову молитву. И когда ее начал, как стало легко, отрадно, и язык и уста как бы сами собою выговаривали без моего понуждения! Весь день провел я в радости и был как бы отрешенным от всего прочего, был как будто на другой земле и с легкостью окончил двенадцать тысяч молитв в ранний вечер. Очень хотелось и еще творить молитву, но не смел более приказанного старцем. Таким образом и в прочие дня я продолжал призывание имени Иисуса Христа с легкостью и влечением к оному.

Потом пошел к старцу на откровение и рассказал ему все подробно. Он, выслушавши, начал говорить: слава Богу, что открылась в тебе охота и легкость молитвы. Это дело естественное, приходящее от частого упражнения и подвига, подобно как машина, у которой дадут толчек или форс главному колесу, после долго сама собою действует; а чтобы продлить ее движение, надо оное колесо подмазывать, да подталкивать. Вот видишь ли, какими превосходными способностями человеколюбивый Бог снабдил даже и чувственную натуру человека, какие могут являться ощущения и вне благодати и не в очищенной чувственности и в греховной душе, как уже сам ты это испытал? А колико превосходно, восхитительно и наслалительно, когда кому благоволит Господь открыть дар самодействующей духовной молитвы и очистить душу от страстей? Это состояние не изобразимо, и открытие этой молитвенной тайны есть предвкушение сладости небесной на земле. Сего сподобляются в простоте любвеобильного сердца ищущие Господа!

Теперь разрешаю тебе: твори молитву сколько хочешь, как можно более, все время бодрствования старайся посвящать молитве и уже без счисления призывай имя Иисуса! Христа, смиренно предавая себя в волю Божию и от Него ожидая помощи: верую, что Он не оставит тебя и управит путь твой.

Принявши сие наставление, я все лето провождал в беспрестанной устной Иисусовой молитве, и был очень покоен. Во сне почасту грезилось, что творю молитву. А в день, если случалось с кем встретиться, то все без изъятия представлялись мне так любезны, как бы родные, хотя и не занимался с ними. Помыслы сами собою совсем стихли, и ни о чем я не думал, кроме молитвы, к слушанию которой начал склоняться ум, а сердце само-собою по временам начало ощущать теплоту и какую-то приятность. Когда случалось приходить в церковь, то длинная пустынная служба казалась краткою, и уже не была утомительна для сил, как прежде. Уединенный шалаш мой представлялся мне великолепным чертогом, и я не знал, как благодарить Бога, что Он мне такому окаянному грешному послал такого спасительного старца и наставника.

Но недолго я пользовался наставлениями моего любезного и богомудрого старца, — в конце лета он скончался. Я, со слезами простившись с ним, поблагодарив его за отеческое учение меня окаянного, выпросил себе после него на благословение четки, с которыми он всегда молился. Итак, я остался один. Наконец, и лето прошло, и огород убрали. Мне стало жить негде. Мужик рассчел меня, дал мне за сторожбу два целковых, да насыпал сумку сухарей на дорогу, и я опять пошел странствовать по разным местам; но уже ходил не так, как прежде с нуждою; призывание имени Иисуса Христа веселило меня в пути, и все люди стали до меня добрее, казалось, как будто все меня стали любить.

Однажды стал я думать, куда мне девать полученные за хранение огорода деньги и на что мне они? Э! постой! Старца теперь нет, учить некому; куплю себе Добротолюбие, да и стану по нем учиться внутренней молитве. Перекрестился, да и иду себе с молитвой. Дошел до одного губернского города и начал по лавкам спрашивать Добротолюбие; нашел в одном месте, но и то просят три целковых, а у меня только два; поторговался, поторговался, но купец не уступил нисколько; наконец, сказал: поди вон к этой церкви, там спроси старосту церковного; у него есть старенькая этакая книга, может, он и уступит тебе за два то целковых. Я пошел и действительно купил за два целковых Добротолюбие, все избитое и ветхое; обрадовался. Кое-как починил его, обшил тряпкой и положил в сумку с моей Библией.

Вот теперь так и хожу, да беспрестанно творю Иисусову молитву, которая мне драгоценнее и слаще всего в свете. Иду иногда верст по семидесяти и более в день, и не чувствую, что иду; а чувствую только, что творю молитву. Когда сильный холод прохватит меня, я начну напряженнее говорить молитву, и скоро весь согреюсь. Если голод меня начнет одолевать, я стану чаще призывать имя Иисуса Христа и забуду, что хотелось есть. Когда сделаюсь болен, начнется ломота в спине и ногах, стану внимать молитве, и боли не слышу. Кто когда оскорбит меня, я только вспомню, как насладительна Иисусова молитва; тут же оскорбление и сердитость пройдет и все забуду. Сделался я какой-то полоумный, нет у меня ни о чем заботы, ничто меня не занимает, ни на что бы суетливое не глядел, и был бы все один в уединении; только по привычке одного и хочется, чтобы беспрестанно творить молитву и когда ею занимаюсь, то мне бывает очень весело. Бог знает, что такое со мною делается. Конечно, все это чувственное или, как говорил покойный старец, естественно и искусственно от навыка; но вскоре приступить к изучиванию и усвоению духовной молитвы внутрь сердца еще не смею, по недостоинству моему и глупости. Жду часа воли Божией, надеясь на молитвы покойного старца моего. Итак, хотя я и не достиг непрестанной самодействующей духовной молитвы в сердце, но слава Богу, теперь ясно понимаю, что значит изречение, слышанное мною в Апостоле: **«Непрестанно молитеся»**.

РАССКАЗ ВТОРОЙ

Долго я странствовал по разным местам с сопутствовавшею мне Иисусовой молитвою, которая ободряла и утешала меня во всех путях, при всех встречах и случаях. Наконец, стал я чувствовать, что лучше бы где-нибудь остановиться на одном месте, как для удобнейшего уединения, так и для изучения Добротолюбия, которое хотя и понемногу я читал, приютившись на ночлегах, или при дневном отдыхе; однако ж было сильное желание, чтоб постоянно углубляться в оное, и с верою почерпнуть из него истинное наставление ко спасению души, чрез сердечную молитву. Но как, согласно сему моему желанию, я нигде, ни в какую посильную работу наняться не мог, по причине совершенною невладения левой моей рукой с самого малолетства; а потому, будучи в невозможности иметь постоянный приют, я пошел в сибирские страны, к святителю Иннокентию Иркутскому, с тем намерением, что по лесам и степям сибирским мне идти будет безмолвнее, следственно и заниматься молитвою и чтением удобнее. Так я и шел, да беспрестанно творил устную молитву. Наконец, чрез непродолжительное время почувствовал, что молитва сама собою начала как-то переходить в сердце, то есть сердце, при обыкновенном своем биении, начало как бы вы говаривать внутри себя молитвенные слова за каждым своим ударом, например: 1) Господи, 2) Иисусе, 3) Христе, и проч. Я перестал устами говорить молитву, и начал с прилежанием слушать как говорит сердце; помня, как толковал мне покойный старец, как это было приятно. Потом начал ощущать тонкую боль в сердце, а в мыслях такую любовь ко Иисусу Христу, что казалось, что если бы Его увидел, то так и кинулся бы к ногам Его, и не выпустил бы их из рук своих, сладко лобызая, до слез, но благодаря, что Он такое утешение о имени своем подает, по милости и любви своей, недостойному и грешному созданию своему.

Далее начало являться какое-то благотворное растепливание в сердце, и эта теплота простиралась и по всей груди. Сие обратило меня в особенности к прилежному чтению Добротолюбия, чтобы как поверять мои ощущения, так и изучить дальнейшее занятие внутреннею сердечною молитвою; ибо без сей поверки боялся, дабы не впасть в прелесть, или не принять естественных действий за благодатные, и не возгордиться скорым приобретением молитвы, как слышал я от покойного старца. А потому я шел уже более по ночам, а дни преимущественно провождал в чтении Добротолюбия, сидя в лесу под деревами. Ах, сколько нового, сколько мудрого и доселе неведомого открыло мне сие чтение! Упражняясь в нем, я вкушал такую сладость, какой до сего времени не мог и вообразить. Правда, хотя некоторые места были и непонятны при чтении глупому уму моему, но последствия, происходящие от сердечной молитвы, разъяснили мне непонимаемое; к тому же изредка видывал во сне и покойного старца моего, который многое толковал мне, и все более всего наклонял несмысленную душу мою ко смирению. Слишком два летних месяца я так блаженствовал. Путешествовал более лесами да проселочными дорогами: если приду в деревню, попрошу себе сумку сухарей, да горсть соли, да налью бурачок воды, и опять пошел верст на сто.

По грехам что ли окаянной души моей, или по потребности в духовной жизни, или лучшему наставлению и опытности, под конец лета начали являться искушения. А именно: вышел я на большую дорогу, в сумерки нагнали меня два человека, похожие с голов на солдат; стали у меня требовать денег. Когда я отозвался, что не имею ни копейки, они сему не верили и дерзко кричали: «врешь! Странники много набирают денег!» Один из них сказавши: «да что с ним много говорить», ударил меня дубиною в голову так, что я упал без памяти. Не знаю, долго ли я лежал без чувств; но, очнувшись, увидел, что я лежу у леса близ дороги весь раздерганный и сумки моей нет; одни только перерезанные веревки, на коих она была несена. Слава Богу, что не унесли паспорт, который лежал в ветхой моей шапке, на случай скорейшего показания, где требуют. Вставши, я горько заплакал, не столько от головной боли, сколько о том, что лишили книг моих, Библии и Добротолюбия, бывших в унесенной сумке. Ни день, ни ночь не переставал я скорбеть и плакать. Где теперь моя Библия, которую я с малых лет читал и имел всегда при себе? Где мое Добротолюбие, из которого я почерпал и наставление и утешение? Лишился я, несчастный, и первого и последнего сокровища в моей жизни, еще не насытившись оным. Лучше бы меня совсем убили, нежели жить мне без сей духовной пищи! Не могу уже теперь опять приобрести их!

Два дня я едва передвигал ноги, изнемогая от сего горя; а на третий, совсем выбившись из сил, упал под куст и заснул. Вот и вижу во сне, будто я в пустыне в келии старца моего, оплакиваю свое горе. Старец, утешая меня начал говорить: это тебе урок беспристрастия к вещам земным для удобнейшего шествия к небу. Тебе это попущено для того, чтобы не впал ты а сластолюбие духовное. Бог хочет, чтобы христианин совершенно отвергался своей воли, хотения и всякого к оному пристрастия и совершенно предался бы в Его Божественную волю. Он все случаи устраивает к пользе и спасению человека. *Всем хощет спастися* [1 Тим. 2, 4]. А потому ободрись и веруй, что *со искушением сотворит Господь и избытие* [1 Кор. 10, 13]. И ты вскоре утешишься гораздо более, чем теперь скорбишь. При сих словах я проснулся, почувствовал укрепление в силах, и в душе как бы какой-то рассвет и успокоение. Да будет воля Господня, сказал я, перекрестился, встал и пошел. Молитва опять начала действовать в сердце по прежнему, и дня три я путешествовал спокойно.

Вдруг нагоняю по дороге этап колодников, ведомых за конвоем. Поравнявшись с ними, я увидел двух человек, которые меня ограбили, и так как они шли с краю прочих, то я упал им в ноги и убедительно просил их сказать, где мои книги? Сначала они не обратили на меня внимания, а потом один из них начал говорить: если что-нибудь дашь нам, то скажем, где твои книги. Дай нам целковый. Я побожился, что дам, непременно дам, хоть Христа ради напрошу по миру; вот, коли хотите возьмите под залог паспорт мой. Они сказали, что книги мои в обозе везутся, с прочими обысканными у них воровскими вещами. Как же я могу получить их? Проси капитана, который нас провожает. Я бросился к капитану и объяснил все подробно. Между прочим, он спросил меня: неужели ты умеешь читать Библию? Не только умею все читать, ответил я, но даже и писать: вы увидите на Библии надпись, что она моя; а вот и в паспорте моем означено то же имя и прозвание. Капитан начал говорить: Эти мошенники беглые солдаты, они жили в землянке и многих грабили. Их вчера поймал ловкий ямщик, у которого они хотели отбить тройку. Пожалуй, я выдам тебе твои книги, коли они тут есть; но ты иди с нами на ночлег; вот недалеко, версты четыре, а то не останавливать же этап и обоз для тебя. Я с радостью пошел около верховой капитанской лошади, да разговорился с ним. Увидел, что он человек добрый и честный, и уже не молод. Он спрашивал меня, кто я, откуда и куда иду Я все отвечал по сущей правде; и так мы достигли до ночлежной этапной избы. Он, отыскавши мои книги, мне отдал, да и говорит: куда ж теперь ночью тебе идти, ночуй вот у меня в прихожей. Я остался.

Получивши книги, я так был рад, что не знал, как благодарить Бога; прижал книги к моей груди и держал до тех пор, что руки даже окостенели. Слезы лились из глаз моих от радости, и сердце сладко билось от восторга!

Капитан, смотря на меня, спросил: Видно, ты любишь читать Библию. Я от радости не мог ничего на сие ответить, только плакал. Он продолжал: Я сам, брат, аккуратно читаю каждый день Евангелие. При сем расстегнул мундир и снял маленькое Евангелие киевской печати, все окованное серебром. Сядь-ко, я расскажу тебе, что к этому меня привело. Да подайте-ка нам ужинать!

Мы сели за стол, капитан начал рассказывать: Я с молодых лет служил в армии, а не в гарнизоне; знал службу и любим был начальством, как исправный прапорщик. Но лета были молодые, приятели тоже; я по несчастию и приучился пить, да под конец так, что открылась и запойная болезнь; когда не пью, то исправный офицер, а как закурю, то недель шесть в лежку. Долго терпели мне, наконец, за грубости шефу, сделанные в пьяном виде, разжаловали меня в солдаты на три года, с перемещением в гарнизон; а если не исправлюсь, и не брошу пить, то угрожали строжайшим наказанием. В сем несчастном состоянии я сколько ни старался воздержаться, и сколько от сего не лечился, никак не мог покинуть моей страсти, а потому и хотели переместить меня в арестантские уже роты. Услышав сие, не знал я, что с собою делать.

В одно время я с раздумьем сидел в казармах. Вдруг вошел к нам какой-то монах, с книжкой для сбора на церковь. Кто, что мог, – подали. Он, подошедши ко мне, спросил: «что ты такой печальный?» Я, разговорившись с ним, пересказал мое горе; монах, сочувствуя моему положению, начал: точно то же было с моим родным братом, и вот что ему помогло: его духовный отец дал ему Евангелие, да и накрепко приказал, чтобы он когда захочет вина, то нимало не медля прочел бы главу из Евангелия; если и опять захочет, то и опять читал бы следующую главу. Брат мой стал так поступать, и в непродолжительном времени страсть к питию в нем исчезла, и теперь вот уже пятнадцать лет капли хмельного не берет в рот. Поступай-ка и ты так, увидишь пользу. У меня есть Евангелие, пожалуй, я принесу тебе.

Выслушав это, я сказал ему: где же помочь твоему Евангелию, когда никакие старания мои, ни лекарственные пособия не могли удержать меня? Я сказал сие так, потому, что никогда не читывал Евангелия. Не говори этого, возразил монах, уверяю тебя, что будет польза. На другой день действительно монах принес мне вот это Евангелие. Я раскрыл его, посмотрел, почитал, да и говорю: не возьму я его; тут ничего не поймешь; да и печать церковную читать я не привык. Монах продолжал убеждать меня, что в самых словах Евангелия есть благодатная сила; ибо писано в нем то, что сам Бог говорил. Нужды нет, что не понимаешь, токмо читай прилежно. Один святой сказал: если ты Слова Божия не понимаешь, так бесы понимают, что ты читаешь и трепещут; а ведь страсть пьянственная непременно по возбуждению бесов. Да вот тебе еще скажу: Иоанн Златоустый пишет, что даже та самая храмина, в которой хранится Евангелие, устрашает духов тьмы, и бывает неудобноприступна для их козней. Я не помню, – что-то дал оному монаху, взял у него сие Евангелие, да и положил его в сундучок с прочими моими вещами и забыл про него. Спустя несколько времени пришло время мне запить, смерть захотелось вина, и я поскорее отпер сундучок, чтобы достать деньги и бежать в корчму. Первое попалось мне в глаза Евангелие, и я вспомнил живо все то, что говорил мне монах, развернул и начал читать сначала 1-ю главу Матфея. Прочитавши ее до конца, именно ничего не понял; да и вспомнил, что монах говорил: нужды нет, что не понимаешь, только читай прилежно. Дай, думаю, прочту другую главу; прочел, и стало понятнее. Дай же и третью; как только ее начал, вдруг звонок в казарме: к местам на койки. Следовательно уже идти за ворота было нельзя; так я и остался.

Вставши поутру, и расположившись идти за вином, подумал: прочту главу из Евангелия, – что будет? Прочел и не пошел. Опять захотелось вина; я еще стал читать и сделалось легче. Это меня ободрило; и при каждом побуждении к вину я стал читать по главе из Евангелия. Что дальше, то все было легче, наконец, как только окончил всех четырех Евангелистов, то и страсть к питию совершенно прошла, и сделалось к ней омерзение. И вот, ровно двадцать лет я совершенно не употребляю никакого хмельного напитка.

Все удивлялись такой во мне перемене: по прошествии трех лет опять возвели меня в офицерский чин, а потом в следующие чины, и, наконец, сделали меня командиром. Я женился, жена попалась добрая, нажили состояние, и теперь, слава Богу, живем, да бедным помогаем, по силе мочи, странных принимаем. Вот, уже и сын у меня офицером и хороший парень.

Слушай же, с тех пор, как я исцелился от запоя, дал себе клятву, каждый день, во всю мою жизнь читать Евангелие, по целому Евангелисту в сутки; не взирая ни на какие препятствия. Так теперь и поступаю. Если очень много бывает дела по должности, и утомлюсь очень сильно, то вечером легши, заставлю прочесть надо мною целого Евангелиста жену мою или сына моего, и так неупустительно выполняю сие мое правило. В благодарность и во славу Божию я это Евангелие оправил в чистое серебро, и ношу всегда на груди моей.

Со сладостию я выслушал сии речи капитана, да и сказал ему: такой же пример видел и я: в нашем селе на фабрике один мастеровой был очень искусный в своем деле, добрый и дорогой мастер, но по несчастию тоже запивал, да и часто. Один богобоязненный человек посоветовал ему, чтобы он, когда захочется ему вина, проговаривал по 33 Иисусовых молитвы, в честь Пресвятой Троицы, и по числу тридцатитрехлетней земной жизни Иисуса Христа. Мастеровой послушался, стал это исполнять, и вскоре совершенно кинул пить. Да еще что? через три года ушел в монастырь.

А что выше, спросил капитан, — Иисусова молитва, или Евангелие? — Все одно и то же, отвечал я, — что Евангелие, то Иисусова молитва; ибо Божественное имя Иисуса Христа заключает в себе все Евангельские истины. Св. Отцы говорят, что Иисусова молитва есть сокращение всего Евангелия.

Наконец, мы помолились; капитан начал читать Евангелие Марка с начала, а я слушать и творить в сердце молитву. Во втором часу за полночь капитан окончил Евангелиста, и мы разошлись на покой.

По обыкновению моему я встал рано поутру; все еще спали, и как только начало светать, я кинулся к моему любимому Добротолюбию. С какою радостию я раскрыл его! Как будто увиделся с родным отцом, бывшим в далекой стороне, или как бы с другом, из мертвых воскресшим. Я лобызал его и благодарил Бога, возвратившего мне оное; немедленно я начал читать «Феолипта филадельфийского», во 2 части Добротолюбия. Удивило меня его наставление, в котором он предлагает в одно и то же время, одному и тому же человеку, отправлять три разнородные дела: сидя в трапезе, говорит он, телу давай пищу, слуху чтение, уму же молитву. Но воспоминание о прошедшем, всерадостном вечере, опытно на самом деле разрешило мне мысль сию. И мне открылась здесь тайна, что ум и сердце не одно и то же.

Когда встал капитан, я вышел, чтобы поблагодарить за его милости и проститься с ним. Он напоил меня чаем, дал мне целковый, и простился. Итак я пошел в путь мой, радуясь.

Прошедши с версту, вспомнил, что я обещал солдатам целковый, который неожиданно теперь у меня есть. Отдать ли мне его им, или нет? Одна мысль говорила мне: они тебя побили и ограбили, да и употребить его им в свою пользу нельзя, ибо они под стражею. А другая мысль представляла другое: вспомни, что в Библии написано: «*Аще алчет враг твой, ухлеби его* [Рим. 12. 20]. Да и Сам Иисус Христос говорит: *любите враги ваша* [Мат. 5. 44] и еще: *хотящу ризу твою взяти, отдаждь ему и срачицу* [Мат. 5, 40]. Убедившись сим, я вернулся, и только что подхожу к этапу, всех колодников вывели, чтоб гнать на следующую станцию; я скоренько подбежал, сунул в руки бывший у меня целковый, да сказал: кайтеся и молитеся: Иисус Христос человеколюбив, Он вас не оставит! И с сим удалился от них и пошел в другую сторону по своей дороге.

Прошедши верст 50 по большой дороге, вздумал я для большего уединения и удобнейшего чтения свернуть на проселок. Долго я шел лесами, изредка кое-где попадались и небольшие деревни. Иногда по целому дню просиживал в лесу, прилежно читая Добротолюбие; многое и дивное познание почерпал я из него. Сердце мое распалялось к соединению с Богом, посредством внутренней молитвы, которую изучить я стремился, при руководстве и проверке Добротолюбием; и вместе с сим скорбел, что не нахожу еще пристанища, где спокойно можно было бы постоянно заняться чтением.

В сие время также читал я и мою Библию и чувствовал, что начал понимать ее яснее, не так как прежде, когда весьма многое казалось мне непонятным, и я часто встречал недоумение. Справедливо говорят св. отцы, что Добротолюбие есть ключ к отверзению таин в священном писании. При руководстве оным, я стал отчасти понимать сокровенный смысл Слова Божия; мне начало открываться, что такое внутренний потаенный сердца человек, что истинная молитва, что поклонение духом, что царствие внутрь нас, что неизреченное ходатайство совоздыхающего Духа Святого, что будете во мне, что даждь ми твое сердце, что значит облещися во Христа, что значит обручение Духа в сердцах наших, что взывание сердечное: Авва! Отче и проч. и проч. Когда при сем я начинал молиться сердцем, все окружающее меня представлялось мне в восхитительном виде: древа, травы, птицы, земля, воздух, свет, все как будто говорило мне, что существуют для человека, свидетельствуют любовь Божию к человеку и все молится, все воспевает славу Богу. И я понял из сего, что называется в Добротолюбии «ведением словес твари» и увидел способ, по коему можно разговаривать с творениями Божиими.

Много времени я так путешествовал. Наконец, зашел в такое глухое место, что дня три не попадалось ни одной деревни. Сухари мои все вышли, и я гораздо приуныл, как бы не умереть с голоду. Как скоро начал молиться сердцем, уныние прошло, весь я возложился на волю Божию, и сделался весел и покоен. Несколько прошедши по дороге, лежавшей возле огромного леса, я увидел впереди меня выбежавшую из оного леса дворную собаку; я поманил ее и она, подошедши, начала около меня ласкаться; обрадовался я и подумал: вот и милость Божия! — непременно в этом лесу пасется стадо, и, конечно, это ручная собака пастуха или, может быть, охотник ходит за охотою; так ли, сяк ли, но, по крайней мере, могу хотя мало выпросить хлеба, ибо другие сутки не ел, или же могу расспросить, где по близости есть селение. Повертевшись около меня, и видя, что нечего у меня взять, собака опять побежала в лес по той узенькой тропинке, по коей выходила на дорогу. Я последовал за нею; прошедши сажен двести, между деревьями увидел, что собака ушла в нору, из коей выглядывая начала лаять.

Вот из-за толстого дерева выходит мужик, худой, бледный, средних лет. Он спросил меня, как я сюда зашел? Я его спросил, зачем он тут находится? И мы ласково разговорились. Мужик позвал меня в свою землянку, и объявил мне, что он полесовщик и стережет этот лес, проданный на срубку. Он предложил мне хлеб и соль, и завелась между нами беседа. Завидую я тебе, сказал я, что ты так удобно можешь жить в уединении от людей, не так, как я, — скитаюсь с места на место, да толкусь между всяким народом. Если есть охота, говорит он, то, пожалуй, и ты здесь живи, вон недалеко есть старая землянка, прежнего сторожа, она хотя пообвалилась, но летом-то еще жить можно. Паспорт у тебя есть. Хлеба с нас будет, мне приносят каждую неделю из нашей деревни; вот и ручеек, который никогда не пересыхает. Я сам, брат, лет уже десять ем только один хлеб, да пью воду, и больше никогда ничего. Да, вот в чем дело, осенью как отработаются мужики, то наедет сюда человек двести работников, и этот лес срубят, тогда и мне здесь будет не у чего, да и тебе не дадут жить здесь.

Выслушавши все это, я так возрадовался, что так бы и упал ему в ноги. Не знал, как благодарить Бога за такую ко мне милость. О чем скорбел, чего желал, то теперь неожиданно получаю. До глубокой осени еще слишком четыре месяца, и потому я могу в это время воспользоваться безмолвием и спокойствием удобным к внимательному чтению Добротолюбия для изучения и достижения непрестанной молитвы в сердце. Итак я с радостию остался до времени жить в указанной мне землянке. Мы еще более разговорились с сим, приютившим меня, простым братом; он стал рассказывать мне свою жизнь и свои мысли.

Я был, говорил он, в деревне своей не последний человек, имел мастерство, красил кумач, да синил крашенину, и жил в довольстве, хотя и не без греха: много обманывал по торговле, божился понапрасну; ругался поматерну, напивался и дрался. Был в нашем селе старый дьячок, у которого была старинная, престаринная книжка о страшном суде. Он бывало ходит по православным, да и читает, а ему за это дают деньги; хаживал и ко мне. Бывало — дашь ему копеек десять, да вплоть до петухов. Вот я бывало и слушаю, сидя за работой, а он читает, какие нам будут муки в аду, как изменятся живые, и мертвые воскреснут, как Бог сойдет судить, как Ангелы в трубы затрубят и какой огонь, смола будут, и как червь грешников будет есть. В одно время, когда я слушал это, мне стало страшно, я подумал: уж муки мне не миновать! Постой, примусь душу спасать, может быть, и отмолю мои грехи. Подумал-подумал, да и бросил мой промысел, избу продал и, как был одинок, пошел в полесовщики с тем, чтобы мир давал мне хлеб, одежду, да восковые свечи на богомолье.

Вот так и живу здесь более 10 лет; ем только по разу в день, и то один хлеб с водою; каждую ночь встаю с первых петухов и до свету кладу земные поклоны; когда молюсь, затепливаю по семи свечек перед образами. Днем же, когда обхаживаю лес, ношу вериги в два пуда на голом теле. Поматерну не бранюсь, вина. и пива не пью, и не дерусь ни с кем, баб и девок от роду не знаю.

Сначала мне так жить было охотнее, а под конец нападают на меня неотступные мысли. Бог знает, грехи-то отмолишь ли, а жизнь-то трудная. Да и правда ли в книжке то написано? Где кажется воскреснуть человеку? Иной уже умер лет сто или больше, его уже и праху-то нет. Да и кто знает, будет ли ад, нет ли? Ведь никто с того света не приходил; кажется как человек умрет, да сгниет, то так и пропадет без вести. Может быть, книжку-то написали попы, да начальники сами, чтоб устрашить нас дураков, чтобы мы жили поскромнее. Итак и на земле-то живешь в трудах и ничем не утешишься, и на том свете ничего не будет, так что же из этого? Не лучше ли хоть на земле-то пожить попрохладнее и повеселее? Сии мысли борют меня, продолжал он, и боюсь, не приняться бы опять за прежний мастеровой промысел!

Слушая это, я жалел о нем, и думал сам себе: говорят, что одни ученые и умные бывают вольнодумцами и ничему не верят, вот и наша братия — простые мужики какие замышляют неверия! Видно, темному миру попущено ко всем иметь доступ, а на простых-то, может быть, он нападает и удобнее. Надо сколь можно умудряться и укрепляться против врага душевного Словом Божиим. Итак, чтобы сколько можно помочь и поддержать веру в сем брате, я достал из сумки Добротолюбие, отыскал 109 главу преподобного Исихия, прочел и начал ему растолковывать, что воздержание от грехов, страха ради мук, не успешно и неплодно, и невозможно душе освободиться от мысленных грехов ничем иным, кроме хранения ума и чистоты сердца. Итак все это приобретается внутреннею молитвою, и не только, прибавил я еще, страха ради адских мук, но даже и желания ради царства небесного, если кто станет совершать спасительные подвиги, то и это святые отцы называют делом наемническим. Они говорят, что боязнь муки — есть путь раба, а желание награды в царствии есть путь наемника. А Бог хочет, чтоб мы шли к Нему путем сыновним, то есть, из любви и усердия к Нему вели себя честно и наслаждались бы спасительным соединением с Ним в душе и сердце.

Сколько ни изнуряй себя, — какие хочешь проходи телесные труды и подвиги; но если не будешь иметь всегда Бога в уме, да непрестанной Иисусовой молитвы в сердце, то ты никогда не успокоишься от помыслов, и всегда будешь удобопреклонен к греху, при малейших даже случаях. Примись-ка, брат, беспрестанно творить Иисусову молитву; ведь тебе это можно и удобно в сем уединении; ты скорую увидишь пользу. Не будут и помыслы безбожные приходить, откроется тебе и вера и любовь к Иисусу Христу; узнаешь, как и мертвые воскреснут и страшный суд покажется тебе так, как истинно он будет. А в сердце-то будет такая легкость и радость от молитвы, что ты удивишься и не будешь уже скучать, да смущаться спасительным житием твоим.

Далее, как мог, я растолковал ему, как начать, и как продолжать беспрестанно Иисусову молитву и как заповедует о сем Слово Божие, и поучают св. отцы. Он, по-видимому, как бы изъявлял на то согласие, и поуспокоился. После сего я, расставшись с ним, затворился в указанной мне ветхой землянке.

Боже мой! какую я почувствовал радость, спокойствие и восхищение, как только переступил за порог этой пещеры или, лучше сказать, могилы; она представлялась мне великолепным царским чертогом, исполненным всякого утешения и веселия. С радостными слезами благодарил я Бога, и размышлял: вот теперь-то уже, при таковом покое и тишине, надо пристально заняться своим делом и просить от Господа вразумления. Итак, начал я, во-первых читать Добротолюбие, все по порядку, с начала до конца, с великим вниманием. В непродолжительном времени прочел все, и увидел, какая мудрость, святыня и глубина в нем содержатся. Но как в нем писано о многих и разных предметах, и разнообразными наставлениями св. отцов, то я и не мог всего понять и свести в одно место всего того, что хотелось мне узнать в особенности о внутренней молитве, дабы почерпнуть из того способ к изучению непрестанной самодействующей молитвы в сердце. А этого очень хотелось, по заповеди Божией чрез Апостола: *Ревнуйте дарований больших* [Кор. 12, 31] и еще: *Духа не угашайте* [1 Сол. 5, 19]. Думал, думал, как быть? Ума моего не хватает, понятия тоже, растолковать некому. Начну докучать Господу молитвой; авось Господь и вразумит как-нибудь. После сего я целые сутки ничего не делал, как только был в непрестанной молитве, не переставая ни на малейшее время; мысли мои успокоились и я заснул: вот и вижу во сне, будто я в келье покойного старца моего, и он толкует Добротолюбие, да и говорит: сия святая книга исполнена великой мудрости. Она есть таинственное сокровище разумений сокровенных судеб Божиих. Не по всем местам, и не каждому она доступна; однако, ж по мере каждого разумевателя содержит таковые наставления, для мудрых — мудрые, для простых — простые. А потому вам, простякам, должно читать ее не тем порядком, как расположены в ней книги св. отцов одна за другою. Там этот порядок богословский; а неученому человеку, хотящему научиться из Добротолюбия внутренней молитве, должно читать его следующим порядком:

1) Во-первых, прочесть книгу Никифора монашествующего (во 2 части); потом 2) книгу Григория Синаита всю, кроме кратких глав; 3) Симеона Нового Богослова о трех образах молитвы, и слово о вере; и за сим 4) книгу Каллиста и Игнатия. В сих отцах содержится полное наставление и учение о внутренней молитве сердца, понятное для каждого.

А если еще понятнейшее наставление о молитве желаешь видеть, то найди в 4 ч. образ молитвы вкратце святейшего патр. Каллиста Константинопольского. Я, как будто, держа в руках мое Добротолюбие, начал отыскивать сказанное наставление, но никак не мог вскоре найти оное. Старец сам, перевернувши несколько листов, сказал: вот оно! Я тебе его замечу, и поднявши с земли уголь, подчеркнул оным на поле книги, против найденной статьи. Все, что старец говорил, я внимательно слушал и старался как можно тверже и подробнее помнить.

Проснулся я, и как еще не рассветало, то лежал и повторял в памяти все виденное мною во сне, и что говорил мне старец. Наконец, начал размышлять: Бог знает, душа ли покойного старца является мне, или собственные мысли так подстраиваются, ибо я часто и много думаю о Добротолюбии и о старце? С сим недоумением я встал, начинало уже светать. И что же? Вижу на камне, который был вместо стола в моей землянке, разогнутое Добротолюбие на том самом месте, которое указывал мне старец, и подчеркнутое угольком, точно так, как я видел во сне, даже и самый уголь лежал при книге. Это изумило меня, ибо твердо помню, что с вечера книги тут не было; она свернутая лежала у меня в головах, и также верно знаю, что прежде никакой заметки на показанном месте не было. Сей случай уверил меня в истине сновидения и в богоугодности блаженной памяти старца моего. Вот я и принялся читать Добротолюбие, по тому самому порядку, который указал мне старец. Прочел раз, прочел то же и в другой, и сие чтение распаляло в душе моей охоту и усердие, чтобы все прочтенное испытать на деле. Мне понятно и ясно открылось, что значит внутренняя молитва, какие средства к достижению оной и что от нее бывает, и как она наслаждает душу и сердце, и как распознавать сию сладость, от Бога ли она, или от естества, или от прелести.

Итак, прежде всего, я приступил к отыскиванию места сердечного, по наставлению Симеона Нового Богослова. Закрыв глаза, смотрел умом, т. е. воображением в сердце, желая представить себе, как оно есть в левой половине груди и внимательно слушал его биение. Так занимался я сперва по получасу, несколько раз в день; в начале ничего не примечал, кроме темноты; потом в скором времени начало представляться сердце и означаться движение в оном; далее, я начал вводить и изводить Иисусову молитву вместе с дыханием в сердце, по наставлению святого Григория Синаита, Каллиста и Игнатия, то-есть втягивая в себя воздух, с умственным смотрением в сердце, воображал и говорил: Господи Иисусе Христе, а с испущением из себя воздуха: помилуй мя. Сперва я сим занимался по часу, и по два, потом чем дальше, тем чаще стал так упражняться и, наконец, почти целый день провождал в сем занятии. Когда нападала тягость или леность, или сомнение, я немедленно начинал читать в Добротолюбии те места, кои наставляют о сердечном делании, и опять являлась охота и усердие к молитве. Недели через три начал чувствовать боль в сердце, потом некую приятнейшую теплоту в оном, отраду и спокойствие. Это возбуждало и заохочивало меня более и более с прилежностию упражняться в молитве, так что все мысли мои были сим заняты и я ощущал великую радость. С сего времени я начал чувствовать разные повременные ощущения в сердце и в уме. Иногда бывало, что как-то насладительно кипело в сердце, в нем такая легкость, свобода и утешение, что я весь изменялся и прелагался в восторг. Иногда чувствовалась пламенная любовь к Иисусу Христу и ко всему созданию Божию. Иногда сами собой лились сладкие слезы благодарения Господу, милующему меня окаянного грешника. Иногда прежнее глупое понятие мое так уяснялось, что я легко понимал и размышлял о том, о чем прежде не мог и вздумать. Иногда сердечная сладостная теплота разливалась по всему составу моему и я умиленно чувствовал при себе везде присутствие Божие. Иногда ощущал внутри себя величайшую радость от призывания имени Иисуса Христа, и познавал, что значит сказанное им: *царствие Божие внутрь вас есть* [Лук. 1 и 7, 21].

Испытывая таковые и подобные сим насладительные утешения, я заметил, что последствия сердечной молитвы открываются в трех видах: в духе, в чувствах и откровениях; в духе, например, сладость любви Божией, внутренний покой, восхищение ума, чистота мыслей, сладостное памятование Бога, в чувствах приятное растепливание сердца, наполнение сладостию всех членов, радостное кипение в сердце, легкость и бодрость, приятность жизни, нечувствительность к болезням и скорбям. В откровениях просветление разума, понятие священного писания, познавание словес твари, отрешение от сует и познание сладости внутренней жизни, уверение в близости Божией и любви его к нам.

Месяцев пять проведши уединенно в сем молитвенном занятии и наслаждении помянутыми ощущениями, я так привык к сердечной молитве, что упражнялся в ней беспрестанно, и, наконец, почувствовал, что молитва уже сама собою, без всякого со стороны моего побуждения производится и изрекается в уме моем и сердце, не токмо в бодрственном состоянии; но даже и во сне действует точно так же, и ни от чего не прерывается, — не перестает ни на малейшую секунду, что бы я ни делал. Душа моя благодарила Господа и сердце истаявало в непрестанном веселии.

Настало время рубки леса, начал стекаться народ, и я должен был оставить безмолвное мое жилище. Поблагодаривши полесовщика, я помолился, поцеловал тот клочок земли, на котором Бог удостоил меня недостойного своей милости, надел сумку с книгами, да и пошел. Весьма долго я скитался по разным местам, покуда добрел до Иркутска. Сердечная, самодействующая молитва была утешением и отрадою во всем пути, при всех встречах, она никогда не переставала услаждать меня, хотя и в разных степенях, где бы я ни находился, что бы ни делал, чем бы ни занимался, ничему она не мешала и ни от чего не умалялась. Если что работаю, а молитва сама собою в сердце и дело идет скорее; если что внимательно слушаю, или читаю, а молитва все не перестает, и я в одно и то же время чувствую и то, и другое, точно как будто я раздвоился, или в одном теле моем две души. Боже мой! как таинственен человек!..

Возвеличишася дела Твои Господи: вся премудростию сотворил еси! [Пс. 103, 24]. Много также встречалось на пути моем чудных случаев и происшествий. Если всех их стать рассказывать, то и в сутки не окончить. Да вот, например: однажды зимою под вечер шел я один леском в одну деревню ночевать, которая уже была версты за две в виду. Вдруг напал и кинулся на меня большой волк. У меня были в руках старцевы шерстяные четки (я всегда имел их при себе). Вот и я отмахнул этими четками волка. И что же? Четки вырвались у меня из рук и зацепились как-то прямо за шею волка, волк бросился от меня прочь и, прыгнувши чрез терновый куст, запутался задними лапами в кусту, а четками-то зацепился за сук сухого дерева, да и начал биться; но высвободиться ему было неудобно, ибо четки стянули ему шею. Я с верою перекрестился, да и пошел с намерением волка высвободить; а более для того, что думал, если он оборвет четки да убежит с ними, то и драгоценные мои четки пропадут. Только что я подошел и взялся за четки, действительно волк прервал их и побежал без вести. Итак я, поблагодарив Бога и помянув блаженного старца моего, благополучно дошел до деревни; пришел на постоялый двор и выпросился ночевать. Вошел в избу. В переднем углу за столом сидели двое, один старичок, другой толстый средних лет, по виду как будто не простые. Они кушали чай. Я спросил мужика, бывшего при их лошади, кто они такие? Тот сказал мне, что старичок учитель народного училища, а другой писарь земского суда: оба благородные. Я везу их на ярмарку, верстах в 20-ти отсюда. Посидевши несколько, я выпросил у бабы иголку с ниткой, подошел к свечке, да и стал сшивать разорванные мои четки. Писарь посмотрел, да и говорит: видно ты прилежно бил поклоны, что и четки-то разорвал? – Не я разорвал, а волк... – Как, разве волки-то молятся, – сказал засмеявшись писарь. Я рассказал им подробно, как было дело, и как драгоценны для меня сии четки. Писарь опять засмеялся и стал говорить: у вас, пустосвятов, всегда чудеса! А что тут святого? Просто ты швырнул в него, а волк испугался да ушел; ведь и собаки и волки швырков боятся, и зацепиться в лесу немудрено; мало-ли что бывает на свете, так всему и верить, что чудеса? Услышавши это, учитель начал с ним разговор: не заключайте, сударь, так! Вам неизвестна ученая часть... А я вижу в повествовании этого мужика таинство натуры и чувственной и духовной... – Как же это так? – спросил писарь. А вот видите: вы хотя не имеете дальнейшего образования, но конечно изволили учить краткую священную историю ветхого и нового завета, изданную по вопросам и ответам для училищ.. Помните ли, что когда первосозданный человек Адам был в невинном святом состоянии, тогда все животные и звери были ему в покорении, они со страхом подходили к нему, и он нарицал им имена. Старец, чьи сии четки, был свят: а что значит святость? Не что иное, как через подвиги возвращение невинного состояния первого человека в грешном человеке. Когда освящается душа, освящается и тело. Четки всегда бывали в руках освященного; следственно, чрез прикосновение к ним рук и испарений его, привита к ним святая сила, – сила невинного состояния первого человека. Вот таинство натуры духовной!.. Сию силу, по преемству естественно ощущают все животные и доныне, и ощущают посредством обоняния; ибо нос у всех зверей и животных есть главнейшее орудие чувств. Вот таинство натуры чувственной!.. – У вас, ученых, все силы да премудрости; а мы так все попросту: вот как нальешь рюмку водки, да хлопнешь, так и будет сила, сказал писарь, да и пошел к шкафу. Это дело ваше, – сказал учитель, – а уже ученые ведения прошу предоставить нам. Мне понравилось, как говорил учитель; и я, подошедши к нему, сказал: осмелюсь, батюшка, еще нечто сказать вам о моем старце, да и объяснил ему, как он мне виделся во сне, как учил и как подчеркнул на Добротолюбии. Учитель все сие выслушал со вниманием. А писарь лежа на лавке, ворчал: «правду говорят, что с ума сходят да зачитываются Библиею. Вот оно так и есть! Какой леший будет тебе чертить по ночам на книгах?

Просто сам во сне уронил на пол книгу, да и замарал в саже... Вот тебе и чудо? Ой! уж эти пройдохи: много мы, брат, видали вашей братьи!» Проборматавши это, писарь повернулся к стене и заснул. Я, слыша это, обратился к учителю, да и сказал; вот, если угодно, то я покажу вам и ту самую книгу, на которой правильно подчеркнуто, а не намарано сажей. Вынул из сумки Добротолюбие, да и показываю, говоря: удивляюсь этой премудрости, как бестелесная душа могла взять уголь и писать?.. Учитель, посмотревши заметку, начал говорить: и это таинство духов. Я сие объясню тебе; вот видишь: когда духи являются в телесном виде живому человеку, они набирают и составляют себе осязаемое тело из воздуха и световой материи, и когда совершают свое явление, опять возвращают занятое ими в те стихии, из коих был почерпнут состав их тела. И как воздух имеет упругость, сжимательную и растягательную силу, то душа, облаченная в него, может все брать, действовать и писать. – Да какая это у тебя книга? дай-ка я посмотрю! Он разогнул и открылась Симеона нового Богослова слово и речь. – А! должно быть книга богословская. Я никогда ее не видывал... Эта книга, батюшка, вся почти состоит из учения о внутренней сердечной молитве во имя Иисуса Христа; оно раскрыто здесь во всей подробности двадцатью пятью св. отцами. – А внутреннюю молитву я знаю, сказал учитель... Я поклонился ему в ноги и просил сказать мне что-нибудь о внутренней молитве. А вот что в новом завете сказано, что человек и вся тварь *суете повинуется не волею*, и все естественно воздыхает, стремится и желает войти в свободу чад Божиих; и это таинственное воздыхание тварей и врожденное стремление душ есть внутренняя молитва. Ей нечего учиться, она есть во всех и во всем!.. А как же обрести, открыть и восчувствовать ее в сердце, сознать и принять волею своею, достигнуть, чтоб она явственно действовала, наслаждала, просвещала и спасала бы? – спросил я. Не помню, писано ли где об этом в богословских трактатах, – ответил учитель. Вот здесь – здесь все это написано, указал я... Учитель взял карандаш, записал название Добротолюбия, да и говорит: непременно выпишу сию книгу из Тобольска и рассмотрю ее. И так мы расстались.

Пошедши, я благодарил Бога за беседу с учителем, а о писаре молился, чтобы Господь устроил, хотя бы однажды, прочесть ему Добротолюбие, и вразумил бы его во спасение.

А то еще раз весною, приходя в одно село, случилось остановиться мне у священника. Он был человек добрый и одинокий: я провел у него три дня. Рассмотревши меня в сие время, он стал мне говорить: останься у меня, я положу тебе плату; мне нужен человек добросовестный; ты видел, что у нас строится при старой деревянной церкви новая каменная. Не могу найти верного человека, который бы посмотрел за рабочими, да сидел в часовне для сбора подаяния на постройку; а вижу, что ты был бы к сему способен, да и тебе по твоему направлению было бы жить хорошо; сидел бы один в часовне, да молился Богу, там есть и каморка уединенная для сторожа – останься пожалуйста, хотя только на сие время покуда церковь окончится. Хотя и долго я отказывался, но по убедительной просьбе священника должен был согласиться. Так и остался на лето до осени. Вот и стал жить в часовне. Сначала мне было спокойно и удобно упражняться в молитве, хотя и много народа приходило в часовню, особенно в праздничные дни, иные молиться, иные позевать, а иные стащить что-нибудь с сборной тарелки. И как я по временам читывал то Библию, то Добротолюбие, то некоторые из приходивших, видя сие, заводили со мною разговор, другие прашивали прочесть им что-нибудь.

По некотором времени я заметил, что одна какая-то крестьянская девица часто ходила в часовню и подолгу молилася Богу. Прислушавшись к ее бормотанью, я узнал, что она читает какие-то странные молитвы, а иные совсем перековерканные. Я спросил: кто ее сему научил? Она сказала, что мать, которая была церковная, а отец ее раскольник по беспоповщине. Пожалевши о всем этом, я советовал ей, чтоб она правильно, по преданию святой церкви, читала молитвы, и потому толковал ей: Отче наш, да Богородице Дево радуйся. А, наконец, сказал: твори-ка ты почаще да побольше Иисусову молитву; она доходнее всех молитв до Бога, и ты получишь чрез нее спасение души. Девица приняла совет мой со вниманием, и начала так поступать в простоте. И что же? После непродолжительного времени объявила мне, что привыкла к Иисусовой молитве, что чувствует влечение беспрестанно, если бы было можно, ею заниматься и когда молится, то чувствует приятность и по окончании также радость и охоту опять молиться. Я порадовался сему, и советовал ей далее и более продолжать молитву во имя Иисуса Христа.

Время подходило к концу лета; многие из приходящих в часовню начали приходить и ко мне, не только уже за чтением и советами, но и с разными житейскими скорбями, и даже за узнаванием отыскивания потерь и пропажей; видно, иные почли меня за ворожею. Наконец и помянутая девица в горести пришла за советом, как ей быть? Отец вознамерился отдать ее замуж поневоле за раскольника, тоже беспоповщинского, и венчать будет мужик. Какой же это законный брак, – воскликнула она, это все равно, что блуд! Я хочу бежать, куда глаза глядят. Я сказал ей: куда же ты убежишь? Ведь опять найдут же тебя. В нынешнее время нигде не укроешься без вида, везде сыщут; а лучше молись поусерднее о сем Богу, чтоб Он своими судьбами разрушил намерение твоего отца и сохранил бы душу твою от греха и от ереси. Это будет надежнее твоего бегства.

Время шло далее и мне невыносимо стало шумно и соблазнительно. Наконец, кончилось и лето, я решился оставить часовню и продолжать, как и прежде, путь мой. Пришел к священнику и начал говорить ему: вам, батюшка, известно мое устроение. Мне нужна тишина для занятия молитвою, а здесь очень для меня развлечение и вредно. Вот я исполнил вам послушание, лето прожил: теперь меня отпустите и благословите на уединенный путь. Священнику не хотелось отпустить меня, и он начал меня уговаривать: что тебе мешает и здесь молиться? Ведь дела у тебя никакого нет, кроме того, чтобы сидеть в часовне, а хлеб готовый у тебя есть. Пожалуй там день и ночь молись; живи-ка брат с Богом! Ты способен и полезен для сего места, с приходящими пустяков не болтаешь, а церкви Божией приносишь доход и собираешь, верно. Это угоднее перед Богом, нежели твоя уединенная молитва. Что тебе в уединении, с народом-то молиться еще веселее. Бог создал человека не для того, чтоб он одного себя только знал, но чтоб люди друг другу помогали, друг друга вели ко спасению, кто чем может. Посмотри-ка на святых и на вселенных учителей, они день и ночь хлопотали и пеклись о церкви, да и повсюду проповедывали, а не сидели в уединении и не скрывались от людей.

Всякому, батюшка, свое Бог дает дарование; много была проповедников, много было и отшельников. Кто какую и к чему находил в себе наклонность, тот так и поступал и веровал, что сам Бог указывал в этом ему спасительный путь. А как вы это мне рассудите: что многие из святых оставляли и сан святительский, настоятельский и священнический и убегали в уединенные пустыни, дабы не смущаться среди народа? Так Св. Исаак Сирин бежал от своей епископской паствы; так преподобный Афанасий Афонский кинул свою многочисленную обитель; и именно потому, что те места были для них соблазнительные, и что они истинно верили гласу Иисуса Христа: *Кая польза человеку, аще весь мир приобрящет, душу же свою отщетит?* [Мат. 16, 26].

Да ведь они были святые, сказал священник. Если святые, ответил я, остерегались, чтобы не повредиться сообщением с людьми, то что же остается делать бессильному грешнику? Наконец, простился я с этим добрым священником, и он с любовию проводил меня в путь.

Прошедши верст десять, я остановился ночевать в деревне. На сем ночлеге я увидел отчаянно больного мужика, и советовал бывшим около него, чтобы его причастить св. Христовых тайн. Согласились, и к утру послали за священником, в приходское их село. Я остался подождать, чтобы поклониться святым дарам и помолиться при сем великом таинстве. Вышел на улицу, сел на завалинке, да и дожидаюсь, чтобы встретить священника. Вдруг неожиданно с задворья выбегает ко мне та девица, которая маливалась в часовне.

Как ты сюда попала, спросил я.

У нас назначено было быть рукобитью, чтобы выдать меня за раскольника, и я ушла. При сем поклонившись мне в ноги, начала говорить: сделай милость, возьми меня с собой и отведи в какой-нибудь женский монастырь; я не желаю замуж, буду жить в монастыре, да творить Иисусову молитву. Тебя там послушают и меня примут.

Помилуй, сказал я, куда мне тебя повести? Я в сей стороне ни одного женского монастыря не знаю, да и как я с тобой пойду, когда у тебя нет паспорта? Раз, что нигде тебя не примут; да и укрыться тебе нигде нельзя в нынешнее время, сейчас поймают, да и пошлют по пересылке в свое место, да еще: накажут за бродяжничество. Иди лучше домой да молись Богу, а если не хочешь в замужество, то притвори себе какую-нибудь немощь. Это называется спасительное притворство; так поступали св. матерь Климента и преподобная Марина, спасавшаяся в мужском монастыре, и многие другие.

В сие время, когда мы сидели да рассуждали, увидели, что четыре мужика гонят на паре по дороге, и прямо подскакали к нам. Схватили девку, посадили ее в телегу и с одним мужиком отправили; а трое связали мне руки и погнали меня обратно в то село, где я летом жил. На все мои оправдания они только кричали: мы тебе, святоша, дадим знать, как девок сманивать! К вечеру привели меня в сельскую управу, заковали мне ноги в железо, да посадили в тюрьму до утра, покуда соберутся судить. Священник, узнавши, что я в тюрьме, пришел посетить меня; принес поужинать, утешал меня и говорил, что заступится за меня и скажет, как духовный отец. что я не таких свойств, как о мне думают. Посидевши со мной, он ушел.

Попозднее вечером исправник, проезжая куда-то чрез это село, остановился у выборного; и ему сказали о случившемся. Он велел собрать сходку, и меня привести в судейскую избу. Мы вошли, стоим и дожидаемся. Вот и пришел исправник уже в кураже, сел за стол в фуражке, да и крикнул: эй, Епифан! ведь девка, дочь твоя, ничего не снесла со двора? Ничего батюшка! С этим болваном ни в каких дурных делах не уличены? Нет, батюшка! Так, вот как мы дело-то рассудим, да и порешим: ты с дочерью своею разделайся сам; а этого молодца завтра мы проучим и прогоним, да накрепко закажем, чтобы он сюда больше не показывался. Вот и все! Сказавши это, исправник слез со стола, и отправился в свое место спать; а меня опять посадили в тюрьму. Рано поутру пришли двое, — сотский да десятский, высекли меня и выпустили; и я пошел, благодаря Бога, что он удостоил меня потерпеть за имя Его. Это меня утешало и еще более возгревало непрестанную сердечную молитву.

Все сии происшествия нисколько не оскорбили меня, как будто случились с кем другим, и я только их видел; даже когда меня секли, то и это в силу было терпеть; молитва, услаждавшая сердце, ничему внимать не попускала.

Прошедши версты четыре, я встретил мать девицы, ехавшую с торгу с покупками. Она, увидев меня, сказала мне: жених-то наш отказался; рассердился видишь на Акульку, что от него бежала. Потом дала она мне хлеба, да пирог, и я пошел далее.

Погода была сухая, и я не захотел ночевать в какой-нибудь деревне; а увидевши вечером в лесу два огороженные стога сена, расположился под ними на ночлег. Когда заснул, вижу во сне, будто я иду по дороге и читаю главы Антония Великого из Добротолюбия. Вдруг догнал меня старец, да и говорит: не тут читаешь, вот где читай, и указал на 35-ю главу Иоанна Карпафийского, в которой написано следующее: иногда учивший предается в бесчестие и терпит искушения за пользовавшихся от него духовно. И еще указал на 41-ю главу его же, где говорится: елицы молитву зельнее употребляют, сии от страшных и свирепых искушений пленяемы суть.

Потом стал говорить: бодрствуй духом и не унывай! Помни, что сказал Апостол: *болий есть, иже в вас, нежели иже в мире* [1 Иоан. 4, 4]. Вот ты теперь опытно дознал, что никакое искушение не попускается выше сил человека; но *со искушением творит Бог и скорое избытие* [1 Кор. 10, 13]. Упование на сию помощь Божию подкрепляло и руководствовало к ревности и усердию святых молитвенников, кои не только свою жизнь провели в непрестанной молитве сами, но из любви поучали и открывали сие и другим, при случае и времени. О сем говорит святый Григорий Фессалоникский так: – не токмо нам самим подобает по заповеди Божией молитися непрестанно, во имя Христа, но надлежит учити и открывати сие и прочим, всем вообще монахам, мирянам, мудрым, простым, мужам, женам и детям, и возбуждать во всех усердие к непрестанной молитве. Подобно сему говорит и преподобный Каллист Антиликуда: – что ни умственное делание о Господе (т. е. внутреннюю молитву), ни созерцательное ведение, и способы к простертию души горе, не должно удерживать в одном только своем уме, но записывать, предавать писанию и изложению, общей ради пользы и любви. Да и Слово Божие о сем глаголет, что *брат от брата помогаем, яко град тверд и высок* [Прит. 18, 19].

Токмо в сем случае всемерно следует убегать тщеславия и охраняться, чтобы семя учения божественного не сеялось на ветер. Я, проснувшись, почувствовал в сердце моем великую радость, а в душе укрепление, и пошел в путь мой далее.

После сего, спустя долгое время, и еще был один случай; пожалуй и его расскажу: однажды, именно 24 марта, я почувствовал непреодолимое желание, чтобы завтра, т. е. в день, посвященный Пречистой Божией Матери, в воспоминание Божественного Ей Благовещения, причаститься святых Христовых тайн. Расспросил, далеко ли церковь; сказали 30 верст. Итак, я остаток дня и всю ночь шел, чтобы поспеть к заутрени. Погода была самая ненастная, то снег, то дождь, и притом сильный ветер и холод. На дороге надо было переходить чрез небольшой ручеек, и как только вошел я на средину оного, лед под ногами проломился и я окунулся по пояс в воду. Так замочившись, я пришел к заутрени; отстоял ее и обедню, на которой Бог сподобил меня причаститься.

Чтобы провести сей день в спокойствии, без помехи духовной радости, я выпросился у церковного сторожа пробыть до завтра в караулке. Весь оный день я был в несказанной радости и сладости сердечной; лежал на полатях в сей нетопленной сторожке, как будто покоясь на лоне Авраамовом: молитва действовала сильно. Любовь ко Иисусу Христу и Матери Божией, как сладостные волны, клубилась в сердце и как бы погружала душу в утешительный восторг. К ночи вдруг почувствовал я сильный лом в ногах, да и вспомнил, что они у меня мокрые. Пренебрегши этим, я начал прилежнее внимать сердцу с молитвою и не стал чувствовать боли. Поутру хотел встать, но вижу, что не могу и пошевелить ногами; совсем отнялись и расслабли, как плети; сторож насилу стащил меня с полатей. Так я и сидел два дня недвижимый. На третий день сторож начал выгонять меня из караулки, говоря: если ты здесь умрешь, то поди хлопочи за тобой. Едва, едва я выполз кое-как на руках, да и лег на церковном крыльце.

Так лежал я и здесь дня два. Люди, проходившие мимо меня, не обращали ни малого внимания ни на меня, ни на мои просьбы.

Наконец, какой-то мужик подошел ко мне, сел, да и разговорился. Между прочим сказал: что ты дашь? Я тебя вылечу. Со мной самим точь-в-точь так бывало; я знаю от сего снадобье. Нечего мне тебе дать, ответил я. А в мешке-то что у тебя? Одни сухари, да книги. Ну так поработаешь ли мне хоть одно лето, если я тебя вылечу? И работать ничего не могу; ты видишь, что я одной только рукою владею, а другая совсем почти высохла. Так, что же ты умеешь делать? Ничего кроме того, что умею читать, да писать. А, писать! Ну, научи писать мальчишку, сынишку моего, он читать-то маленько знает, а мне хочется, чтобы писал. Но мастера просят дорого, 20 рублей за выучку. Я согласился, и они со сторожем оттащили меня и поместили у сего мужика на заднем дворе в старой пустой бане.

Вот и начал он лечить меня, набрал по полям, по дворам и по помойным ямам целый четверик разных тлевших костей, и скотских, и птичьих, и всяких: перемыл, да перебил их помельче камнем и положил в большую корчагу; закрыл крышкой, на которой была скважина, да и опрокинул во вкопанный в землю пустой горшок, а сверху корчагу толсто обмазал глиной, и, обложивши костром дров, жег их слишком сутки, и, подкладывая дрова, говорил: вот это будет деготь из костей. На другой день откопал из земли горшок, в который натекло через скважину из корчаги с полштофа густой жидкости, красноватой, масленистой и сильно пахучей, как бы живым сырым мясом; а кости, бывшие в корчаге, сделались из черных и гнилых, так белы, чисты, прозрачны, как бы перламутр, или жемчуг. Этою жидкостию натирал я свои ноги раз по пяти в день. И что же? На другие же сутки почувствовал, что могу шевелить пальцами; на третьи мог уже сгибать и разгибать ноги, а на пятый день стал на них и с палочкой прошелся по двору. Словом, чрез неделю совершенно ноги мои укрепились по прежнему. Я благодарил о сем Бога, да и думал сам в себе: какая премудрость Божия в тварях! Сухие, сгнившие, почти совсем предавшиеся земле кости такую сохраняют в себе жизненную силу, цвет, запах, и действие на живые тела и как бы сообщают жизнь омертвелым телам. Это – залог будущего воскресения тел. Вот бы показать сие тому полесовщику, у которого я жил, при сомнении его о всеобщем воскресении!

Оправившись таким образом, я начал учить мальчика, написал вместо прописи – Иисусову молитву; заставил его списывать, показывая ему, как хорошенько выводить слова. Учить его было для меня спокойно, потому что он днем прислуживал у управителя и приходил ко мне учиться только в то время, когда управитель спал, т. е. от рассвета до поздних обеден. Мальчик был понятлив и вскоре стал порядочно кое-что писать. Увидевши управитель, что он пишет, спросил его: кто тебя учит? Мальчик сказал, что безрукий странник, который живет у нас в старой бане. Любопытный управитель из поляков пришел посмотреть меня и застал меня за чтением Добротолюбия. Разговорившись со мною, спросил: что ты читаешь? Я показал ему книгу. – А! это Добротолюбие, сказал он. Я видел сию книгу у нашего ксендза, когда жил в Вильне; однакож я наслышан об ней, что она содержит какие-то странные фокусы, да искусства для молитвы, написанные греческими монахами, подобно тому, как в Индии, да Бухарии фанатики сидят, да надуваются, добиваясь, чтоб было у них щекотание в сердце, и по глупости почитают это натуральное чувство за молитву, будто даваемую им Богом. Надо молиться просто с целию выполнения нашего долга пред Богом; встал да прочел Отче наш, как научил Христос; вот на целый день и прав, а не беспрестанно ладить одно и тоже; так пожалуй и с ума сойдешь, да и сердце-то повредишь.

Не думайте, батюшка, так о сей святой книге. Ее написали не простые греческие монахи, а древние великие и святейшие люди, которых и ваша церковь почитает, как-то Антоний Великий, Макарий Великий, Марк-подвижник, Иоанн Златоустый и проч. Да и индийские-то и бухарские монахи переняли у них же сердечный способ к внутренней молитве, но только перепортили и сами исказили его, как рассказывал мне мой старец. А в Добротолюбии все наставления о сердечном молитвенном действии почерпнуты из Слова Божия, из Святой

Библии, в которой тот же Иисус Христос, который повелел читать: Отче наш, заповедывал и непрестанную сердечную молитву, говоря: *возлюби Господа Бога твоего всем сердцем и всем помышлением твоим* [Мат. 5, 44]; *блюдите, бдите и молитесь* [Мр. 13, 33]; *будите во Мне, и Аз в вас* [Иоанн. 15, 4]. А святые отцы, приводя свидетельство св. царя Давида из Псалтири: *вкусите и видите яко благ Господь* [Пс. 33], толкуют его так, что должно христианину всеми мерами искать и достигать сладости в молитве и непрестанно искать в ней утешения, а не просто, только по однажды в день, читать *Отче наш*. Вот я вам прочитаю, как сии святые осуждают тех, кои не стараются о снискании и изучении сладостной сердечной молитвы. Они пишут, что таковые погрешают в том: 1) что Богодухновенным писаниям являются противоречущими, 2) что не предполагают высшего и совершеннейшего состояния для души, но довольствуясь одними наружными добродетелями, алкания и жажды правды иметь не могут, а потому лишаются блаженства и радования о Господе, 3) что мечтая о себе по внешним своим добродетелям, нередко впадают в прелесть или гордость и тем отщетеваются. Это ты читаешь что-то высокое, сказал управитель; куда нам мирским людям за сим гнаться! Вот я вам почитаю попростее и о том, как и в мирском быту добрые люди поучались непрестанной молитве. Я нашел в Добротолюбии слово Симеона Нового Богослова о Георгии юноше и начал читать.

Управителю это понравилось, и он сказал мне: дай-ка мне почитать сию книгу, в свободное время, когда-нибудь я рассмотрю ее. Пожалуй на сутки дам, а больше не могу, ибо я читаю ее каждодневно, и без нее не могу быть. Но по крайней мере спиши для меня это, что ты теперь прочитал; я заплачу тебе. Платы вашей мне не нужно, а я так с любовию спишу, только бы Бог дал вам усердие к молитве. Немедленно я с удовольствием переписал прочтенное слово. Он читал его жене своей, и обоим им оно нравилось. Вот иногда они стали присылать за мной. Я хаживал к ним с Добротолюбием; читал там, а они сидя за чаем слушали. Однажды они оставили меня пообедать. Жена управителя, ласковая старушка, сидела с нами и кушала жареную рыбу. Как-то по неосторожности она подавилась костью; какие ни делали ей пособия, никак не могли освободить, она чувствовала сильную боль в горле и часа чрез два слегла. Послали за лекарем за 30 верст, а я, пожалевши, пошел домой, уже вечером.

Ночью в тонком сне слышу голос старца моего, а никого не вижу; голос говорил мне: вот тебя твой хозяин вылечил, а ты что не поможешь управительше? Бог приказал соболезновать о ближнем. С радостию помог бы я, да чем? Не знаю никакого средства. А вот что ты сделай: она с самого начала жизни своей имеет отвращение к деревянному маслу, и не только употреблять, но даже и запаха его не может сносить без тошноты; а потому дай ей ложку деревянного масла выпить, ее станет рвать, кость извергнется, а маслом обмажется та рана в горле, которую оцарапала кость, и она выздоровеет. Да, как же я дам, коли она имеет отвращение, – она не будет пить? Ты вели управителю, чтобы подержал ее за голову, да вдруг, хоть насильно и влей ей в рот. Я, очнувшись, немедленно пошел к управителю, и пересказал ему сие подробно. Он и говорит, что теперь сделает твое масло? Вот уже она хрипит и бредит, да и шея вся распухла. Впрочем, пожалуй испытаем; масло лекарство безвредное, хотя и не сделает помощи. Он налил в рюмку деревянного масла, и мы кое как дали ей проглотить. Тут же началась сильная рвота и вскоре кость изверглась с кровью; ей стало легче, и она крепко уснула.

Поутру я пришел проведать, и увидел, что она, спокойно сидит за чаем, и вместе с мужем своим удивляются излечению, а более тому, как сказано мне во сне, что она не любит деревянного масла, ибо этого никто кроме их обоих не знал. Вот приехал и лекарь, управительша рассказала, что с ней случилось, а я рассказал; как мужик вылечил мне ноги. Лекарь выслушавши сказал: ни тот ни другой случай неудивительны; в обоих их действовала сама сила натуры, однако ж для памяти я это запишу; вынул карандаш и записал в памятной своей книжке.

После этого вскоре разнесся слух по всему околодку, что я и провидец, и лекарь, и знахарь; со всех сторон беспрестанно начали приходить ко мне с разными своими делами и случаями, приносили мне подарки и стали почитать и ублажать меня. С неделю я посмотрел на это, и убоявшись, чтобы не впасть в тщеславие и не повредиться рассеянностью, ушел оттуда тайно ночью.

Итак опять пустился я в уединенный путь мой, и почувствовал такую легкость, как будто гора с плеч свалилась. Молитва все более и более утешала меня, так что иногда сердце мое воскипало от безмерной любви к Иисусу Христу, и от сего сладостного кипения как бы утешительные струи проливались по всем моим суставам. Память о Иисусе Христе так напечатлевалась в уме моем, что размышляя о евангельских событиях я как бы их пред глазами видел, умилялся и радостно плакал, иногда в сердце чувствовал радость, что и пересказать сего не умею. Случалось, что иногда суток по трое не входил в селения человеческие и в восторге ощущал, как будто один только я на земле, один окаянный грешник пред милостивым и человеколюбивым Богом. Уединение сие утешало меня, и молитвенная сладость при оном бывала гораздо ощутительнее, нежели в многолюдстве.

Наконец дошел я до Иркутска. Поклонившись св. мощам святителя Иннокентия, начал думать сам с собою: куда ж мне теперь идти? А здесь долго жить мне не хотелось, ибо город многолюдный. В раздумье пошел я по улице; вот и встретился мне здешний какой-то купец, остановил меня, да и стал говорить: ты странник? Что ж не зайдешь ко мне? Мы пришли с ним в богатый его дом. Он спросил меня, какой я человек, и я рассказал ему мое происхождение. Выслушавши, он начал говорить мне: вот бы ты пространствовал в старый Иерусалим. Там-то святыня, какой нигде подобной нет! С радостию бы пошел, ответил я, но не имею к тому средств сухим путем; до моря могу пройти, а море переехать заплатить нечем, надо много денег. Желаешь ли, сказал купец, я предоставлю тебе средство; вот я прошлого года отправил уже туда одного старичка из наших мещан. Я упал ему в ноги, и он стал говорить: слушай же, я дам тебе письмо к родному сыну моему в Одессу; он там живет и имеет торговые дела с Константинополем; у него ходят корабли, и он с радостию довезет тебя до Константинополя, а там велит приказчикам своим нанять для тебя место на корабле до Иерусалима и деньги заплатит. Ведь это стоит не очень дорого. Услышавши это, я обрадовался, много благодарил сего моего благодетеля за его милости, а паче благодарил Бога, что Он являет мне такую отеческую любовь Свою и попечение о мне окаянном грешнике, не делающем никакого добра, ни себе, ни людям, и туне изъедающем чужой хлеб в праздности. И так я у сего благодетельного купца прогостил три дня. Он написал мне по обещанию своему письмо к своему сыну обо мне; и вот я иду теперь в Одессу с намерением достигнуть и до св. города Иерусалима: но не знаю, допустит ли Господь поклониться Его живоносному гробу.

РАССКАЗ ТРЕТИЙ

Пред самым выходом из Иркутска, я пошел еще к духовному отцу, с которым вел беседы, и сказал ему: вот я уже совсем на пути в Иерусалим; зашел проститься, да поблагодарить за христианскую любовь ко мне, недостойному страннику. Он сказал мне: Бог да благословит путь твой. Но что же ты ничего мне не сказал о себе, кто ты и откуда. Много я наслушался от тебя о твоих путешествиях; любопытно было бы узнать о твоем происхождении и жизни до странничества.

Хорошо, сказал я, с удовольствием расскажу и это. Это не длинная история.

Родился я в деревне Орловской губернии. После отца и матери осталось нас двое, я, да старший брат мой. Ему было десять лет, а мне два года – третий. Вот и взял нас дедушка к себе на прокормление; он был старик зажиточный и честный, держал постоялый двор на большой дороге, и по доброте его много стаивало у него приезжих. Стали мы у него жить; брат мой был резв, и все бегал по деревне, а я больше вертелся около дедушки. По праздникам ходили мы с ним в церковь, а дома он часто читывал Библию, вот эту самую, которая у меня. Брат мой вырос и испортился, – приучился пить. Мне было уже семь лет; однажды я лежал с братом моим на печи, и он столкнул меня оттуда, и повредил левую руку. С тех пор и по сие время ею не владею, – вся высохла.

Дедушка, видя, что я к сельским работам буду не способен, начал учить меня грамоте, и как азбуки у нас не было, то он учил меня по сей же Библии, как-то: указывая азы, заставлял складывать слова, да примечать буквы. Так и сам не понимаю, каким образом, твердя за ним, я в продолжение времени научился читать. И наконец, когда дедушка стал худо видеть, то часто меня уже заставлял читать Библию, а сам слушал, да поправлял. У нас нередко стаивал земский писарь, который писал прекрасно, я смотрел, и мне нравилось, как он пишет. Вот я и сам по его примеру начал выводить слова, он мне указывал, давал бумаги и чернил и чинил мне перья. Так я и писать научился. Дедушка был сему рад, и наставлял меня так: вот теперь тебе Бог открыл грамоту, будешь человеком, а потому благодари за сие Господа, и чаще молись. Итак, мы ко всем службам ходили в церковь, да и дома очень часто молились; меня заставляли читать: Помилуй мя Боже, а дедушка с бабушкой клали поклоны, или стояли на коленях. Наконец, мне уже стало семнадцать лет, и бабушка умерла. Дедушка стал говорить мне: вот у нас нет хозяйки в дому, а как без бабы? Старший брат твой замотался, я хочу тебя женить. Я отказывался, представляя свое увечье, но дедушка настоял, и меня женили, выбрали девку степенную и добрую, двадцати лет. Прошел год, и дедушка мой сделался при смерти болен. Призвавши меня, начал он прощаться и говорит: вот тебе дом и все наследство, живи по совести, никого не обманывай, да молись больше всего Богу, все от Него. Ни на что не надейся, кроме Бога, ходи в церковь, читай Библию, да нас со старухой поминай. Вот тебе и денег тысяча рублей, береги, попусту не трать, но и скуп не будь, нищим и церквам Божиим подавай.

Так он умер, и я похоронил его. Брату стало завидно, что двор и имение отданы одному мне; он начал на меня злиться, и до того враг в сем помогал ему, что даже намеревался убить меня. Наконец, вот что он сделал ночью, когда мы спали и постояльцев никого не было: подломал чулан, где хранились деньги, вытащил их из сундука, да и зажег чулан. Мы услышали уже тогда, когда вся изба и двор занялись огнем, и едва выскочили из окошка, в том только, в чем спали.

Библия лежала у нас под головами, и мы ее выхватили с собой. Смотревши, как горел дом наш, мы между собой говорили: слава Богу! хоть Библия-то уцелела, хоть есть чем утешиться нам в горе. Итак все имущество наше сгорело, и брат от нас ушел без вести. Уже после узнали, когда он начал пьянствовать, да хвалиться, что он деньги унес и двор зажег.

Остались мы наги и босы, совершенные нищие, кое-как в долг поставили маленькую хижину, да и стали жить бобылями. Жена моя была рукодельная мастерица: ткать, прясть, шить, брала у люден работу, да день и ночь трудилась, и меня кормила. Я же по безрукости моей даже и лаптей плесть не мог. Она бывало ткет или прядет, а я сижу около ее, да читаю Библию, и она слушает, да иногда и заплачет. Когда я спрошу: о чем же ты плачешь? Ведь, слава Богу, живем. То она и ответит: то мне умилительно, что в Библии-то очень хорошо написано. Также помнили и дедушкино приказание, – постились часто, каждое утро читали акафист Божией Матери, и на ночь клали по тысяче поклонов, чтобы не искушаться. Итак жили мы спокойно два года. Но вот что удивительно, что хотя о внутренней молитве, творимой в сердце, и понятия мы не имели и никогда не слыхали, а молились просто только языком, да без толку клали поклоны, как болваны кувыркались, а охота к молитве была, и долгая наружная и без понятия молитва не казалась трудною, но отправлялась с удовольствием. Видно правду мне сказал один учитель, что бывает тайная молитва внутри человека, о которой он и сам не знает, как она сама собою производится неведомо в душе, и возбуждает к молению, кто какое знает и как умеет.

По прошествии двух лет таковой нашей жизни, вдруг жена моя занемогла сильною горячкою и, причастившись, на девятый день скончалась. Остался я один одинехонек, делать ничего не мог; пришлось ходить по миру, а было совестно просить милостыню; к тому же такая напала на меня грусть по жене, что не знал, куда деваться. Как бывало войду в свою хижину, да увижу ее одежду, или какой-нибудь платок, так и взвою, да и упаду без памяти. Итак, не мог я долее переносить тоски моей, живши дома, а потому продал свою хижину за 20 рублей, а какая была одежда моя и женина, всю роздал нищим. Мне дали по калечеству моему вечный увольнительный паспорт, и я немедленно взял свою любезную Библию, да и пошел куда глаза глядят. Вышедши, думал я, куда ж теперь идти? Пойду прежде всего в Киев, поклонюсь угодникам Божиим и попрошу их помощи в скорби моей. Как скоро решился на сие, стало мне легче, и дошел я до Киева с отрадою. С тех пор, вот уже 13 лет, безостановочно странствую по разным местам; обходил много церквей и монастырей, а теперь все уже больше скитаюсь по степям, да по полям. Не знаю, благоволит ли Господь добраться до святого Иерусалима. Там пора бы, если будет воля Божия, уже и грешные кости похоронить.

А сколько тебе от роду лет? – Тридцать три года.
Возраста Христова!

РАССКАЗ ЧЕТВЕРТЫЙ

Мне же прилеплятися Богови благо есть, полагати в Господе упование спасения моего [Пс. 72, 28].

Справедлива русская пословица: человек предполагает, а Бог располагает, сказал я, пришедши еще к отцу моему духовному. Я полагал, что нынешний день буду идти да идти по пути ко святому граду Иерусалиму, а вот вышло иначе; совсем не предвиденный случай оставил меня и еще на три дня в сем же месте. И я не утерпел, чтобы не прийти к вам, дабы известить о сем, и принять совет в решимости моей при сем случае, который совсем неожиданно встретился следующим образом.

Распростившись со всеми, я пошел с помощью Божиею в путь мой, и только хотел выйти за заставу, как у ворот последнего дома увидал стоявшего знакомого человека, который некогда был такой же, как и я странник, и которого я года три не видал. Поздоровавшись, он спросил, куда я иду? Я ответил: хочется, если будет угодно Богу, в старый Иерусалим. Слава Богу! подхватил он; вот есть тебе здесь и хороший попутчик. Бог с тобой и с ним, сказал я, разве ты не знаешь, что, по своеобычному моему нраву, я никогда не хожу с товарищами, а привык странствовать всегда один? Да выслушай-ка: я знаю, что этот попутчик будет тебе по нраву; как ему с тобой, так и тебе с ним будет хорошо. Вот видишь ли, отец хозяина этого дома, в котором я нанимаюсь работником, идет по обещанию тоже в старый Иерусалим, и тебе с ним будет повадно. Он здешний мещанин; старик добрый и притом совершенно глухой, так что как ни кричи, ничего не может слышать; если о чем его спросишь, то нужно написать ему на бумажке, и тогда ответит; и поэтому он не надоест тебе в пути, ничего говорить с тобою не будет, он и дома-то все больше молчит; а для него ты будешь необходимым в дороге. Сын его дает ему лошадь и телегу до Одессы с тем, чтобы там ее продать. Хотя старик-то желает пешком идти, но для его поклажи и некоторых посылок ко гробу Господню пойдет с ним и лошадь; вот и ты свою сумку можешь положить тут же. Теперь подумай, как же можно старого и глухого человека отпустить с лошадью одного, в такой дальний путь? Искали, искали проводника, но все просят очень дорого, да и опасно отпустить его с неизвестным человеком, ибо при нем есть и деньги и вещи. Согласись, брат, право будет хорошо; решись во славу Божию и для любви к ближнему. А я хозяев-то о тебе заверю, и они несказанно будут сему рады; они люди добрые и меня очень любят; вот уже я нанимаюсь у них два года. Поговоривши так у ворот, он привел меня в дом к хозяину, и я увидев, что должно быть семейство честное, согласился на их предложение. Вот теперь и расположились мы на третий день праздника Рождества Христова, если благословит Бог, отслушавши божественную литургию, отправиться в путь.

Вот какие нечаянные случаи встречаются на пути жизни! А все Бог и Его святое провидение правят делами и намерениями нашими, как и написано: *и еже хотети и еже деяти Божие есть* [Филип. 2, 13]. Выслушав это, отец мой духовный сказал: сердечно радуюсь, любезнейший брат, что Господь и еще неожиданно устроил увидеть тебя чрез непродолжительное время. И как ты теперь свободен, то я с любовию продержу тебя подольше, а ты мне и еще расскажешь побольше о своих поучительных встречах, бывших в твоем продолжительном страннеческом пути. Я и все прежние твои рассказы с удовольствием и внимательностью слушал. Это я с радостию готов сделать, ответил я и начал говорить.

Всего было много, доброго и худого; всего долго не расскажешь, да многое вышло уже и из памяти, ибо я старался в особенности помнить только то, что руководствовало и возбуждало ленивую душу мою к молитве, а все прочее редко вспоминал, или лучше сказать-старался забывать прошедшее, по наставлению св. Апостола Павла, который сказал: *стремлюсь к почести вышнего звания, задняя забывая, в предняя же простираяся* [Филип. 3, 13]. Да и покойный блаженный мой старец говаривал, что препятствия сердечной молитве нападают с двух сторон, с шуией и десной, то-есть, если враг не успеет отвратить от молитвы суетными помыслами и греховными замыслами, то возобновляет в памяти поучительные воспоминания или внушает прекрасные мысли, чтобы только хоть чем-нибудь отвлечь от молитвы, ему не терпимой. И это называется десное крадение, при коем душа, презрев беседу с Богом, обращается к удовольственной беседе сама с собою, или с тварями. А потому и учил меня, чтобы во время молитвы не принимать и самой прекрасной духовной мысли, да и по прошествии дня, если случится увидеть, что время проведено более в назидательном размышлении и беседе, нежели в существенной безвидной молитве сердца, то и сие почитать неумеренностью, или корыстолюбивою духовною жадностию, в особенности для новоначальных, коим необходимо, чтобы время, проводимое в молитве, преимущественно превозмогало большим количеством пред тем временем, которое провождалось в занятии прочими делами благочестия. Но нельзя же и всего забыть. Иное, само собой, так глубоко врезалось в памяти, что и долго не воспоминавши об нем, живо памятно, как например, одно благочестивое семейство, у которого Бог удостоил меня пробыть несколько дней по нижеследующему случаю.

Во время странствования моего по Тобольской губернии случилось мне проходить чрез какой-то уездный город. Сухарей оставалось у меня очень мало, а потому я и вошел в один дом, чтобы выпросить хлеба на дорогу. Хозяин сказал мне: слава Богу, ты пришел ко время, только что сей час жена моя вынула хлебы из печи, вот тебе теплая коврига, молись за нас Богу. Я, поблагодаривши, стал укладывать хлеб в сумку, а хозяйка, увидя, сказала: какой мешок-то худой, весь истерся, я переменю тебе, и дала мне хороший, твердый мешок. От души поблагодарив их, я пошел далее. На выходе, в мелочной лавочке попросил немного соли, и лавочник насыпал мне небольшой мешочек. Радовался я духом и благодарил Бога, что Он указывает мне недостойному таковых добрых людей. Вот, думал я, теперь на неделю без заботы о пище, буду спать и доволен. Благослови душе моя Господа!

Отошедши от сего города верст пять, увидел я на самой дороге небогатое село и небогатую деревянную церковь, но хорошо украшенную снаружи и росписанную. Проходя мимо, я пожелал воздать поклонение храму Божию, и вошедши на паперть церковную, помолился. Сбоку церкви на лужке играли двое каких-то малюток лет по пяти или шести. Я подумал, что это поповы дети, хотя они и были очень хорошо наряжены. Итак, помолившись, пошел далее. Не успел отойти шагов десять от церкви, как я услышал за собою крик: нищенькой!

нищенькой! постой! Это кричали и бежали ко мне виденные мною малютки — мальчик и девочка; я остановился, а они, подбежав, схватили меня за руку: пойдем к маменьке, она нищих любит. Я не нищий, говорю им, а прохожий человек. А как же у тебя мешок? Это мой дорожный хлеб. Нет, пойдем непременно, маменька даст тебе денег на дорогу. Да где же ваша маменька, спросил я. Вон за церковью, за этой рощицей.

Они повели меня в прекрасный сад, посредине коего я увидел большой господский дом; мы вошли в самые палаты, какая там чистота и убранство! Вот и выбежала к нам барыня. Милости прошу! милости прошу! откуда тебя Бог послал к нам? садись, садись, любезный! Сама сняла с меня сумку, положила на стол, а меня посадила на премягкий стул; не хочешь ли покушать? или чайку? и нет ли каких нужд у тебя? Всенижайше благодарю вас, отвечал я, кушанья у меня целый мешок, я чаю хотя и пью, но по нашему мужицкому быту привычки к нему не имею, усердие ваше и ласковое обхождение дороже для меня угощения; буду молить Бога, чтобы Он благословил вас за такое евангельское страннолюбие. Говоря это, я почувствовал сильное возбуждение к возвращению внутрь. Молитва закипела в сердце и мне потребно стало успокоение и безмолвие, дабы дать простор сему самовозникшему пламени молитвы, чтобы скрыть от людей наружные молитвенные признаки, как-то: слезы, воздыхания и необыкновенные движения лица и уст.

А потому я встал, да и говорю: прошу прощения, матушка, мне пора идти; да будет Господь Иисус Христос с вами, и с любезными вашими деточками. Ах, нет! Боже тебя сохрани уходить, не пущу тебя. Вот к вечеру муж мой приедет из города, он там служит по выборам судьею в уездном суде. Как он обрадуется, увидевши тебя! Он каждого странника почитает за посланника Божия.

А если ты уйдешь, то он очень опечалится, не увидевши тебя: к тому же завтра воскресенье, ты помолишься с нами у обедни, и чем Бог послал, откушаешь вместе; у нас каждый праздник бывает гостей до тридцати нищих Христовых братии. Да что же ты ничего и не сказал мне про себя, откуда ты и куда шествуешь! Поговори со мною, я люблю слушать духовные беседы людей богоугодных. Дети, дети! возьмите сумочку странника и отнесите в образную комнату, там он будет ночевать. Слушая сии слова ее, я удивлялся, да и подумал: с человеком ли я беседую, или какое мне привидение?

Итак я остался дожидаться барина. Рассказал вкратце мое путешествие, и что иду в Иркутск. Вот и кстати, сказала барыня, ты непременно пойдешь чрез Тобольск, а у меня там родная мать монахиней в женском монастыре, теперь же и схимница; мы дадим тебе письмо, она тебя примет. К ней многие приходят за духовными советами; да вот также кстати отнесешь ей книжку Иоанна Лествичника, которую мы выписали для нее из Москвы, по ее приказанию. Как все это будет хорошо! Наконец, время приблизилось к обеду, и мы сели за стол. Пришли еще четыре барыни и стали с нами кушать. Окончивши первое кушанье, одна из пришедших барынь встала, сделала поклон к образу, а потом поклонилась нам, пошла и принесла другое кушанье и опять села; потом другая барыня так же пошла за третьим кушаньем. Я, видевши это, стал говорить хозяйке: осмелюсь, матушка, спросить, эти барыни-то родня вам, что ли? Да, они мне сестры: это кухарка, это кучерова жена, это ключница, а это моя горничная, и все замужние, у меня во всем доме нет ни одной девушки. Слыша и видя сие, я еще в большее приходил удивление, благодарил Бога, указавшего мне таких богоугодных людей, и ощущал сильное действие молитвы в сердце; а потому, чтобы поскорее уединиться и не мешать молитве, вставши из-за стола, я сказал барыне: вам нужно отдохнуть после обеда, а я, по привычке моей к ходьбе, пойду погулять по саду. Нет, я не отдыхаю, сказала барыня; и я пойду с тобою в сад, а ты мне расскажешь что-нибудь поучительное. А если тебе идти одному, то дети не дадут тебе покоя; они, как скоро тебя увидят, то не отойдут от тебя ни на минуту, так они любят нищих, Христовых братий и странников.

Нечего мне было делать, и мы пошли. Вошедши в сад чтобы удобнее мне было сохранять безмолвие и не говорить, я поклонился барыне в ноги, да и сказал: прошу вас, матушка, во имя Божие скажите мне, давно ли вы провождаете такую богоугодную жизнь и каким образом достигли сего благочестия? Пожалуй, я тебе все расскажу. Вот видишь, мать моя правнучка святителя Иоасафа, которого мощи на вскрытии почивают в Белгороде. У нас был большой дом в городе, флигель коего нанимал небогатый дворянин. Наконец, он умер, а жена его осталась беременною, родила, и сама умерла после родов. Рожденный остался круглым бедным сиротою; моя маменька из жалости взяла его к себе на воспитание, чрез год родилась и я. Мы вместе росли и вместе учились у одних учителей и учительниц, и так свыклись, как будто родные брат с сестрой. По некотором времени скончался и мой родитель, а матушка, оставя городскую жизнь, переехала с нами вот в это свое село на житье. Когда мы пришли в возраст, маменька выдала меня за своего воспитанника, отдала нам это свое село, а сама, построив себе келью, определилась в монастырь. Давши нам свое родительское благословение, она сделала нам такое завещание, чтобы мы жили по-христиански, молились усердно Богу и более всего старались исполнять главнейшую заповедь Божию, т. е. любовь к ближним, питали и помогали нищим Христовым братиям, в простоте и смирении, детей воспитывали в страхе Божием и с рабами обходились как с братьями. Вот так мы и живем здесь уединенно уже десять лет, стараясь сколько возможно исполнять завещание нашей матушки. У нас есть и нищеприемница, в которой и теперь живут более десяти человек увечных и больных; пожалуй, завтра сходим к ним.

По окончании сего рассказа, я спросил: где же та книжка Иоанна Лествичника, которую вы желаете отослать к вашей родительнице? Пойдем в комнату, я найду ее тебе. Только что мы уселись читать, приехал и барин. Увидевши меня, он любезно меня обнял, и мы братски, по христиански расцеловались, повел в свою комнату, да и говорит: пойдем, любезнейший брат, в мой кабинет, благослови мою келью. Я думаю, что она (указал на барыню) тебе надоела. Она как увидит странника или странницу, или какого больного, то рада и день и ночь не отходить от них; во всем ее роде исстари такое обыкновение. Мы вошли в кабинет. Какое множество книг, прекрасные иконы, животворящий крест во весь рост и при нем поставлено Евангелие; я помолился, да и говорю: у вас, батюшка, здесь рай Божий. Вот сам Господь Иисус Христос, Пречистая Его Матерь и святые Его угодники, а это (указывая книги) их божественные, живые и неумолкаемые слова и наставления; я думаю, вы часто наслаждаетесь небесною беседою с ними. Да, признаюсь, ответил барин, я охотник читать. Какие же у вас здесь книги, спросил я. У меня много и духовных, ответил барин; вот целый годовой круг четь-миней, сочинения Иоанна Златоустого, Василия Великого, много богословских и философских, а также много и проповедей новейших знаменитых проповедников. Библиотека моя стоит мне тысяч пять рублей.

Нет ли у вас, спросил я, какого либо писателя о молитве? Я очень люблю о молитве читать. Есть самая новейшая книжка о молитве, сочинение одного петербургского священника. Барин достал толкование молитвы Господней: *Отче наш* и мы с удовольствием начали ее. Немного погодя пришла к нам и барыня, принесла чаю, а малютки притащили целое лукошко, все серебряное, каких то сухих, словно пирожков, каковых я и от роду не кушивал. Барин взял у меня книжку, подал барыне, да и говорит: вот мы ее заставим читать, она прекрасно читает, а сами подкрепимся. Барыня начала читать, а мы стали слушать. Я, слушая чтение, внимал и производившейся молитве внутрь моего сердца; что дальше шло чтение, то молитва развивалась более, и меня услаждала. Вдруг я увидел, что быстро промелькнул кто-то пред глазами моими, словно по воздуху, как будто мой покойный старец. Я встрепенулся, но чтобы скрыть это, сказал, простите, вздремнул маленько. Тут я почувствовал, что как бы дух старца проник мой дух, или засветил его, я ощутил какой-то свет в разуме и множество мыслей о молитве. Только что перекрестился и хотел отогнать сии мысли, барыня прочла всю книжку, барин спрашивает: понравилось ли мне это сочинение? – и началась у нас беседа. – Очень нравится, ответил я, да и молитва Господня «*Отче наш*" есть выше и драгоценнее всех написанных молитв, какие мы, христиане, имеем; ибо ее преподает сам Господь Иисус Христос, и прочтенное толкование оной очень хорошо, только все направлено большею частию к деятельности христианской, а мне случилось читывать у св. отцов и умозрительное, таинственное изъяснение оной.

У каких же отцов ты это читал? Да вот, например, у Максима Исповедника, да в Добротолюбии у Петра Дамаскина. Пожалуйста, не припомнишь ли что, скажи нам! Извольте. Начало молитвы: «*Отче наш, иже еси на небесех*"; в прочтенной книжке толкуется, что под сими словами должно разуметь внушение братской любви к ближним, как детям единого отца. Это очень справедливо, но у св. отцов и еще далее и духовнее сие разъясняется, именно – они говорят, что в сем изречении должно возводить ум на небо, к Небесному Отцу, и воспоминать обязанность нашу ежеминутно поставлять себя в присутствие Божие и ходить пред Богом. Слова: *да святится имя Твое*, объясняет книжка тщанием, дабы не произносить имя Божие без благоговения, или в несправедливой клятве, словом, чтобы святое имя Божие произносить свято и не употреблять его всуе; а таинственные толкователи видят здесь прямое прошение о внутренней сердечной молитве, т. е. чтобы святейшее имя Божие напечатлевалось внутрь сердца и самодействующей молитвою святилось и освящало все чувства и силы душевные. Слова: *да приидет царствие твое* таинственные толковники изъясняют так: да приидет в сердца наши внутренний мир, спокойствие и радость духовная. В книжке толкуется, что под словами: хлеб наш *насущный даждь нам днесь* должно разуметь прошение о потребностях необходимых для телесной жизни, не излишних, но токмо нужных и для помощи ближним достаточных. А Максим исповедник, под именем насущного хлеба, разумеет питание души хлебом небесным, т. е. Словом Божиим, и соединение души с Богом, богомыслием и непрестанною внутреннею молитвою сердца.

Ах! это великое дело и почти невозможное для жителей мира, чтобы достигнуть внутренней молитвы, воскликнул барин; хотя бы и наружную-то помог Господь отправлять без лености. Не думайте, батюшка, так. Если бы сие было невозможно и непреодолимо трудно, то Бог не заповедал бы сего всем. Сила его совершается и в немощи; а опытные св. отцы предлагают к сему способы, облегчающие путь к достижению сердечной молитвы. Конечно, для отшельников мира они указывают средства особенные и высшие, но и для мирян также предписывают удобные же и верно ведущие средства к достижению внутренней молитвы. Нигде мне не случалось читать о сем подробно, сказал барин. Извольте, если угодно, я прочту вам в книге Добротолюбия. Я принес мое Добротолюбие, отыскал статью Петра Дамаскина в 3 части на листе 48, и начал читать следующее: «должно научиться призыванию имени Божия более, нежели дыханию, во всяком времени и месте и деле. Апостол говорит: *непрестанно молитеся*, т. е. он учит, чтобы иметь памятование о Боге во всякое время, на каждом месте, и при всякой вещи. Если ты что-нибудь делаешь, должен иметь в памяти Творца вещей; если видишь свет, помни Даровавшего тебе оный; если видишь небо, землю, море и все находящееся в них, удивляйся и прославляй Создавшего оные; если надеваешь на себя одежду, вспомни чей это дар, и благодари Промышляющего о твоей жизни. Кратко сказать, всякое движение да будет тебе причиною к памятованию и прославлению Бога, и вот ты непрестанно молишься, от сего всегда будет радоваться душа твоя». Вот извольте видеть, как сей способ к непрестанной молитве удобен, легок и доступен для каждого, кто только имеет сколько-нибудь человеческих чувств.

Это им чрезвычайно понравилось. Барин с восхищением обнял меня, благодарил, посмотрел мое Добротолюбие, да и говорит: непременно куплю себе такую книгу; я ее скоро достану из Петербурга; а сейчас, для памяти, я спишу эту статейку, которую ты прочел, – сказывай мне. И тут-же он скоро, прекрасно переписал ее. Потом он воскликнул: Боже мой! ведь у меня есть и икона св. Дамаскина (это вероятно была икона Иоанна Дамаскина). Он взял рамку, вставил под стекло написанный лист, да и повесил под иконою, сказав: вот живое слово угодника Божия под его изображением будет часто напоминать мне, чтобы исполнять сей спасительный совет в его деятельности.

После сего мы пошли ужинать. За столом по прежнему сидели с нами все люди – мужчины и женщины. Какое было благоговейное молчание и тишина во время стола! Поужинавши мы все, люди и дети, долго молились. Меня заставили читать акафист Иисусу Сладчайшему.

По окончании служители их пошли на покой, и мы втроем остались в комнате. Вот барыня принесла мне белую рубашку и чулки – я поклонился в ноги, да и говорю: не возьму я матушка чулок, я их от роду не нашивал, мы привыкли всегда ходить в онучах. Она побежала опять и принесла свой старый кафтан, тонкого желтого сукна, да и разрезала на две онучи, а барин, сказавши: вот у него бедного и опорочки то почти развалились, принес новые свои башмаки, большие, которые он сверху сапогов надевает, потом и говорит мне: поди вон в ту комнату, там никого нет, да перемени с себя белье. Я пошел, переоделся и опять вышел к ним. Они посадили меня на стул, и начали обувать, барин стал обертывать онучами мне ноги, а барыня начала надевать башмаки. Я сперва не стал было даваться, но они приказали мне сидеть и говорили: сиди и молчи, Христос умывал ноги ученикам. Мне нечего было делать, и я начал плакать, заплакали и они.

После сего барыня осталась в покоях ночевать с детьми, а мы с барином пошли в сад в беседку. Долго нам не спалось, мы лежали, да и поговаривали с барином. Вот он и начал приступать ко мне: скажи Бога ради, по самой истине и по совести, кто ты такой? Ты, должно быть, из хорошего рода, и только напускаешь на себя юродство. Ты читаешь и пишешь хорошо, и правильно говоришь и рассуждаешь; этого не может быть в мужицком воспитании. Я по сущей правде и чистосердечно рассказывал, как вам так и вашей барыне, мое происхождение к никогда не думал лгать или обманывать вас. Да и для чего мне это? А что я говорю, то говорю не свое, а слышанное от покойного богомудрого старца моего, да вычитанное со вниманием в святых отцах; более же всего дает свет моему невежеству внутренняя молитва, которую не сам я приобрел, а милость Божия, да старческое учение поселили ее в мое сердце. Ведь это возможно каждому человеку; стоит только побезмолвнее углубиться в свое сердце, да побольше призывать просвещающее имя Иисуса Христа, то сейчас же каждый почувствует внутренний свет, и ему будет все понятно, даже и некоторые тайны царствия Божия он увидит в свете сем. Да уже и это глубокая просветительная тайна, когда человек узнает сию способность самоуглубляться, видеть себя внутри, наслаждаться самосознанием, умиляться и сладостно плакать о своем падении и испорченной воле. Благоразумно рассуждать и говорить с людьми дело не очень трудное и возможное, ибо ум и сердце произошли прежде, нежели ученость и премудрость человеческая. Коли есть ум, то можно его обработать, наукою ли, или опытностию; а если нет разума, то никакое воспитание не поможет. В том то и дело, что мы далеки от самих себя, да и мало желаем, чтобы приблизиться к себе, а все убегаем, чтобы не встретиться самим с собою и променяем истину на безделушки, да и думаем: рад бы заняться духовным делом, или молитвою, да некогда, хлопоты и заботы о жизни не дают времени к сему занятию. А что важнее и нужнее — спасительная вечная жизнь души, или скоропреходящая жизнь тела, о котором мы так много стараемся? Вот это то, что я сказал, и приводит людей или к благоразумию, или к глупости.

Прости меня, любезный брат, я спросил тебя не из одного токмо любопытства, но из добродушия и христианского участия в тебе, да еще и потому, что года два тому назад, я видел пример, из которого составился вопрос мой и к тебе. Вот видишь, пришел к нам один нищий с паспортом отставного солдата, старый, дряхлый, и так беден, что почти и наг и бос, говорил мало и так просто, как бы степной мужик. Мы взяли его в нищеприемницу; дней чрез пять он сильно захворал, а потому мы и перенесли его вот в эту беседку, успокоили и начали сами с женою ходить за ним и лечить его. Наконец, он стал уже видимо приближаться к смерти; мы приготовили его, позвавши нашего священника его исповедать, приобщить и особоровать. Накануне своей смерти он встал, потребовал у меня лист бумаги и перо, попросил, чтобы я запер двери и никого бы не впускал, покуда напишет он завещание сыну своему, которое и просил переслать после смерти его в Петербург по адресу. Изумился я, когда увидел, как он писал не только прекрасным, самым образованным почерком, но и сочинение его было превосходно, правильно и очень нежно. Вот я завтра прочту тебе это его завещание; я имею у себя с него копию.

Все это привело меня в удивление, и возбудило любопытство спросить его о его происхождении и жизни. Он, обязав меня клятвою не открывать сего никому прежде его смерти, во славу Божию рассказал мне свою жизнь. Я был князь, имевший очень богатое состояние и провождавший самую пышную, роскошную и рассеянную жизнь. Жена моя умерла, и я жил с сыном моим, счастливо служившим капитаном в гвардии. Однажды, собираясь ехать на бал к одной важной персоне, я был сильно рассержен моим камердинером; не перетерпевши своего азарта, я жестоко ударил его в голову и приказал сослать его в деревню. Это было вечером, а на другой день утром камердинер умер от воспаления в голове. Но это с рук сошло, и я, пожалевши о моей неосторожности, вскоре и забыл об этом. Вот проходит шесть недель и оный умерший камердинер начал являться мне, прежде во сне; каждую ночь беспокоил и укорял меня, непрестанно повторяя: бессовестный, ты мой убийца! Потом я начал видеть его и наяву, в бодрствовании. Чем дальше, тем чаще он начал мне являться, а потом почти непрестанно меня беспокоил. Наконец, вместе с ним я начал видеть и других умерших мужчин, коих я жестоко оскорблял, и женщин, коих соблазнил. Все они беспрерывно укоряли меня и не давали мне покоя до того, что я не мог ни спать, ни есть, ни чем-либо заниматься; совершенно истощился в силах, и кожа моя прильнула к костям моим. Все старание искусных врачей нисколько не помогало. Я поехал лечиться в чужие края, но пролечась там полгода, нисколько не получил облегчения и мучительные видения все жестоко умножались. Меня привезли оттуда едва живого; и я испытывал в полной мере ужасы адских мучений души, прежде еще отделения ее от тела. Тогда я уверился, что есть ад и узнал, что значит он.

Будучи в таком мучительном состоянии, я сознал мои беззакония, раскаялся, исповедался, дал свободу всем при мне служившим людям, в заклял себя на всю жизнь мучить себя всякими трудами и сокрыться в нищенском образе, дабы за беззакония мои быть последнейшим служителем людей самого низкого класса. Лишь только с твердостию я на сие решился, тут же и кончились беспокоившие меня видения. Я чувствовал такую отраду и сладость от примирения с Богом, что не могу вполне сего изобразить. Вот здесь я также опытно узнал, что значит рай, и, каким образом разверзается царствие Божие внутри сердец наших. Вскоре я совершенно выздоровел, исполнил мои намерения и с паспортом отставного солдата тайно ушел из моей родины. И вот уже 15 лет, как я скитаюсь по всей Сибири. Иногда нанимался у мужиков в посильные работы, иногда Христовым именем прокармливал себя. Ах! при всех сих лишениях какое я вкушал блаженство, счастие и спокойствие совести! Это вполне может чувствовать только тот, кто из мучительного ада, милосердием Ходатая переведен в рай Божий. Рассказавши сие, он вручил мне свое завещание для отправки к его сыну и на другой день скончался. Да вот и списочек с его завещания у меня теперь в сумке, положен в моей Библии, Если угодно вам прочесть, то я сейчас его достану. Вот извольте!

Я развернул и прочитал: Во имя Бога в Троице прославляемого, Отца и Сына и Святого Духа.

Любезнейший сын мой!

Уже 15 лет, как ты не видишь твоего отца, но он в безызвестности своей, изредка уведомляясь о тебе, питал к тебе отеческую любовь, которая заставляет послать к тебе и предсмертные строки сии, да будут они тебе уроком в жизни.

Тебе известно, как я страдал за мою неосторожность и невнимательную жизнь; но ты не знаешь, как я блаженствовал в безызвестном моем странничестве, наслаждаясь плодами покаяния.

Я спокойно умираю у моего доброго и вместе у твоего благодетеля, ибо благодеяния, излитые на отца, должны касаться чувствительного сына. Воздай ему благодарность мою, чем можешь.

Оставляя тебе мое родительское благословение, заклинаю тебя помнить Бога, хранить совесть, быть осторожным, добрым и рассудительным, обращаться с подчиненными людьми как можно благосклоннее и любезнее, не презирать нищих и странных, помня, что и умирающий отец твой в нищенстве и странничестве токмо обрел спокойствие и мир мучившейся душе своей.

Призывая на тебя благодать Божию, я спокойно закрываю глаза мои во уповании жизни вечной, по милосердию Ходатая человеков Иисуса Христа.

Отец твой...

Так мы с добрым барином лежали, да и поговаривали. Вот и я спросил его: думаю, батюшка, вам не без хлопот и не без беспокойства с странноприемницей? Ведь также много нашей братии странников ходят от нечего делать, или по лености к делу, да и шалят на дороге, как мне случалось видеть. Не много таких случаев было, все больше попадали истинные странники, ответил барин. Да мы еще более ласкаем и удерживаем у себя пожить таких шалунов. Они, поживши между добрыми нашими нищими, Христовыми братиями, часто исправляются и выходят из нищеприемницы смиренными и кроткими людьми. Вот недавно был сему пример. Один здешний городской мещанин до того развратился, что решительно все гоняли его палками от своих ворот, и никто ему не давал даже и куска хлеба. Он был пьяный, буйный и драчливый человек, да еще и воровал, В таком виде и голодный пришел он к нам; просил хлеба и вина, до коего он был чрезвычайный охотник. Мы, ласково принявши его, сказали: живи у нас, мы будем давать тебе вина сколько хочешь, но только с тек уговором, чтобы ты, напившись, сейчас ложился спать, если же хотя мало забунтуешь и заколобродишь, то не только прогоним тебя и никогда не примем, но даже я сделаю отношение исправнику или городничему, чтоб сослать тебя на поселение, как подозрительного бродягу. Согласившись на сие, он у нас остался. С неделю, или более, действительно пил много, сколько хотел; но всегда по обещанию своему и по приверженности к вину (чтоб его не лишиться) ложился спать, или выходил на огород, лежал там и молчал. Когда он отрезвлялся, братья нищеприемницы уговаривали его и давали совет, чтобы воздерживаться, хотя сначала понемногу. Итак, он постепенно стал пить меньше и, наконец, месяца чрез три сделался воздержным человеком и теперь где-то нанимается, и не ест втуне чужой хлеб. Вот третьего дня он приходил ко мне с благодарностью. Какая мудрость, по руководству любви совершаемая! подумал я, да и воскликнул: благословен Бог, являющий милость свою в ограде ограждения вашего!

После сих бесед мы с барином, соснувши с час или с полтора, услышали благовест к заутрени, собрались и пошли, и только что вошли в церковь, а уже барыня давно тут и есть и со своими деточками. Отслушали утреню; а после нее началась вскоре и божественная литургия. Мы с барином, да с одним малюткою стали в алтаре, а барыня с малюткою барышней – у алтарного окна, чтобы видеть возношение св. даров. Боже мой! Как они молились на коленях и заливались радостными слезами! Какие просветленные сделались у них лица, так что и я на них глядя досыта наплакался.

По окончании службы господа, священник, слуги и все нищие пошли вместе к обеденному столу, а нищих-то было человек до сорока; тут и увечные, и с больными лицами, и ребята. Все сели за один стол. Какая была тишина и молчание! Я, принявши дерзновение, легонько сказал барину: в обителях читают жития святых во время трапезы; вот бы так и вам, а у вас есть круг четьи-миней. Барин, обратившись к барыне, говорит: в самом деле, Маша, заведем-ка такой порядок. Это будет преназидательно. Вот в первый обед буду читать я, потом ты, а там батюшка, а в последствии братья, по очереди, кто умеет. Священник, кушая, стал говорить: слушать я люблю, а уж читать покорный слуга, у меня нисколько нет свободного времени. Как прибежишь домой, то не знаешь, как поворачиваться все хлопоты, да заботы; и то надо, и другое надо; ребят куча, да и скота вволю, целый день в суете, уж не до чтения, или поучения. Что и в семинарии-то выучил, так и то давно уже забыл. Услышавши это, я содрогнулся, а барыня, сидя возле меня, как схватит меня за руку, да и начала говорить: батюшка это говорит по смирению, он всегда так себя унижает, а он предобрейший и богоугодной жизни; вот уже 20 лет вдовствует и воспитывает целую семью внучат, а притом и часто служит. При сих словах мне пришло на ум следующее изречение Никиты Стифата в Добротолюбии: по внутреннему настроению души измеряется естество вещей, то-есть, кто каков сам, тот так и о других заключает; и далее говорит он же: кто достиг истинной молитвы и любви, тот не имеет различения вещей, не различает праведного от грешного, но всех равно любит и не осуждает, как и Бог; как солнце сияет и дождит на праведных и неправедных.

Началось опять молчание; против меня сидел совершенно слепой нищий из нищеприемницы. Барин кормил его, разрезывал рыбу, подавал ложку, наливал ему похлебку. Пристально смотревши, я заметил, что у сего нищего все рот открыт, а язык беспрестанно шевелится и как бы трепещется; я подумал, не молитвенник ли он, и стал примечать больше. При самом окончании обеда одной старухе сделалось дурно, ее крепко схватило и она застонала. Барин с барыней отвели ее в свою спальню и положили на постель; барыня осталась ходить за ней; священник на случай пошел за запасными св. дарами; а барин приказал запрячь карету и поскакал за доктором в город. Все разошлись.

Я чувствовал молитвенный как бы глад, была сильная потребность молитвенных излияний, а уединения и молчания уже другие сутки не было. Я чувствовал в сердце как будто какое-то наводнение, которое стремилось прорваться и излиться во все члены, но как я сие передерживал, то и сделалась сильная боль в сердце, – впрочем, какая-то отрадная, требующая безмолвного успокоения и насыщения молитвою. Здесь мне открылось, почему истинные делатели самодействовавшей в них молитвы убегали от людей, и сокрывали себя в безызвестности, также я понял, почему преподобный Исихий и самую духовную и полезную беседу, но неумеренную, называет празднословием, как и св. Ефрем Сирин говорит: добрая речь серебро, а молчание чистое золото. В соображении всего этого, я пошел в нищеприемницу; там все после обеда отдыхали. Я залез на чердак, успокоился, отдохнул, помолился. Когда встали нищие, я нашел слепого, и вывел его за огород; мы уединенно сели, да и начали беседовать.

Скажи Бога ради, на пользу душевную, ты творишь Иисусову молитву? Я давно уже беспрестанно ее творю. Что же ты от сего чувствуешь? То только, что не могу ни день ни ночь, быть без молитвы. Каким образом Бог открыл тебе это занятие? расскажи мне, любезный брат, подробно. Вот видишь, я здешний цеховой, промышлял себе хлеб портняжной работой, ходил по другим губерниям, по деревням, да шил крестьянскую одежду.

В одной деревне случилось мне долго прожить у мужика для обшивки его семьи. В какой то праздничный день я увидел, на божнице три книги, да и спрашиваю: кто у вас читает? Никто, ответили мне. Эти книги после нашего дяди: он был грамотей. Я, взявши одну книгу, разогнул где попало, да и прочел, как теперь помню, таковые слова: молитва непрестанная есть, еже призывати имя Божие всегда, беседует ли кто, или сидит, или ходит, или делает, или ест, или иное что творит, – на всяком месте и на всякое время подобает призывати имя Божие.

Прочитавши это, я стал думать, что мне сие весьма удобно, да и стал за швейной моей работой творить молитву шепотом, и мне это понравилось. Жившие со мною в избе заметили это, да и начали надо мною смеяться; колдун что ли ты, что все непрестанно шепчешь? или что заговариваешь? Я, чтобы скрыть это, перестал шевелить губами, а стал только творить молитву одним языком. Наконец, так привык к молитве, что уже сам язык и день и ночь ее выговаривает, и мне это приятно.

Долго я так ходил, потом вдруг ослеп совершенно. У нас в роду почти у всех бывает темная вода в глазах. Вот наше общество по бедности моей определило меня в богадельню, которая находится в нашем губернском городе Тобольске. Я теперь туда и отправляюсь, господа то остановили меня для того, что хотят дать мне подводу до Тобольска.

Как называлась та книга, которую ты читал, не Добротолюбие ли? Право не знаю, я и не посмотрел заглавного-то листа. Я принес мое Добротолюбие, отыскал в 4 части у Каллиста патриарха те слова, которые сказал он мне на память, да и начал ему читать. Вот оно самое, закричал слепой. Читай-ка, брат, как это очень хорошо. Когда я дошел до той строки, где сказано: подобает молиться сердцем, он начал приступать ко мне: что это значит? – и как это делается? Я сказал ему, что все учение о сердечной молитве подробно изложено в сей же книге, в Добротолюбии, – и он с усердием просил меня все прочесть ему.

Мы вот как сделаем, сказал я. Ты когда намерен отправиться в Тобольск? Да хоть сейчас, ответил он. Так вот что, завтра и я думаю идти в путь, мы и пойдем с тобой вместе, и я тебе все прочту, что относится до сердечной молитвы и укажу способ, как отыскивать место сердечное и входить в него. Да как же подвода-то? спросил он. Э, что тебе за подвода, будто невесть сколько до Тобольска, только полтораста верст, пойдем потихоньку, а двоим в уединении-то знаешь, как хорошо идти; да и беседовать и читать о молитве, идя, удобнее.

Так мы и согласились; по вечеру сам барин пришел всех нас звать ужинать, после ужина мы объявили, что со слепым отправляемся в путь, и что не нужно нам подводы; чтобы удобнее читать Добротолюбие. При сем барин начал говорить: и мне очень понравилось Добротолюбие; я уже написал письмо и приготовил деньги, чтобы завтра, как поеду в суд, отослать в Петербург, чтобы с первою же почтою мне выслали Добротолюбие. Итак, на утро мы отправились в путь, много благодаривши сих господ, за примерную любовь и милосердие; и они оба с версту нас проводили от своего жилища. Так мы распростились.

Пошли мы со слепцом, да и шли понемногу и помалу, верст по десяти и по пятнадцати в день, а все остальное время просиживали в уединенных местах, да читали Добротолюбие. Я все прочел ему о сердечной молитве по тому порядку, который указал мне покойный мой старец, т. е. начав с книги Никифора монашествующего, Григория Синаита, и так далее. С какою жадностию и вниматильностию он все сие слушал и как все ему нравилось и наслаждало его! Потом он начал делать мне такие вопросы о молитве, что и ума моего не хватило решить их.

По прочтении нужного из Добротолюбия, он начал усердно просить меня, чтобы деятельно показать ему способ, каким образом найти умом сердце, и как вводить в него божественное имя Иисуса Христа, и как со сладостию внутренне молиться сердцем. Я и начал ему рассказывать: вот ты ничего не видишь, а ведь можешь умом вообразить и представить себе то, что ты прежде видал, то есть человека, или какую-нибудь вещь, или свой какой-нибудь член, например, руку или ногу, можешь так живо вообразить, как бы на него смотрел, и можешь навести и устремить на него хотя и слепые свои глаза? Могу, ответил слепой. Так ты точно также вообрази свое сердце, наведи свои глаза, как бы смотрел на него сквозь грудь, и как можно живее представь его, а ушами то внимательно слушай, как оно бьется и ударяет раз за разом. Когда к сему приспособишься, то и начинай к каждому удару сердца, смотря в него, приноровлять молитвенные слова. Таким образом, с первым ударом скажи или подумай *Господи*, со вторым *Иисусе*, с третьим *Христе*, с четвертым *помилуй* и с пятым *мя*, и повторяй сие многократно. Тебе это удобно, ибо начало и подготовка к сердечной молитве у тебя уже есть. Потом как к сему попривыкнешь, то начинай вводить и изводить всю Иисусову молитву в сердце вместе с дыханием, как учат отцы, то есть втягивая в себя воздух, скажи, вообрази: *Господи Иисусе Христе*, а испуская из себя: *помилуй мя!* Занимайся сим почаще и побольше, и ты в скором времени почувствуешь тонкую и приятную боль в сердце, потом будет являться в нем теплота и растеплевание. Так, при помощи Божией, достигнешь ты самодействия услаждающей внутренней молитвы сердца. Но при сем всемерно остерегайся от представлений в уме, и являющихся каких-либо видов. Не принимай вовсе никаких воображений; ибо св. отцы крепко заповедуют при внутренней молитве сохранять безвидие, дабы не попасть в прелесть.

Слепой, выслушавши все это со вниманием, начал с усердием действовать по показанному способу, и по ночам, когда мы останавливались на ночлегах, он преимущественно сим занимался подолгу. Дней через пять он начал чувствовать сильную теплоту и несказанную приятность в сердце, а притом и великую охоту беспрестанно заниматься сею молитвою, которая и открывала в нем любовь ко Иисусу Христу. По временам он начал видеть свет, хотя никаких предметов и вещей не замечал в оном; иногда представлялось ему, когда он входил в сердце, что как бы сильный пламень зажженной свечи вспыхивал сладостно внутри сердца и выбрасываясь чрез горло наружу, освещал его; и он при сем пламени мог видеть даже и отдаленные вещи, как и случилось однажды.

Шли мы лесом, и он с молчанием углублен был весь в молитву. Вдруг он сказал мне: как жалко! Горит уже церковь, вот упала и, колокольня. Я сказал ему: перестань воображать пустое, это тебе искушение, надо все мечты скорее отвергать. Как можно видеть, что делается в городе? Мы от него еще за 12 верст. Он послушался, продолжал молиться и замолчал. К вечеру пришли мы в город, и я действительно увидел несколько сгоревших домов и упавшую колокольню, которая построена была на деревянных сваях, и людей, толпящихся около и удивляющихся, как упавшая колокольня никого не задавила. По соображению моему, все это несчастие произошло в то самое время, когда говорил мне о сем слепой. Вот он и начал мне говорить: ты сказал, что видение то мое было пустое, а вот оно так и есть. Как не благодарить, и как не любить Господа Иисуса Христа, который открывает благодать свою и грешникам, и слепцам, и неразумным! Благодарю и тебя, что ты меня научил сердечному действию.

Я сказал ему: Иисуса Христа любить люби, и благодарить благодари; но принимать разные видения за непосредственные откровения благодати остерегайся; ибо сие часто может случаться и естественно, по порядку вещей. Душа человеческая относительно не связана местом и веществом. Она может видеть и во тьме, и весьма отдаленное, как вблизи происходящее. Только мы не даем силы и ходу сей способности душевной, и подавляем ее или узами одебелевшего нашего тела, или запутанностью наших мыслей и рассеянных помыслов. А когда мы сосредоточиваемся в самих себе, отвлекаемся от всего окрестного и утончаемся в уме, тогда душа входит в свое назначение и действует в высшей степени, так это дело естественное. Я слыхал от покойного моего старца, что и не молитвенные люди, а или способные к тому, или болезненные, в самой темной комнате видят свет, как он исходит из всех вещей, различают предметы, ощущают своего двойника и проникают в мысли другого. А что при сердечной молитве происходит прямо от благодати Божией, то так насладительно, что никакой язык изрещи не может, и ни к чему вещественному применить и ничему уподобить того нельзя; все чувственное низко в сравнении с сладостными ощущениями благодати в сердце. Мой слепой внял сему с усердием, и еще более стал смиренным; молитва в сердце его развивалась более и более и несказанно его услаждала. Я радовался сему от всей души и усердно благодарил Бога, что Он сподобил меня видеть такого благословенного раба своего.

Наконец дошли мы до Тобольска, я привел его в богадельню, оставил там и, любезно простившись, пошел в путь свой далее.

С месяц шел я потихоньку и глубоко чувствовал, как назидательны и поощрительны бывают добрые живые примеры; часто читывал Добротолюбие, и поверял все то, что я говорил слепому молитвеннику. Его поучительный пример воспламенил во мне ревность, признательность и любовь к Господу, молитва сердца столько меня услаждала, что я не полагал, есть ли кто счастливее меня на земле, и недоумевал, какое может быть большее и лучшее наслаждение в царствии небесном. Не токмо чувствовал сие внутрь души моей, но все и наружное представлялось мне в восхитительном виде, и все влекло к любви и благодарению Бога; люди, дерева, растения, животные, все было мне как родное, на всем я находил изображение имени Иисуса Христа. Иногда чувствовал такую легкость, как бы не имел тела, и не шел, а как бы отрадно плыл по воздуху; иногда входил весь сам в себя и ясно видел все мои внутренности, удивляясь премудрому составу человеческого тела; иногда чувствовал такую радость, как будто сделан я царем и при всех таковых утешениях желал, когда бы Бог дал поскорее умереть и изливаться в благодарности у подножия Его в мире духов.

Видно, я неумеренно наслаждался сими ощущениями что ли, или уже так было попущение воли Божией, но по некотором времени я почувствовал в сердце какой-то трепет и страх. Не было бы мне, подумал я, опять какой беды или напасти, подобно как за ту девку, которую я научил Иисусовой молитве в часовне. Помыслы надвигались на меня тучею и я вспомнил при сем слова препод. Иоанна карпафийского, который говорит, что часто учивший предается в бесчестие и терпит напасти и искушения за пользовавшихся от него духовно. Поборовшись с сими помыслами, я усугубил молитву, которою отогнал их совершенно, и ободрившись сказал в себе: да будет воля Божия! готов все терпеть, что ни пошлет мне Иисус Христос за мое окаянство и гордостный нрав. Да и те, которым я недавно открыл тайну сердечного входа и внутренней молитвы, были и прежде моей с ними встречи приуготовлены непосредственным тайноучением Божиим. Успокоившись сим, я опять пошел с утешением и молитвою и радовался более прежнего. Дня два было дождливое время, и дорога так разгрязла, что едва можно было вытаскивать из грязи ноги, шел я степью, и верст 15 ни одного не встречал селения; наконец, под вечер увидел у самой дороги один двор, обрадовался и подумал: вот здесь попрошусь отдохнуть и переночую, а завтра поутру, что Бог даст: может и погода будет получше.

Подошедши, увидел хмельного старика в солдатской шинели, сидевшего у одного двора на завалине, и поклонился ему, да и говорю: нельзя ли у кого попроситься здесь переночевать? Кто может пустить, кроме меня? закричал старик, я здесь главный! Это почтовая станция, а я смотритель. Так позвольте, батюшка, мне ночевать у вас! А паспорт у тебя есть? подавай законный вид на лицо. Я дал ему свой паспорт, а он держит его в руках, да опять спрашивает: где же паспорт? У вас в руках, ответил я. Ну, пойдем в избу. Смотритель надел очки, прочел и говорит: точно вид законный, ночуй; я ведь добрый человек; вот, поднесу тебе и чарку. От роду не пью, ответил я. Ну, так наплевать, по крайней мере, с нами поужинай. Сели за стол, он, да кухарка, молодая баба тоже довольно выпивши, и меня посадили с собой. Во все время ужина они бранились, укоряли друг друга, а под конец и подрались. Смотритель ушел в сени спать в чулан, а кухарка начала убираться, перемывать чашки да ложки, и доругивала своего старика.

Я, посидевши, подумал, что не скоро она угомонится, да и сказал ей: где бы, матушка, мне уснуть? Я очень устал с дороги. Вот я тебе постелю, батюшка, и, приставивши скамейку к лавке у переднего окна, постлала войлок и положила изголовье. Я лег, да и закрыл глаза, как будто сплю. Долго еще колобродила кухарка; наконец, убралась, погасила огонь, и подошла ко мне. Вдруг все окошко, бывшее в переднем углу, рама, стекла и осколки косяков, разлетевшись в дребезги, посыпались с ужасным треском, вся изба потряслась, а за окном раздался болезненный стон, крик и барахтанье. Баба в испуге отскочила на средину пола, и грохнулась на пол. Я вскочил без памяти, думая, что земля разверзлась подо мною. Вот вижу два ямщика внесли в избу человека, всего в крови, так что и лица его не было видно. Сие еще более привело меня в ужас. Это был фельдъегерь, скакавший переменить здесь лошадей. Ямщик его, не потрафивши верно завернуть в ворота, дышлом вышиб окно, а как перед избою была канава, то бричка опрокинулась, и фельдъегерь, упавши, глубоко расцарапал себе голову об заостренный кол, коим была укреплена завалина. Фельдъегерь потребовал воды, да вина, промыть себе рану, примочил вином, и сам выпил стакан, да и крикнул: лошадей! Я стал около его, сказав: как вам, батюшка, с такою болью ехать-то? Фельдъегерю некогда быть больным, ответил он, и поскакал. Бабу ямщики оттащили к печи в угол без чувств, накрыли рогожкой, сказавши: это ей притча приключилась от испуга; она прочухается. А смотритель опохмелился, и опять пошел досыпать.

Остался я один.

Вскоре баба встала и начала ходить из угла в угол, как шальная, наконец, ушла из избы. Я, помолившись, почувствовал ослабление в силах, и перед светом немного заснул.

Поутру, простившись с смотрителем, я отправился, шел и воссылал молитву мою с верою, упованием и благодарением к Отцу щедрот и всякого утешения, избавившему меня от близкой беды.

Чрез шесть лет после сего происшествия, проходя мимо одного женского монастыря, я зашел в церковь помолиться. Странноприимная игуменья взяла меня к себе после обедни, и велела подать чаю. Вдруг приехали к ней неожиданно гости; она вышла к ним, а меня оставила с монахинями, ее келейницами. Смиренная монахиня, разливавшая чай, возбудила во мне любопытство спросить:

давно ли вы, матушка, в сей обители? Пять лет, ответила она; меня безумную привели сюда, и Бог здесь помиловал. Вот матушка игуменья оставила меня у себя при келии и постригла. От чего же вам случилось безумие? спросил я. От испугу. Я нанималась на такой-то станции, и ночью во время сна лошади вышибли окно, я, испугавшись, сошла с ума. Меня целый год родственники водили по святым местам, и вот я здесь только исцелилась. Услышавши это, я возрадовался душою я прославил Бога, мудро вся на пользу строющего.

Много было еще разных случаев, обратясь к своему отцу, сказал я. Если по порядку рассказывать-то, то и в трое суток не переговоришь всего. Разве еще один случай рассказать.

В ясный летний день увидел я кладбище близ дороги, или так называемый погост, т. е. церковь, да одни священно-служительские дома. Был благовест к обедне; и я пошел туда. Шли туда же и окрестные люди; а иные, не доходя церкви, сидели на траве и, видя меня, поспешно шедшего, говорили мне: не спеши; еще настоишься вволю, покуда начнется служба; здесь служат очень долго, священник-то больной, да такой мешкотный. Действительно, служба шла очень долго; священник молодой, но прехудой и бледный, действовал очень медленно, впрочем, очень благоговейно и с чувством в конце обедни сказал прекрасную понятную проповедь о способах приобретения любви к Богу.

Священник позвал меня к себе и оставил пообедать. За столом я сказал ему: как вы, батюшка, благоговейно, да долго служите! Да, ответил он, хоть это прихожанам-то и не нравится и ропщут, но нечего делать; ибо я люблю всякое молитвенное слово прежде размыслить, и насладиться им, да тогда уже и произносить гласно, а то без внутреннего ощущения и сочувствия всякое произнесенное слово будет и для самого, и для других бесполезно; дело все во внутренней жизни и внимательной молитве! А как мало, промолвил он, занимаются внутренним деланием! Это от того, что не хотят, не брегут о духовном, внутреннем просвещении, сказал священник. Я опять спросил: да как же достичь-то его? Это кажется очень мудрено. Нимало; чтобы просветиться духовно и быть внимательным и внутренним человеком, следует взять один какой-нибудь текст из св. писания, и как можно дольше держать на нем одном все внимание и размышление, и откроется свет разумения. Также должно поступать и при молитве: если хочешь, чтобы она была чиста, правильна и усладительна, для сего следует выбрать какую либо краткую, из малых слов, но сильных, состоящую молитву, и повторять ее многократно и подолгу, и тогда ощутишь вкус к молитве. Очень мне понравилось сие наставление священника, как оно деятельно и просто, но вместе глубоко и премудро! Я умственно благодарил Бога, что Он показал мне такого истинного пастыря церкви своей.

По окончании стола, священник сказал мне: ты после обеда усни, а я займусь чтением Слова Божия, да приготовлением к завтрему проповеди. Вот я и вышел в кухню; там никого не было, одна престарая старуха сидела, сгорбившись, в углу, да кашляла. Я сел под окошечко, вынул из сумки мое Добротолюбие, да и стал читать потихоньку про себя; наконец прислушался, что сидевшая в углу старушка беспрестанно шепчет Иисусову молитву; я возрадовался, услыша часто изрекаемое святейшее имя Господне, и начал ей говорить: как это хорошо, матушка, что ты все творишь молитву! Это самое христианское спасительное дело. Да, батюшка, ответила она, на старости моих лет только и радости, что Господи прости! Давно ли же ты так привыкла молиться? С малых лет, батюшка; да без этого мне и быть нельзя, ибо Иисусова молитва избавила меня от погибели и смерти. Как же это? Расскажи, пожалуйста, во славу Божию и в прославление благодатной силы Иисусовой молитвы. Я убрал в сумку Добротолюбие, сел к ней поближе, и она начала рассказывать:

Я была девка молодая и красивая; родители сговорили меня замуж: только бы завтра быть свадьбе, жених шел к нам, и вдруг не дошедши шагов десяти, пал и умер, ни разу не дохнувши! Я так сего испугалась, что вовсе отказалась от замужества и решилась жить в девстве да ходить по святым местам молиться Богу. Однакож, одна пускаться в путь боялась, как бы по молодости моей не обругали меня злые люди. Вот знакомая мне странница-старуха научила меня, чтоб, где бы ни шла я по дороге, все беспрестанно творила Иисусову молитву, и крепко заверила, что при сей молитве никакого несчастия не может случиться в пути. Я сему поверила, и точно ходила все благополучно, даже и в отдаленные святые места; мне родители давали на сие деньги.

Под старость я сделалась больна и вот здешний батюшка по милости своей меня держит и кормит.

С наслаждением слушая это, я не знал, как благодарить Бога за сей день, открывший мне такие назидательные примеры. Потом испросив благословение доброго и благоговейного священника, я пошел в путь мой радуясь.

А вот не слишком давно, когда я шел сюда чрез Казанскую губернию, еще случилось мне узнать, как сила молитвы во имя Иисуса Христа ясно и живо открывается и в бессознательно занимающихся ею, и как частость и продолжительность молитвы есть верный и кратчайший путь к достижению благих плодов молитвы. Случилось мне однажды ночевать в татарском селении. Я, вошедши в оное, увидел под окном одной хаты повозку и кучера русского; лошади кормились около повозки. Обрадовавшись этому, я вознамерился попроситься на ночлег тут же, думая, что, по крайней мере, ночую вместе с христианами. Подошел, да и спросил кучера, кто едет? Он ответил, что барин проезжает из Казани в Крым. В то время, как мы говорили с кучером, барин, отвернувши кожу, выглянул из повозки, посмотрел на меня, да и говорит: я и сам здесь ночую, но не пошел в хату, потому что у татар очень дрянно и я решился остаться на ночь в повозке. Потом барин вышел прогуляться, – вечер был хороший, – и мы разговорились.

Между многими расспросами, он пересказал мне и про себя вот что: до шестидесяти пяти лет я служил во флоте капитаном первого ранга; под старость напала на меня неизлечимая болезнь – подагра, и я, вышедши в отставку, жил в Крыму на хуторе моей жены, почти постоянно больной. Жена моя была взбалмошная, рассеянного характера, и великая картежница. Ей скучно стало при мне больном жить; и она, кинувши меня, уехала в Казань к дочери нашей, которая туда по случаю выдана за служащего чиновника; обобрала меня кругом, даже увезла с собою и дворовых людей, а при мне оставила только восьмилетнего мальчишку, моего крестника.

Так я и жил один года три. Служивший мне мальчик был с быстрыми способностями и все домашние дела мои исправлял, убирал комнату, топил печь, варил мне кашицу, грел самовар. Но при всем этом он был чрезвычайно резв и неумолкаемый шалун, беспрестанно бегал, стучал, кричал, резвился и потому весьма меня беспокоил; а я по болезни, да и от скуки, всегда любил читать духовное. У меня была прекрасная книга Григория Паламы об Иисусовой молитве: я почти беспрестанно читал ее, да понемногу творил и молитву. Мешал мне мой мальчик, и никакие угрозы и наказания не воздерживали его от шалостей. Вот я и придумал такое средство: стал сажать его у себя в комнате на скамеечку, приказывая, чтобы он беспрестанно говорил Иисусову молитву. Это сначала ему чрезвычайно не понравилось, и он всячески от сего уклонялся и почасту умолкал.

Я, чтобы заставить его исполнять мое приказание, клал возле себя розгу. Когда он говорил молитву, я спокойно читал книгу, или слушал, как он произносит; но лишь только он замолчит, я показываю ему розгу, и он испугавшись опять принимался за молитву; и это меня очень успокаивало, ибо начиналась тишина в моем жилище. По некотором времени я заметил, что уже розги не нужно, мальчик стал охотнее и усерднее исполнять мое приказание; далее я усмотрел совершенную перемену в его резвом характере, он стал тих и молчалив, и домашние работы отправлял успешнее. Это меня порадовало, и я начал более давать ему свободы. Наконец, что вышло? Он так привык к молитве, что почти всегда и при всяком деле творил ее без всякого моего понуждения. Когда я спрашивал его об этом, он отвечал, что непреодолимо ему хочется всегда творить молитву. Что же ты при сем чувствуешь? Ничего, только и чувствую, что мне бывает хорошо, когда говорю молитву. Да как же, хорошо? Не знаю, как сказать. Весело, что-ли? Да, весело.

Ему было уже 12 лет, как началась в Крыму война, я уехал к дочери в Казань, и его взял с собой. Здесь поместили его в кухне с прочими людьми, и он от этого очень скучал и жаловался мне, что люди, играя и шаля между собою, приступили и к нему, и смеялись над ним, и сим мешали ему заниматься молитвою. Наконец, месяца через три он вошел ко мне, да и говорит: я уйду домой; мне здесь нестерпимо скучно и шумно. Я сказал ему: как можно тебе одному идти в такую даль и в зимнее время? Дожидайся когда я поеду тогда и тебя возьму. На другой день пропал мой мальчик. Везде посылали искать, но нигде его не нашли. Наконец, я получаю из Крыма от людей, оставшихся в нашем хуторе, письмо, что оный мальчик, 4 числа апреля, на второй день Пасхи найден мертвым в пустом моем доме. Он лежал на полу в моей комнате благообразно, сложивши руки на груди, картуз под головою и в том самом холодном сюртучке, в котором ходил у меня и ушел. Так и похоронили его в моем саду. Получивши это известие, я чрезвычайно удивлялся, каким образом так скоро добрался мальчик до хутора. Он ушел 26 февраля, а 4 апреля найден. В один месяц перейти около трех тысяч верст, дай Бог и на лошадях. Ведь придется верст по сто в день. А притом в холодной одежде, без паспорта и без копейки денег. Положим, что может быть, кто-нибудь и подвозил его по дороге, но и это все не без особенного промысла и попечения о нем Божия. Вот мальчик мой, сказал, наконец, барин, вкусил плод молитвы, а я и на старости лет моих еще не пришел в его меру.

После сего я стал говорить барину: прекрасная, батюшка, книга преподобного Григория Паламы, которую вы изволили читать, я ее знаю. Но в ней все больше об устной токмо Иисусовой молитве рассуждается, а прочтите-ка вы книгу под названием Добротолюбие; там найдете полную и совершенную науку, как достигнуть и духовной Иисусовой молитвы в уме и сердце и вкусить сладчайший плод ее; при сем я показал ему мое Добротолюбие. Он, я заметил, с удовольствием принял совет мой и обещался достать себе таковую книгу.

Боже мой, размышлял я сам в себе, каких дивных явлений силы Божией не бывает от сей молитвы! И как мудро и поучительно сие происшествие; мальчика розга научила молитве, да еще и послужила средством к утешению! Не те же ли розги Божии наши скорби и напасти, встречаемые на молитвенном пути? А потому, чего же мы боимся и смущаемся, когда показывает нам их рука Отца нашего небесного, исполненного беспредельной любви, и когда сии розги научают нас прилежнее поучаться молитве и ведут нас к утешению неизреченному?

Кончив эти рассказы, я сказал отцу своему духовному: Простите меня, Бога ради, я уже много заболтался, а святые отцы беседу, хотя и духовную, но неумеренную, называют празднословием. Мне пора идти проведать моего спутника иерусалимского. Помолитесь о мне, окаянном грешнике, чтобы Господь, по великому милосердию своему устроил путь мой во благое.

Вседушно желаю, возлюбленный о Господе брат, ответил он, да любвеобильная благодать Божия осеняет путь твой и сопутствует с тобою, как ангел Рафаил с Товиею!

ТРИ КЛЮЧА КО ВНУТРЕННЕЙ МОЛИТВЕННОЙ СОКРОВИЩНИЦЕ. ОБРЕТЕННЫЕ В ДУХОВНЫХ БОГАТСТВАХ СВ. ОТЦОВ

В сердце моем скрых словеса Твоя (Пс. 119, 11).

Подобает уму тщатися всяцем ухищрением горе простертися (Катафигиота гл. 19).

Если каждый имеет свои особенные свойства, наклонности и способности, то и достижение одной и той же цели совершается по различным направлениям, разными способами, руководствующими к оному. Так и достижение цели внутренно молитвенных действий бывает посредством многих к сему путей, как читаем в наблюдениях святых отцов.

Одни из сих способов общий, как для успеха в молитве, так и для успеха в жизни христианской, как-то: *безусловное послушание*, как говорит Симеон новый Богослов; – труды доброделания и подвижничества, как возглашает церковь в своих песнопениях: деяние обрел еси, богодухновенне, в видения восход (Троп. священномуч.); *молитва наружная о внутренней молитве: Господи, научи ны молиться*

[Лук. 11, 1]; *особенные благодатные воздействия,* как например: Капсо Каливит однажды приложась к иконе Божией Матери, после двухгодичных докучаний Ей в молитве, вдруг ощутил сладость и теплоту, впавшую в сердце; юноша Георгий при простой молитве внезапно узрел внутренний свет и приял непрестанно самодействующую молитву, и тому подобное.

Есть и другие существенные способы к внутренней молитве, как бы непосредственно к ней относящиеся. Таковых три, как находим у святых отцов.

Частость призывания имени Иисуса Христа;

Внимательность к сему призыванию; и

Вхождение внутрь себя, или, как выражаются отцы церкви, вхождение ума в сердце.

Так как сии способы преимущественно скорейшим и удобнейшим образом отверзают внутри нас царствие Божие и обнаруживают сокровище внутренней духовной молитвы в сердце нашем, то весьма прилично назвать их ключами к сему сокровенному ковчегу.

Ключ первый

Если количество ведет к качеству, то и частое, почти беспрестанное призывание имени Иисуса Христа, хотя в начале и рассеянное, может привести ко вниманию и теплоте сердечной; поелику натура человеческая способна усвоить известное настроение посредством частого употребления и привычки. Чтоб научиться что-либо делать хорошо, надобно делать оное гораздо чаще, сказал один духовный писатель; и св. Исихий говорит, что частость рождает навыкновение и обращается в натуру (гл. 7). Это, как видно из наблюдений опытных мужей, бывает в отношении ко внутренней молитве таковым образом: желающий достигнуть внутренней молитвы решается часто, почти беспрерывно призывать имя Божие, т. е. устно произносить Иисусову молитву: Господи Иисусе Христе, Сыне Божий, помилуй мя грешного; иногда же сокращенно, т. е. Господи Иисусе Христе, помилуй мя, как учит св. Григорий Синаит. Он же присовокупляет, что сокращенное призывание удобнее для новоначального, впрочем, не отрицает и того и другого, советуя только не часто переменять молитвенные глаголы, дабы удобнее приобыкнуть к призыванию. А чтобы и еще более возбуждаться к беспрестанному творению молитвы, учащийся полагает себе в правило, смотря по времени, известное количество раз призывать, т. е. столько-то сотен или тысяч молитв по четкам проговаривать в день и ночь, не спешно, а изречисто, напрягая язык и уста. По некотором времени уста и язык упражняющегося получают таковое навыкновение и как бы самодвижность, что уже без особого усилия сами собою будут двигаться с изречением имени Божия, даже и без гласа. Далее к сему движению языка станет прислушиваться ум и постепенно очищается от рассеяния и приходит во внимание к молитве. Наконец, может последовать и снишествие ума в сердце, как выражаются отцы, т. е. ум, возвратясь в сердце, согреет оное теплотою божественной любви, и уже само сердце будет без понуждения, свободно, с неизреченною сладостию призывать имя Иисуса Христа и изливаться с умиленем пред Богом беспрерывно, по реченному: *аз сплю, а сердце мое бдит* [Песн. песн. 5, 2]. О плодотворности частого умного призывания имени Иисуса Христа, прекрасно выразился св. Исихий: якоже бо дождь, елико множае на землю сходит, толико и землю умягчает, сице и землю сердца нашего имя Христово от нас призываемо радостно творит и веселит, елико частейше призывается.

Хотя показанный способ, основанный на опытах и наблюдениях св. отцов, и достаточен к удобному руководству, чтобы достичь желанной цели внутренней молитвы, однакож, есть и еще способы высшие, как-то: внимание и введение ума в сердце. Сей первый способ приличествует преимущественно тем, кои не приобучились еще ко вниманию и неспособны еще успешно трудиться над сердцем, или же он может быть введением и предпутием к последующим способам. Впрочем, по разности свойств и способностей, кому что удобнее, тот то да и избирает, как говорит Никифор монашествующий.

Ключ второй

Внимание есть блюдение (хранение) ума, как выразился Никифор монашествующий, или внимание есть собрание ума к себе, и углубление его в один какой-либо предмет, при оставлении всех посторонних мыслей и воображений. Сколь оное необходимо, при занятии молитвою, о сем уверяют святые Каллист и Игнатий, приводя слова преп. Нила, что внимание, ищущее молитву, непременно ее обрящет; молитва бо вниманию последует множае, нежели чесому иному, о нем же тщатися подобает (Добротолюбие, 2 часть, гл. 24). Подобное сему пишет и св. Исихий: елико мысли крайне внемлеши, потолику с желанием Иисусу молитися будеши (гл. 90); и еще: воздух сердечный радости и тишины исполняется от крайнего внимания (гл. 91), которое «так необходимо для молитвы, как светильня для лампадного света» (гл. 102). Также и Никифор монашествующий, по изложении учения о внутренней молитве, наконец заключает, что если не удобно будет, по показанному им образцу, входить в сердце, то следует употребить всевозможное внимание при молитве, которое, без всякого сомнения, отверзет сердечный вход и разовьет внутреннюю молитву, что, как уверяет он, дознано из опыта. И св. писание подтверждает сию истину, что без внимания не можно соединиться с Богом, говоря: *упразднитеся и разумейте, яко Аз есмь Бог.*

Итак, желающий посредством внимания достигнуть внутренней молитвы должен держаться, сколько возможно, уединения, избегать бесед с людьми, молитву творить не поспешно и не помногу вдруг, а с некоторою расстановкою, углублять ум в молитвенные глаголы таким образом, как бывает при внимательном чтении книги, по возможности отгонять помыслы и всемерно внимать Иисусу, которого призывает, и его умилостивлению, которого просит: иногда, сотворивши одну молитву, побезмолвствовать немного, как бы ждя ответа Божия, стараться удерживать внимание и в случае рассеяния, и всегда помнить, что ты решился для Господа пребывать в непрестанном внимании молитве, при очищении ума от помыслов.

Ключ третий

Третий ключ есть вхождение внутрь себя или в сердце. Не распространяясь о сем своим рассуждением, представим изображение и учение св. отцов о самоуглублении и вхождении в сердце, при способах, испытанных ими, как верных путевождях к истинной духовной внутренней молитве. Самые наставления о сем св. отцов изложим здесь их собственными словами, разделивши их для удобства на три ряда и расположивши в следующем порядке:

Первый ряд составят отцы, оставившие нам полное наставление об Иисусовой молитве, как-то: 1) Симеон Новый Богослов, 2) Григорий Синаит, 3) Никифор монах, и 4) иноки Каллист и Игнатий Ксантопулы.

Второй ряд – отцы, оставившие краткие изречения о внутренней молитве, каковы:

1) Исихий иерусалимский пресвитер, 2) Филофей Синайский, 3) Феолипт митрополит и 4) Варсонофий и Иоанн.

На третьем месте поставим душеспасительное сказание об Авве Филимоне. Он весь путь подвижничества приводит на память.

СВЯТО-ОТЕЧЕСКИЕ НАСТАВЛЕНИЯ О ВНУТРЕННЕЙ СЕРДЕЧНОЙ МОЛИТВЕ

А. РЯД ПЕРВЫЙ

1) НАСТАВЛЕНИЕ СВ. СИМЕОНА НОВОГО БОГОСЛОВА

Св. Симеон Новый Богослов излагает способ вхождения в сердце в изображении третьего образа молитвы, в 68-м слове (стр. 163, в русск. перев. втор. выпуск):

Третий образ молитвы воистину дивен есть и неизъясним, и для тех, которые не знают его опытно, не только неудобопонятен, но кажется даже невероятным. И в самом деле в наши времена сей образ молитвы встречается у немногих, между тем как им бывают уничтожаемы козни и хитрости, какие бы ни употребляли демоны, чтобы отвлечь ум к помыслам многим и разнообразным. Ибо тогда ум, будучи свободен от всего, имеет благовремение, без всякой помехи, исследовать наносимые демонами помыслы, и с великим удобством отгонять их и чистым сердцем приносить молитвы свои Богу.

Изложив затем условия для успеха в сем образе молитвы, именно: совершенное послушание, и блюдение совести своей чистою, и в отношении к Богу, и в отношении к людям, и в отношении к вещам, и внушив все делать так, как бы ты был пред лицом Бога, продолжает он: Действуя таким образом, ты уровняешь себе истинную и незаблудную стезю к третьему образу молитвы, который есть следующий: ум да хранит сердце в то время, как молится, и внутрь его да вращается неотходно, и оттуда из глубины сердца да воссылает молитвы к Богу.

В этом все: трудись так, пока вкусишь Господа. Когда же, наконец, ум там, внутрь сердца, вкусит и сердцем ощутит, яко благ Господь; тогда не захочет уже отдаляться от места сердечного; тогда скажет и он, как св. Петр: добро есть нам зде быти, и уже всегда станет взирать туда внутрь сердца и там неисходно вращаться, отгоняя все помыслы, всеваемые диаволом.

Для тех, которые никакого не имеют понятия о сем деле и не знают его, оно большею частию кажется трудноватым и утеснительным. Но те, которые вкусили сладости, какую оно имеет, и усладились ею в глубине сердца своего, эти взывают со св. Павлом и говорят: *кто ны разлучит от любве Христовы* и проч. [Римл. 8, 35]. Почему св. отцы наши, слыша Господа, говорящего, что из *сердца исходят помышления злая, убийства, прелюбодеяния, любодеяния, татьбы, лжесвидетельства, хулы и что сия суть сквернящая человека* [Мт. 15, 19 и 20], слыша также, что в другом месте Евангелия заповедуется нам очищать *внутреннее стклянницы, да будет и внешнее ее чисто* [Мт. 23, 26], оставили всякое другое духовное дело и стали всецело подвизаться в этом одном делании, т. е. в хранении сердца, будучи уверены, что вместе с этим деланием удобно стяжут всякую добродетель, а без него не могут успеть ни в одной. Они все в нем преимущественно упражнялись и писали о нем. Кто хочет, пусть читает писания их, пусть прочитает, что написал о сем Марк подвижник, что сказал Иоанн Лествичник, препод. Исихий, Филофей Синайский, авва Исаия, Варсонофий Великий и другие.

Если желаешь научиться тому, как следует сие делать (т. е. входить в сердце и быть там), я скажу тебе об этом.

Три вещи надлежит тебе соблюсти прежде всего другого: беспопечение о всем, даже благословном, а не только не благословном и суетном, или иначе умертвие всему, совесть чистую во всем, так чтобы она ни в чем не обличала тебя, и совершенное беспристрастие, чтоб помысл твой не клонился ни к какой вещи. Потом сядь в каком-либо особенном и безмолвном месте уединенно, затвори двери, отвлеки ум свой от всякой временной и суетной вещи, склонись к груди головою своею, и таким образом стой вниманием внутри себя самого (не в голове, а в сердце), возвращая туда и ум свой и чувственные очи свои и приудерживая несколько дыхание свое. Там имея ум свой, стараясь всячески обрести его, где сердце, чтобы обретши его, там уже всецело пребывал ум твой. Вначале найдешь ты там внутри тьму некую, и жесткость; но после, если будешь продолжать это дело внимания непрестанно день и ночь, обретешь некую непрестанную радость. Ум, подвизаясь в сем, улучит место сердца, и тогда тотчас увидит там внутри такие вещи, каких никогда не видывал и не знал. С сего момента, с какой бы стороны ни возник и не показался какой-либо помысл, прежде чем войдет он внутрь и помыслится, или вообразится, ум тотчас прогонит его оттуда и уничтожит именем Иисусовым, т. е. Господи, Иисусе Христе, помилуй мя; с сего также времени, ум начнет иметь гнев на демонов, гнать их и поражать. Прочее же, что обыкновенно последует за сим деланием, с Божиею помощью, сам из опыта узнаешь, храня внимание и держа Иисуса, т. е. молитву Его: Господи Иисусе Христе, помилуй мя!

2) НАСТАВЛЕНИЕ СВ. ГРИГОРИЯ СИНАИТА

Св. Григорий Синаит излагает учение о внутренней в сердце молитве и о способе навыкновения ей в трех своих статьях о безмолвии и молитве, помещенных в Добротолюбии часть 1-я стр. 112-119. Вот сокращенное извлечение из них:

Следовало бы нам, приняв духа жизни о Христе Иисусе, чистою в сердце молитвою, херувимски беседовать с Господом; но мы, не разумея величия, чести и славы благодати возрождения, и не заботясь о том, чтобы возрасти духовно чрез исполнение заповедей, и востечь до состояния умного созерцания, предаемся нерадению, чрез что впадаем в страстные навыки и низвергаемся в бездну нечувствия и мрака. Бывает и то, что мы даже мало помним, есть ли Бог, а каковы мы должны быть, как чада Божии по благодати, о том совсем не знаем. Веруем, но верою не действенною, и по обновлении духом в крещении, не перестаем жить плотски. Если иногда, покаявшись, и начинаем исполнять заповеди, то исполняем их только внешне, а не духовно, и до того отвыкаем от духовной жизни, что проявления ее в других кажутся нам неправостями и заблуждениями. Так до самой смерти пребываем мы мертвыми духом, живя и действуя не о Христе, и не соответствуя тому определению, что рожденное от духа должно быть духовно.

Между тем принятое нами во святом крещении о Христе Иисусе не истребляется, а только зарывается, как некое сокровище в землю. А благоразумие и благодарность требуют позаботиться о том, чтоб открыть его и привести в явность. Как же это?

К этому ведут следующие два способа: во-первых, дар этот открывается многотрудным исполнением заповедей, так что поколику исполняем заповеди, потолику дар сей обнаруживает свою светлость и свой блеск; во-вторых, приходит он в явление и раскрывается непрестанным призыванием Господа Иисуса, или, что то же, непрестанною памятию о Боге. И первое средство могущественно; но второе могущественнее, так что и первое получает от него полную свою силу. Посему, если искренно хотим раскрыть сокрытое в нас семя благодатное, то поспешим скорее навыкнуть сему последнему сердечному упражнению и иметь в сердце это одно дело молитвы, безвидно, не воображенно, пока оно согреет сердце наше и распалит его до неизреченной любви к Господу.

Действие сей молитвы в сердце бывает двояким образом; иногда ум предваряет, прилепляясь к Господу в сердце непрестанною памятию, иногда действие молитвы, само подвигшись предварительно огнем веселия, привлекает ум в сердце, и привязывает его к призыванию Господа Иисуса и к благоговейному пред ним предстоянию. В первом случае действие молитвы начинает открываться, по умалении страстей чрез исполнение заповедей, теплотою сердечною, вследствие усиленного призывания Господа Иисуса; во втором дух привлекает ум к сердцу и водружает его там в глубине, удерживая от обычного скитания. От этих двух видов молитвы и ум бывает, то деятельным, то созерцательным: деянием он с помощью Божией побеждает страсти, а созерцанием зрит Бога, сколько это доступно человеку.

Деятельная умно-сердечная молитва совершается так: сядь на стульце до одну пядь вышиною, низведи ум свой из головы в сердце, и придержи его там: и оттоле взывай умно-сердечно: «Господи, Иисусе Христе, помилуй мя»! Удерживай при этом и дыхание, чтоб недерзостно дышать, потому что это может рассеявать мысли. Если увидишь, что возникают помыслы, не внимай им, хотя бы они были простые и добрые, а не только суетные и нечистые. Заключая ум в сердце и призывая Господа Иисуса часто и терпеливо, ты скоро сокрушишь такие помыслы и истребишь, поражая невидимо Божественным именем. Св. Лествичник говорит: Иисусовым именем бей ратников; крепче этого оружия нет другого ни на небе, ни на земле.

Когда в таком труде изнеможет ум, и возболезнуют тело и сердце от напряженного водружения частого призывания Господа Иисуса, тогда встань и пой, или упражняйся в размышлении о каком-либо месте Писания, или в памяти о смерти, или займись чтением, или рукоделием, или другим чем.

Когда возмешься за это дело молитвы, тогда тебе прилично читать только такие книги, в которых излагаются учения о внутренней жизни, о трезвении и молитве, именно Лествицу, слова Исаака Сирианина, аскетические книги Максима Исповедника, Симеона Нового Богослова, Исихия, Филофея Синайского и другие подобные писания. Писания иного рода все оставь до времени, не ради того, чтоб они были нехороши, а ради того, что тебе неблаговременно заниматься ими, при настоящем твоем настроении и стремлении: они могут отводить ум твой от молитвы. Читай немного, но с углублением и усвоением.

Не оставляй и молитвословия. Иные держат большое молитвенное правило, иные совсем оставляют молитвенник, молясь Господу одною умною молитвою. Ты же избери средину: не набирай много молитв, ибо отсюда смущение, но и вовсе не оставляй их, на случай немощи и расслабления. Если видишь, что молитва действует в тебе и не перестает сама двигаться в сердце твоем, не оставляй ее и не берись за молитвенник. Это значило бы оставить Бога внутрь, выйти оттуда, и извне простирать к нему беседу. Тем, которые еще не имеют действия молитвы, надо много молитвословить. и даже без меры, чтобы непрестанно быть в этом многомолитвии и разномолитвии, пока от такого приболезненного труда молитвенного разогреется сердце и начнется в нем действие молитвы. Кто же вкусит наконец этой благодати, тому надо молитвословить в меру, а больше пребывать в умной молитве, как заповедали отцы. В случае расслабления внутреннего, надо молитвословить, или прочитывать отеческие писания. Употребление весел излишне, когда ветер надул паруса: они нужны тогда, когда падет ветер и ладья остановится.

Великое орудие имеет на врагов тот, кто в молитве держит плач сокрушенный, чтобы не впасть в самомнение от обрадования, подаваемого молитвою. Хранящий такую радосто-печаль избегнет всякого вреда. Настоящая не прелестная внутренняя молитва есть та, в которой теплота, от молитвы Иисусовой исходя, влагает огнь в землю сердца и попаляет страсти, как терние. Она веселием и миром осеняет душу, и приходит не от десныя или шуия страны, ни даже свыше, но проторгается из сердца, как источник воды, от животворящего Духа. Эту одну возлюби и возревнуй стяжать в сердце твоем, храня ум всегда не мечтательным. С нею не бойся ничего; ибо Тот, Кто сказал: дерзайте, Аз есмь, не бойтеся, – Сам с нами.

3) НАСТАВЛЕНИЕ НИКИФОРА МОНАХА

Никифор монах свое наставление о вхождении в сердце излагает в своей статье о трезвении и хранении сердца (Доброт. часть 2-я стр. 36-43).

Вы, которые желаете восприять огнь небесный сердечно в чувстве, и опытно познать, что есть царствие небесное, внутрь вас сущее, приидите я поведаю вам науку небесного жития, или лучше искусство, которое без труда и пота вводит делателя своего в пристанище бесстрастия. Чрез падение мы вышли во вне; возвратимся же к себе, отвращаясь от внешнего. С Богом примирение и сроднение невозможно для нас, если мы наперед не возвратимся к себе и не войдем внутрь от вне. Только внутренняя жизнь есть истинно-христианская жизнь. О сем свидетельствуют все отцы.

Так брат спросил Авву Агафона: что важнее, телесный труд, или хранение сердца? Старец ответил: человек подобен дереву; труд телесный – листья, а хранение сердца плод. Поелику же, по Писанию, всякое древо, не творящее доброго плода, посекаемо бывает и в огнь вметаемо, то очевидно, что вы должны все попечение свое обратить на плод, т. е. на хранение сердца. Впрочем для нас нужно и лиственное одеяние, т. е. телесный труд.

Св. Лествичник говорит: заключай дверь келии для тела, дверь уст для языка, и внутреннюю дверь для лукавых духов. Сидя на высоте (т. е. утвердив внимание над сердцем), наблюдай, если ты искусен, какие и в каком числе подходят тати, чтобы войти в виноградник сердца твоего и покрасть грозды. Утрудившись, надзиратель (т. е. внимающий сердцу), встав помолится, потом опять садится и мужественно берется за то же дело (т. е. внимание сердцу и молитве).

Св. Макарий Великий учит: главное дело подвижника состоит в том, чтобы вошедши в свое сердце, сотворить там брань с сатаною и противоборствуя помыслам его, ратовать против него.

Св. Исаак Сирианян пишет: потщись войти во внутреннюю сокровищницу твою, и узришь сокровище небесное. Лествица в царствие небесное сокрыта внутрь тебя, т. е. в сердце твоем. Итак, омой себя от греха, и соберись в сердце твое: там обретешь ты степени, по которым можешь восходить в горняя.

Вот изречение Карпафия: многий подвиг и труд потребен в молитвах, чтобы обрести несмущенное состояние мыслей, – сие другое небо сердечное, где живет Христос, как говорит Апостол: *или не весте, яко Христос живет в вас* [1 Кор. 3, 16].

Вот слова св. Симеона Нового Богослова: с тех пор, как человек изгнан из рая и отдалился от Бога, диавол с бесами получил свободу день и ночь невидимо колебать мысленную силу всякого человека. Оградиться от сего уму не иначе возможно, как всегдашнею памятию о Боге. У кого впечатлится память о Боге, тот может удерживать от брожения и свою мысленную силу.

Так учат и все святые отцы. Сие самое великое из всех делание все почти перенимают от других чрез научение. Очень редкие не научно получали и получают его прямо от Бога, теплоты ради веры их. Итак, потребно искать наставника, знающего дело. Если же нет такого наставника, то, призвав Бога на помощь в сокрушении сердца и слезах, делай, что я тебе скажу.

Известно, что дыхание, которым дышим, чрез легкие проводит воздух до сердца. Итак сядь и собрав ум свой вводи его сим путем дыхания внутрь, понудь его вместе с сим вдыхаемым воздухом низойти в самое сердце и держи его там, не давая ему свободы выйти, как бы ему хотелось. Держа же его там, не оставляй его праздным, но дай ему следующие священные слова: Господи, Иисусе, Христе, Сыне Божий, помилуй мя! И пусть он повторяет их день и ночь. Попекись навыкнуть сему внутрь пребыванию с означенною молитвою и блюди, чтоб ум твой нескоро выходил оттуда, ибо в начале он будет очень унывать от такого стеснительного заключения внутрь. Зато, когда навыкнет, ему там будет весело и радостно пребывать, и он сам захочет остаться там. Как человек, возвратившийся с чужой стороны в свой дом, сам себя не помнит от радости, увидев опять жену и детей: так ум, когда соединится с сердцем, исполняется неизреченной радости и веселия.

Если ты успеешь войти в сердце тем путем, который я тебе показал, воздай благодарение Богу, и держись этого делания всегда: оно научит тебя тому, о чем ты и не думал. Если же, и много потрудившись, ты не возможешь войти в страны сердца тем способом, который я тебе показал; то делай, что я тебе еще скажу, и с Божией помощью найдешь искомое. Известно, что словесность человека (внутреннее слово, слово, каким беседует с собою) есть в персях: ибо там, внутрь персей, когда молчат уста, говорим мы с собою и совещаемся, там молитвы творим (когда на память мысленно читаем их), и псалмопение там ведем и всякую другую беседу с собою.

Этой то словесности, отняв от нее всякий помысл, и дай говорить непрестанно: Господи Иисусе Христе, Сыне Божий, помилуй мя, и понудь себя, вместо всякой иной речи, это одно вопить внутри. Продержись терпеливо в этом делании только несколько времени, и тебе откроется чрез это вход в сердце без всякого сомнения, как и мы сами опытом это дознали.

Вместе с таковым многожелательным и радостным внитием в сердце и стражем его – вниманием, и приидет к тебе весь лик добродетелей: любовь, радость, мир, долготерпение, кротость и проч.

4) НАСТАВЛЕНИЕ ИГНАТИЯ И КАЛЛИСТА

Иноки Каллист и Игнатий Ксантопулы изображают свои уроки о внутреннем делании сердца в целых ста главах, помещенных в Добротолюбии (часть 2, стр. 56-131). Вот главное из них для нас нужное:

Начало жизни по Богу есть ревность и все усердное тщание жить по спасительным заповедям Христовым; конец же – явление в совершенстве того, что воображено в нас божественною благодатию в крещении, или что то же, *отложити ветхаго человека с деяниями и похотьми его, и облещися в новаго духовнаго* [Ефес. 4, 22-24], т. е. в Господа Иисуса Христа, как говорит божественный Павел: *чадца моя, ими же паки болезную дондеже вообразится в вас Христос* [Гал. 4, 19].

Когда мы крещаемся, говорит св. Златоуст, тогда душа наша паче солнца сияет, очищаемая Святым Духом. Как серебро чистое, лежащее против солнечных лучей, и само лучи испускает; не по естеству своему, но по причине осияния его солнцем; так и душа, очищаемая в крещении, принимает лучи от славы Духа, и сама внутренно является славною. Но, увы! слава сия, неизреченная и страшная, только один или два дня пребывает в нас, а потом мы погашаем ее, наводя бурю житейских попечений и страстных дел.

В божественных ложеснах, т. е. во св. купели, втуне принимаем мы совершенную божественную благодать. Если после сего мы скрываем ее под тьмою житейских попечений и страстей, то можем опять восстановить ее и возочистить покаянием и исполнением божественных заповедей, и узреть ее преестественную светлость. Это бывает по мере веры каждого и жара усердия жить по вере, наипаче же по благословению Господа Иисуса Христа. Св. Марк говорит: Христос, совершен Бог сый, совершенную даровал крестившимся благодать святого Духа, которая никакого приложения от нас не требует; открывается же она в нас и явною творится по мере исполнения заповедей, пока достигнем в меру возраста исполнения Христова.

Итак, поелику начало и корень спасительного действия есть то, чтобы жить по заповедям Господа, а конец и плод, – чтобы восстановить дарованную нам исперва крещением совершенную благодать Духа, которая в нас есть, но погребена страстями, и снова открывается исполнением Божиих заповедей: то подобает нам возревновать о сем исполнении заповедей, чтобы сущее в нас дарование Духа возочистить и узреть яснее. Наперсник Господа, Иоанн, говорит, что соблюдающий заповеди Господни с Господом пребывает и Господь с ним. Сам же Господь еще полнее сие излагает, говоря: *имеяй заповеди Моя и соблюдаяй их, той есть любяй Мя; а любяй Мя возлюблен будет Отцем Моим и Аз возлюблю его и явлюсь ему Сам. Аще кто любит Мя, слово Мое соблюдет и Отец Мой возлюбит его, и к нему приидема и обитель у него сотворима* [Иоан. 14, 21-23].

Это точное исполнение заповедей спасительных невозможно для нас без Господа Иисуса Христа, как Он Сам говорит: *без Мене не можете творити ничесоже*, и как исповедал Апостол, что *несть ни о едином же ином спасения* [Деян. 4, 11]. Он для нас путь, истина и живот. Посему то славные наставники наши и учители, с живущим в них всесвятым Духом, премудро поучают нас, прежде всякого другого дела, Господу молиться и от Него без сомнения просить себе милости, и всесвятое и сладчайшее имя Его непрестанно иметь и носить всегда в сердце, и в уме, и в устах, с ним непрестанно жить, и спать, бодрствовать, ходить, есть и пить. Ибо как в то время, когда нет в нас такого призывания, стекается в нас все худое и пагубное: так и в то время, когда оно в нас есть, все сопротивное отгоняется, ничто благое не оскудевает, и ничего не бывает, чего не могли бы мы исполнить, как Сам Господь сказал: *иже будет во Мне и Аз в нем, той сотворит плод мног* [Иоан. 15, 5].

Итак, сознавши немощь свою, и все упование свое возложив на Господа, заповеди же возлюбив до готовности скорее положить живот, чем нарушить какую-либо из них, все тщание свое обратим на то, чтобы навыкнуть и утвердиться в этом непрестанном призывании спасительного имени Господня, разрушительного для всякого зла, и созидательного для всякого добра. Чтобы успособить этот труд, св. отцы указали особое некое делание, назвав его художеством и даже художеством художеств. Предлагаем здесь предивного Никифора естественное художество, как входить внутрь сердца путем дыхания, много способствующее к собранию мыслей.

Правило его есть следующее: сядь в уединенном месте, и собрав ум, введи его путем дыхания в сердце и остановившись там вниманием, взывай непрестанно: Господи Иисусе Христе, Сыне Божий, помилуй мя! Так делай до тех пор, пока к сердцу привьется это призывание и станет непрерывным.

Так учили все св. отцы. Св. Златоуст говорит: молю вас, братие, никогда не переставать исполнять правило молитвы сей. В другом месте: должно всякому, ест ли он, и пьет ли, сидит ли, служит ли, путешествует ли, или другое что делает, непрестанно вопить: Господи Иисусе Христе, Сыне Божий, помилуй мя, да имя Господа Иисуса Христа, сходя в глубину сердечную, смирит змия пагубного, душу же спасет и оживотворит. Пребудь же непрестанно в призывании имени Господа Иисуса, чтобы сердце поглотило Господа и Господь сердце, и стали сии два во едино. И еще: не отлучайте сердца вашего от Бога, но храните в нем всегда память Господа нашего Иисуса Христа, пока имя Господа водрузится внутрь сердца, и ни о чем другом не помышляйте, как только о том, чтоб возвеличился в вас Христос. Св. Лествичник говорит: Иисусова память да соединится с дыханием твоим. И св. Исихий пишет: если хочешь покрывать стыдом чужие помыслы и непрестанно трезвиться сердцем, молитва к Господу Иисусу да прилепится к дыханию твоему, и в немного дней увидишь желание свое исполненным.

Ведомо да будет, что если мы научим ум свой вместе с дыханием сходить в сердце, то заметим также, что сходя туда, он бывает единичен и наг, держась одной памяти и призывания Господа нашего Иисуса Христа; напротив исходя оттуда и простираясь на внешние предметы, нехотя разделяется на многие представления и воспоминания. Для сохранения сей-то простоты и единичности ума и заповедано опытными в сем деле отцами, чтобы тот, кто возревновал приобрести навык трезвиться умом в сердце, сидел в безмолвном и не светлом месте, особенно в начале этого доброго подвига. Ибо видение внешних предметов естественно бывает причиною рассеяния мыслей. Когда же безмолвная и темная храмина скрывает от нас внешнее, мысль перестает развлекаться и удобнее собирается в себя, как говорит Василий Великий: ум непростираемый чувствами на мир, к себе возвращается.

Заметь тщательно, что существо этого подвига состоит в единомысленном, сердечном, чистом и не парительном призывании с верою Господа нашего Иисуса Христа, а не в этом одном схождении до сердца путем дыхания и сидения в безмолвном и темном месте. Все это и подобное изобретено отцами не для другого чего, как ради того, что в этом они видели некое пособие к собиранию мыслей и возвращению их к себе от обычного парения. От навыка же быть собранным и внимать себе рождается уже и навык чисто и не парительно молиться умом в сердце.

Ведай и то, что все такие приспособительные положения тела предписываются, определяются подробными правилами и считаются нужными, пока не стяжется чистая и не парительная в сердце молитва. Когда же благоволением и благодатию Господа нашего Иисуса Христа достигнешь сего, тогда, оставив многие и различные делания, пребудешь паче слова соединенным с единым Господом в чистой и не парительной молитве сердечной, не нуждаясь в тех приспособлениях.

Итак, хочешь ли самым делом сподобиться жизни о Христе Иисусе, потщись достигнуть того, чтобы во всякое время и во всякий час, и при всяком деле, чисто и не парительно молиться Господу в сердце, дабы таким образом с возраста младенца возмог ты доспеть в *мужа совершенна, в меру возраста исполнения Христова* [Ефес. 4, 13]. Не забудь при том, что ты, когда по временам будет приходить тебе самоохотная чистая молитва, ни под каким видом не должен разорять ее своими молитвословными правилами. Так учит Филимон: ночью ли, днем ли, сподобит тебя Господь чистую и непарительную ощутить молитву, оставь тогда правила свои и сколько сил есть простирайся прилепляться к Господу Богу, и Он просветит сердце твое в делании духовном.

Когда же сподобишься не отходного пребывания молитвы в сердце, тогда, как говорит Исаак Сирианин, достиг ты конца всех добродетелей и стал жилищем Духа Святого; тогда не перестанет молитва, сидишь ли, или ходишь, ешь, или пьешь, или другое что делаешь; даже в глубоком сне молитвенные благоухания будут восходить из сердца без труда; если и умолкнет она во сне, но внутрь тайно всегда священнодействоваться будет, не прерываясь.

Б. ВТОРОЙ РЯД

1) ИЗРЕЧЕНИЯ ИСИХИЯ ПРЕСВИТЕРА ИЕРУСАЛИМСКОГО

1) Внимание есть непрестанное от всякого помысла безмолвие сердца, в коем оно Христом Иисусом, Сыном Божиим и Богом, и Им одним, всегда непрерывно и непрестанно дышит Его призывает, с ним мужественно ополчается против врагов, и ему имеющему власть оставляти грехи исповедует свои прегрешения (гл. 5).

2) Трезвение есть твердое водружение и стояние ума у двери сердца; так что он видит, как подходят чуждые помыслы, эти воры-окрадыватели, слышит, что говорят и что делают сии губители и какой демоны начертывают и возграждают образ, пытаясь увлечь чрез него в мечтании ум и обольстить его. Если будем люботрудно проходить такое действование, то оно вразумительно покажет нам искусство мысленной брани (гл. 6).

3) Образы трезвения: первый есть смотреть неопустительно за мечтанием, или за прилогом; второй — иметь всегда сердце глубоко молчащим и от всякого помысла безмолвствующим и молиться; третий — непрестанно призывать на помощь Господа Иисуса Христа в смире-

нии; четвертый – иметь в душе непрестанное памятование о смерти; пятый действеннейший из всех – лишь к небу взирать, ни во что вменяя землю (гл. 14-18).

4) Тому, кто подвизается внутри, в каждое мгновение надобно иметь следующие четыре делания: *смирение, крайнее внимание, противоречие помыслам и молитву. Смирение,* – чтобы, так как брань у него идет с соперниками гордыми демонами, всегда иметь в руке сердца помощь Христову; ибо Господь ненавидит гордых. *Внимание,* – чтобы всегда держать сердце свое не имеющим никакого помысла, хотя бы он казался добрым. *Противоречие,* – дабы как только острозоркостию ума уразумеет, кто пришел, тотчас с гневом воспротиворечить лукавому, как говорится: *и отвещаю поношающим ми злая, – не Богу ли повинется душа моя* [Пс. 118; 42, 61,1]. *Молитву,*– дабы после противоречия тотчас из глубины сердца возопить ко Христу с воздыханием неизглаголанным. И тогда сам подвизающийся увидит, как покланяемым именем Иисуса враг с своим мечтанием развеется, как прах ветром, или исчезнет, как дым (гл. 20).

5) Кто не имеет чистой от помыслов молитвы, тот не имеет оружия на брань, молитвы, говорю, той, которая непрестанно действовалась бы во внутреннейших сокровенностях души и призыванием Господа Иисуса Христа бичевала и опаляла врага, скрытно ратующего (гл. 21).

6) Надлежит тебе острым и напряженным взором ума смотреть внутрь, чтоб узнавать входящих. Как только узнаешь, тотчас противоречием сокрушай главу змия, и вместе с тем воздыханием вопий ко Христу. И получишь тогда опыт невидимого Божественного заступления (гл. 22).

7) Если ты со смиренным мудрованием, памятию о смерти, самоукорением, противоречием помыслам и призыванием Иисуса Христа всегда пребываешь в серд-

це своем, и с сими орудиями каждодневно проходишь мысленный путь, – тесный, но радостный и сладостный, то внидешь во святые созерцания святых, и просвещен будешь ведением глубоких таин от Христа, *в нем же суть вся сокровища премудрости и разума сокровенна* [Кол. 2, 3]. Ибо о Христе Иисусе восчувствуешь ты, что в душу твою низшел Дух Святый, Коим им человек просвещается откровенным лицем зреть славу Господню (гл. 29) [2 Кор. 3, 12].

8) *Диавол яко лев рыкая ходит* с своими полчищами *иский кого поглотити* [1 Петр. 5, 8]. Да не пресекаются же у нас никогда сердечное внимание, трезвение, прекословие помыслам, и молитва ко Христу Иисусу, Богу нашему. Ибо лучшей помощи, кроме Иисусовой, не найти тебе во всю жизнь твою, потому что только Он один Господь, яко Бог, знает демонские ковы, обходы и лукавства (гл. 39).

9) Как чувственная соль услаждает хлеб и всякую пищу, охраняет мясо от гниения и сберегает в целости надолго, так разумей и об умном хранении мысленной сладости и дивного в сердце делания. Ибо и оно божественно услаждает и внутреннего и внешнего человека, прогоняет зловоние худых помыслов и сохраняет нас постоянными в добре (гл. 87).

10) Насколько бдительно внемлешь уму, настолько с теплым желанием будешь молиться Иисусу; и опять насколько небрежно надзираешь за умом, настолько отдалишься и от Иисуса. И, как первое сильно освещает воздух ума, так последнее, т. е. уклонение от трезвения и сладостного призывания Иисуса, обыкновенно совсем омрачает его (гл. 90).

11) Непрестанное, с теплым некиим желанием, полным сладости и радования, призывание Иисуса производит то, что воздух сердца от крайнего внимания исполня-

ется отрадной тишины. Того же, чтоб сердце совершенно очистилось, виновником бывает Иисус Христос, Сын Божий и Бог, всего доброго Виновник и Творец. Ибо Он сам говорит: *Аз Бог творяй мир* [Ис. 45, 7] (гл. 91).

12) Рождается божественное некое состояние от непрестанного памятования и призывания Господа нашего Иисуса Христа, если не будешь нерадеть о всегдашнем к Нему во уме молении и непрерывном трезвении, как о едином настоятельно необходимом деле. И воистину, одно и одинаковым образом совершаемое всегда должны мы иметь дело, – призывание Иисуса Христа, Господа нашего; с горячим сердцем взывая к Нему, да даст Он нам причаститься и вкусить имени Его. Ибо учащение есть мать навыка, как в отношении к добродетели, так и в отношении к пороку; а навык потом уже властвует, как и природа. Пришедши в такое состояние, ум сам уже ищет своих супостатов, как звероловный пес зайца в кустах; но сей ищет для того, чтобы пожрать, а тот-чтоб поразить и разогнать (гл. 97).

13) Опытнейший в делах великий Давид говорит к Господу: *Державу мою к Тебе сохраню* [Пс. 58, 10]. Так и сохранение в нас державы сердечного и мысленного безмолвия, от которого рождаются все добродетели, зависит от содействия Господа, давшего нам заповеди, и отгоняющего от нас, когда непрестанно призываем Его, непотребное забвение, которое паче всего губит сердечное безмолвие, как вода огонь. Посему не предавайся сну от нерадения на пагубу себе, но именем Иисуса бичуй супостатов. Сие сладчайшее имя да прилепится дыханию твоему; и тогда узнаешь ты пользу безмолвия (гл. 100).

14) Когда мы недостойные сподобимся со страхом и трепетом причаститься божественных пречистых Таин Христа Бога и Царя нашего, тогда наиболее покажем трезвения, хранения ума и строгого внимания да огонь

сей божественный, т. е. тело и кровь Господа нашего Иисуса Христа, потребит грехи наши, и наши малые и большие скверны. Ибо, входя в нас, Он тотчас прогоняет из сердца лукавых духов злобы и отпускает нам прежде бывшие грехи; и ум наш тогда оставляется свободным от беспокойной докучливости лукавых помыслов. Если после сего, стоя у дверей сердца, будешь тщательно сохранять ум свой, то когда опять будешь сподобляться св. Таин, божественное тело более и более будет просвещать ум наш и делать его блестящим подобно звезде (гл. 101).

15) Должно всеусердно пещись о сохранении того, что драгоценно; драгоценно же по истине для нас лишь то, что сохраняет нас от всякого зла, как чувственного, так и мысленного. Таково есть хранение ума с призыванием Иисуса Христа, – то чтоб всегда смотреть в глубину сердца и непрестанно безмолвствовать мыслию, даже, скажу так – и от помыслов, кажущихся десными, стараться быть пусту, и от всяких вообще помыслов, дабы не утаились под ними тати (гл. 103).

16) Должно всегда вращать в пространстве сердца нашего имя Иисуса Христа, как молния вращается в воздушном пространстве пред тем, как быть дождю. Это хорошо знают имеющие духовную опытность во внутренней брани. Брань эту внутреннюю надлежит вести так же, как ведут войну обыкновенную. Первое дело внимание; потом, когда заметим, что подошел вражий помысл, бросим на него с гневом слова клятвы из сердца; третье затем дело помолиться против него, обращая сердце к призыванию Иисуса Христа, да рассеется этот демонский призрак тотчас, чтоб иначе ум не пошел в след этого мечтания, как дитя, прельщаемое каким-либо искусным фокусником (гл. 105).

17) Вот дивный плод для ума от безмолвия, что в нем грехи, стучащиеся сначала в ум только помыслами, чтоб,

если будут приняты сердцем, сделаться потом грубыми грехами чувственными, все отсекаются мысленною во внутреннем нашем человеке добродетелию трезвения, которая не позволяет им входить внутрь и исходить в худые дела, мановением и заступлением Господа нашего Иисуса Христа (гл. 111).

18) Как долины обильно плодят пшеницу, так молитва Иисусова обильно наплодит в сердце твоем всякое добро; или лучше сие подаст тебе сам Господь наш Иисус Христос, без Которого мы ничего творить не можем. И сначала ты найдешь ее лествицею, потом книгою, в коей будешь читать, наконец, более и более преуспевая, найдешь ее Иерусалимом небесным, градом Царя сил со единосущным Его Отцом и покланяемым Духом Святым (гл. 117).

19) Душа, воспаривши по смерти на воздух ко вратам небесным, и там не постыдится врагов своих, имея за себя с собою Христа; но и тогда, как ныне, дерзновенно возглаголет к ним *во вратех*. Только до самого исхода своего, да не скучает она день и ночь взывать к Господу Иисусу Христу, Сыну Божию; и Он сотворит отмщение ее вскоре по неложному божественному обетованию, которое изрек он в притче о неправедном судье: *ей, глаголю вам, сотворит отмщение вскоре*, и в настоящей жизни, и по исходе ее из тела (гл. 149).

20) Если, начав жительствовать во внимании ума, с трезвением сочетаем смирение, с прекословием совокупим молитву, то будем добре шествовать мысленным путем с покланяемым и святым именем Иисуса Христа, как с светильником света. Если же на одно свое трезвение или внимание понадеемся, то скоро подвергшись нападению врагов, падем, быв низринуты. И начнут тогда во всем одолевать нас эти коварнейшие злокозненники, а мы начнем все больше и больше опутываться злыми

желаниями, как сетями, или совершенному закланию удобно подвергнемся от них, не имея в себе победоносного меча, имени Иисуса Христа. Ибо только сей посвященный меч, будучи непрестанно вращаем в упраздненном от всякого образа сердце, умеет обращать их вспять и посекать, опалять и поедать, как огонь солому (гл. 152).

21) Дело непрестанного трезвения душеполезное и многоплодное, есть тотчас усматривать образующиеся в уме мечтательные помыслы. Дело прекословия – обличать и выставлять на позор помысл, покушающийся войти в воздух ума нашего посредством представления какого-либо чувственного предмета. То же, что тотчас погашает и рассеивает всякое умышление сопротивоборцев, всякое слово, всякую мечту, всякого идола и всякий столп злобы, есть *призывание Господа*. И мы сами видим, в уме, как мощно поражает их Иисус, великий Бог наш и как защищает нас смиренных, бедных и ни к чему не годных (гл. 153).

22) Не проплывает много миль корабль без воды; не преуспеет нисколько и хранение ума без трезвения со смирением и всегдашнею молитвою Иисус-Христовою (гл. 168).

23) От непрестанной молитвы мысленной в нас воздух чист бывает от мрачных облаков и ветров духов злобы. Когда же воздух сердца чист, то ничто не препятствует уже сиять в нем божественному свету Иисусову, если только мы не подымемся тщеславием и сомнением, не понесемся к недосязаемому, и не будем за то лишены помощи Иисусовой; потому что Христос ненавидит все такое, будучи образцом смирения (гл. 175).

24) Как не следует букв писать на воздухе, а надобно резцом начертывать их на каком-либо теле твердом, чтобы они могли надолго сохраниться: так с притрудным трезвением своим должно нам сочетать молитву Иису-

сову, дабы прекрасная добродетель трезвения вместе с Ним была в нас целою, и чрез Него во веки сохранилась в нас неотъемлемою (гл. 183).

25) Хранение ума с Божиею помощию и ради единого Бога действуемое, установившись в душе, доставляет уму мудрость к ведению подвигов по Богу; не малою также снабжает она причастника своего способностию и к тому, чтобы по Богу устроять внешние дела и слова, с рассуждением безукоризненным (гл. 194).

26) Блажен воистину, кто так прилепился мыслию к молитве Иисусовой, вопия к Нему непрестанно в сердце, как воздух прилежит телам нашим, или пламя к свече. Солнце, проходя над землею, производит день, а святое и досточтимое Имя Господа Иисуса, непрестанно сияя в душе, порождает бесчисленное множество солнцевидных помышлений (гл. 196).

27) Когда рассеются облака, воздух показывается чистым; когда же солнцем правды Иисусом Христом рассеются страстные мечтания, тогда обыкновенно в сердце рождаются световидные и звездовидные помышления по причине просвещения Иисусом воздуха сердечного (гл. 197).

2) ИЗРЕЧЕНИЯ ФИЛОФЕЯ СИНАЙСКОГО

1) Делателю благочестия надлежит тако рещи, и ту цель преследовать умом, чтобы, как маргарит какой, или камень многоценный, в совершенстве усокровиществовать в сердце память о Боге. Подобает оставить все, даже тело, и презреть самую жизнь настоящую, чтобы Бога единого стяжать в сердце своем (гл. 1).

2) С утра должно мужественно и неотступно стоять у дверей сердца, с крепкою памятию о Боге и непрестанною в душе Иисус-Христовою молитвою и сею мысленною стражею убивать всех грешников земли, т. е. верною, усиленною и горе восхищающею памятию о Боге посекать, ради Господа, главы сильных и начала брань воздвигающих помыслов (гл. 2).

3) Трезвение справедливо называется *путем*, потому что оно ведет в царствие, и в то, которое внутрь нас, и в будущее, – и *умным делателищем* (духовною мастерскою), потому что оно выделывает и убеляет (полирует) нравы духовные и страстное переделывает в бесстрастное. Оно подобно также световому оконцу, чрез которое Бог приникши является уму (гл. 3).

4) Где смирение, память о Боге с трезвением и вниманием, и частая против врагов устремляемая молитва, там место Божие, или сердечное небо, в котором полчи-

ще бесовское боится стоять ради того, что в месте сем обитает Бог (гл. 4).

5) Первая дверь, вводящая в мысленный Иерусалим, во внимание ума, есть разумное молчание уст, хотя ум еще и не безмолвствует; вторая – мерное воздержание в пище, питии и сне; третья – очищающая ум и тело, непрестанная память и размышление о смерти (гл. 6).

6) Сладостная память о Боге, т. е. Иисусе Христе, с гневом сердечным и спасительною неприязнью (ко всему греховному) обыкновенно разрушает все обаяния помыслов, разные внушения, слова и мечтания, срамные воображения, и, кратко сказать, все, чем вооружается и с чем дерзостно выступает всегубительный враг, ища поглотить души наши. Иисус, будучи призываем, все попаляет легко. Ибо ни в ком другом нет нам спасения, кроме Христа Иисуса. Это же сказал и сам Спаситель, говоря: *без Мене не можете творити ничесоже* (гл. 22).

7) Всякий час и всякое мгновение будем всяким хранением блюсти сердце свое от помыслов, потемняющих душевное зеркало, в коем надлежит печатлеться и светописаться одному Иисусу Христу, Который есть премудрость и сила Бога Отца. Будем непрестанно искать царствия небесного внутрь сердца; и конечно таинственно обретем внутрь себя самих и зерно, и бисер, и квас, и все другое, если очистим око ума своего. Сего-то ради и Господь наш Иисус Христос сказал: *царствие Божие внутрь вас есть* [Лук. 17, 21], разумея через то пребывающее внутрь сердца Божество (гл. 23).

8) В ведении внутренней брани поступай так: с трезвением сочетай молитву, и будет трезвение усиливать молитву, а молитва трезвение. Трезвение, непрестанно надзирая за всем внутри, замечает, как враги покушаются войти туда, и, заграждая им по силе своей вход, призывает в то же время на помощь Господа Ии-

суса Христа, чтобы Он прогнал этих лукавых воителей. При этом внимание заграждает вход посредством противоречия; а призываемый Иисус прогоняет демонов с мечтаниями их (гл. 25).

9) С крайним напряжением внимания блюди свой ум. Как только заметишь вражий помысел, тотчас воспротиворечь ему, но вместе с тем спеши призывать Христа Господа на отмщение. Сладчайший же Иисус, когда ты будешь говорить, скажет: се с тобою Я, – чтоб подать тебе заступление. Но ты и после того, как по молитве твоей все эти враги усмирены будут, опять продолжай усердно внимать уму. Вот снова волны помыслов, множайшие прежних, одни за другими устремятся на тебя, так что от них душа будто уже погружается в пучине и готова погибнуть. Но Иисус возбуждаемый учениками, опять, яко Бог, запрещает злым ветрам помыслов, и они утихают. Ты же, улучив свободу от вражеских нападений, на час или минуту, прославь Спасшего тебя и углубись в помышление о смерти (гл. 26).

10) Со всяким сердечным вниманием в чувстве духовном будешь совершать путь свой Внимание и молитва, будучи на всяк день сочетаваемы вместе, совершают нечто, подобное огненной Илииной колеснице, подъемля на высоту небесную того, кто им причастен. И что я говорю? У того, кто установился в трезвении, чистое сердце соделывается мысленным небом, с своим солнцем, луною и звездами, бывает вместилищем невместимого Бога по таинственному видению и восхождению (восторжению ума) (гл. 27).

3) ИЗРЕЧЕНИЯ ФЕОЛИПТА МИТРОПОЛИТА. (ДОБРОТ. 2. ЛИСТ. 44-50)

1) Захождение солнца производит ночь; и когда Христос отходит от души, тогда объемлет ее омрачение страстей, и мысленные звери начинают терзать ее. Взошло солнце чувственное, и звери прячутся в пещеры свои. Воссиявает Христос на тверди молящегося ума; и всякий мира сего обычай отходит, и ум исходит на дело свое, т. е. на божественное поучение до вечера (лист. 45 обор.).

2) Воздержись от внешних бесед, и борись с внутренними помыслами, пока не обретешь места чистой молитвы, – и дома, в коем обитает Христос, просвещающий и услаждающий тебя познанием и посещением своим (там же).

3) Отпечаток ног на снеге, или от солнца воссиявшего растаевает, или просочившеюся водою истребляется; и воспоминания, напечатленные в мысли сластолюбными делами, уничтожаются Христом, воссиявшим в сердце молитвою, и дождем слез благоумиленных (лист. 46).

4) Частые молитвы, мысленно совершаемые с горячим умилением, изглаждают воспоминание о прежних делах. Просвещение души памятию Божиею, с верою и сокрушением сердца, как бритва поедают недобрые воспоминания (там же).

5) Уединившись внешне, покушайся далее войти во внутреннейшее стражбище (сторожевую башню) души, которое есть дом Христов, где всегда присущи мир, радость и тишина. Мысленное солнце Христос дары сии, как некие лучи из Себя испускает, и как некую мзду подает душе Его приемлющей с верою и добротолюбием (лист. 46 обор.).

6) Сидя в своем уединении, памятуй Бога, отвлекая ум от всего и к единому Богу его устремляя; изливай пред Ним все расположение сердца, и прилепляйся к Нему любовию. Память Божия есть умное зрение Бога, привлекающего зрение и желание ума, и озаряющего его светом из себя. Ум, обращаясь к Богу, после того, как престанут в нем все образные представления существующих вещей, зрит Бога безвидно (там же).

7) Молитва есть мысленная беседа к Господу, изрекающая молитвенные глаголы с современным устремлением ума к Богу. Когда мысль часто изрекает имя Господа, а ум ясно внимает призыванию божественного имени, тогда свет Боговедения, как светлый облик, осеняет всю душу (там же).

8) Верь мне, истину тебе говорю, что если ты во всяком делании своем будешь неотлучною от себя иметь матерь всякого добра — молитву; то она не воздремлет, пока не укажет тебе чертога оного, не введет тебя внутрь его, и не исполнит неизреченной славы и веселия. Она, устранив все препятствия, углаждает путь добродетели и делает его удобным для ищущего (лист. 48).

9) Шествуя мысленным путем, читай глаголы молитвы, и беседуй к Господу, присно вопия и не унывая; неотступно молясь, подражая бесстудию оной вдовицы, умолившей неукротимого судию. Тогда (это будет значить, что) ты духом ходишь, похотям плотским не внемлешь, и мирскими помыслами не пресекаешь непрерывности

молитвы, но бываешь храмом Божиим, в коем безмолвно воспевается Бог. Так мысленно молясь, сподобишься наконец достигнуть непрестанного памятования о Боге, войти в недоступные сокровенности ума, в таинственных созерцаниях зреть невидимого, един единому на едине служа Богу, в разумных тебе одному излияниях любви (лист. 48 обор.).

4) ИЗРЕЧЕНИЯ ВАРСОНОФИЯ ВЕЛИКОГО И ИОАННА

1) От призывания имени Божия враги обессиливаются. Зная сие, не престанем призывать имя Божие в помощь. Это есть молитва, а писание говорит: *непрестанно молитеся* [1 Сол. 5, 17] (отв. 422).

2) Помни, что Бог сердцеведец есть, взирает на сердце, и призывай Его в сердце твоем. Это и есть сказанное в Писании: *затвори двери твои и помолися Отцу Твоему, иже втайне* [Мат. 6, 6]. Затворим же уста и помолимся Ему в сердце; ибо кто затворяет уста и призывает Бога, или молится Ему в сердце своем, тот исполняет означенную заповедь (отв. 427).

3) Сердечный труд твой должен состоять в том, чтоб непрестанно молиться Богу. Желаешь ли успеть в сем, положи начало и ищи не леностно, в надежде, и Бог благословит тебя успехом (отв. 26).

4) Непрестанное призывание имени Божия есть врачевство, убивающее не только страсти, но и самое действие их. Как врач изыскивает приличное врачество или пластырь на рану страждущего, и они действуют, причем больной и не знает, как сие делается: так точно и имя Божие, будучи призываемо, убивает все страсти, хотя мы не знаем, как сие совершается (отв. 421).

5) Господь сказал: *просите и дастся вам* [Лук. 11, 9]. Молись же Всеблагому Богу, да пошлет Он тебе Святого Духа Утешителя, и Тот пришедши научит тебя всему и откроет тебе все таинства. Его взыщи себе в путеводителя; Он не допустит в сердце прелести, или рассеяния, не попустит в мысль нерадения, разленения или дремоты; просветит очи, утвердит сердце, возвысит ум. Ему прилепись, Ему веруй, Его возлюби (отв. 136).

6) Когда видишь, что хитросплетение врага мешает молиться, то не вступай с ним в прение, но постарайся призвать имя Божие, и Бог поможет тебе и упразднить ухищрение врагов (отв. 424).

7) Совершенная молитва состоит в том, чтобы беседовать с Богом, не рассеиваясь мыслями, собирая все свои помыслы и чувства. Человек входит в такое состояние, когда умрет для всех людей, для мира и для всего, что в нем находится. Таковый во время молитвы ничего не имеет в мысли, кроме того, что он предстоит Богу и с ним беседует (отв. 79).

В. МНОГОПОЛЕЗНОЕ СЛОВО ОБ АВВЕ ФИЛИМОНЕ

1) Говорили об Авве Филимоне отшельнике, что он заключил себя в некоей пещере, недалеко отстоявшей от Лавры, называемой Ромиевою, и предался подвижническим борьбам, мысленно повторяя себе то же, что, как передают, говорил себе Великий Арсений: Филимон, зачем исшел ты сюда? Довольное время пребыл он в этой пещере. Делом его было – вить верви и сплетать кошницы, которые отдавал он эконому, а от него получал небольшие хлебцы, коими и питался. Он ничего не ел, кроме хлеба с солию, и то не каждый день. О теле, как видно, совсем не имел он попечения, но, упражняясь в созерцании, пребывал в божественном просвещении, и, сподобляясь оттоле неизреченного тайновидства, пребывал в духовном образовании. Идя в церковь по субботам и воскресеньям, он шел всегда один в самоуглублении, не позволяя никому приближаться к себе, чтоб ум не отторгался от делания своего. В церкви же, став в углу и лицом поникши долу, испускал источники слез, непрестанное имея сетование и в уме вращая память сердца и образ св. отцов, особенно Арсения Великого, по следам которого и шествовать всячески старался.

2) Когда в Александрии и окрестностях ее появилась ересь, он удалился оттуда и отошел в Лавру Никаноро-

ву. Прияв его, боголюбивейший Павлин отдал ему свое уединенное место и устроил для него совершенное безмолвие. Целый год никому не попустил он повидаться с ним, и сам ни мало не докучал ему, разве только в то время, когда подавал потребный хлеб. Настало Святое Христово Воскресение; когда при свидании зашла у них между собою беседа, и речь коснулась пустыннического жития; тогда уразумел Филимон, что и благоговейнейший сей брат Павлин тоже питает прекрасное намерение (пустынножительствовать), богатно всевает в него подвижнические словеса, – писанные и неписанные, – всем показывая, что без совершенного уединения не возможно угодить Богу, как негде любомудрствует и Моисей, богопросвещенный отец, – что «безмолвие рождает подвиг, а подвиг рождает плач, плач – страх, страх – смирение, смирение – прозрение, прозрение – любовь, любовь же делает душу здравою и бесстрастною, и тогда человек познает, что он недалек от Бога.»

3) Он (Филимон) говорил ему: надлежит тебе посредством безмолвия совершенно очистить ум и дать ему непрестанное делание духовное. Как глаз, обращаясь на чувственное, дивится видимому, так чистый ум, обращаясь к мысленному, восхищается духовно созерцаемым, так что и не отторгнешь его от того. И насколько посредством безмолвия обнажается он от страстей и очищается, настолько сподобляется и ведения (оных духовных вещей). Совершенным же ум бывает тогда, когда вкусит существенного ведения и соединится с Богом. Тогда он, царское имея достоинство, не чувствует уже бедности и не увлекается дольними пожеланиями, хотя бы ты предлагал ему все царства. Итак, если хочешь достигнуть таких доброт, бегом беги от мира и со усердием теки путем святых, брось заботу о внешнем своем виде, одежду имей бедную и убранство смиренное. Нрав держи про-

стой, речь нехитростную, ступание нетщеславное, голос непритворный. Полюби жить в скудости и быть всеми небрегомым. Паче же всего попекись о хранении ума и трезвении, будь терпелив при всяких теснотах и всячески сохраняй приобретенные уже блага духовные неповрежденными и неподвижными. Внимай себе тщательно и не принимай ни одной из тайно прокрадывающихся страстей. Ибо, хотя безмолвие укрощает душевные страсти, но если давать им возгораться и изостряться, то они обыкновенно еще паче рассвирепевают, и допускающих сие еще с большею силою влекут ко греху. Так и телесные раны, будучи растираемы и раздираемы, бывают неисцелимы. Может и одно слово отдалить ум от памяти Божией, когда бесы нудят на то, и чувства соглашаются с ними. Велик подвиг и страх – хранить душу. Итак, надлежит тебе совсем удалиться от мира и отторгнув душу от всякого сострастия телу, стать безградным, бездомным, бессобственником, бессребреником, бесстяжательником, бесхлопотником, бессообщником, невеждою в делах человеческих, смиренным, сострадательным, благим, кротким, тихонравным, готовым принимать от божественного ведения вразумительные напечатления в сердце. Ибо и на воске невозможно писать, не изгладив наперед начертанных на нем букв, как научает нас сему Великий Василий. Таков был лик святых, которые, совсем удалившись от всех обычаев мирских и храня в себе невозмущаемым небесное мудрование, просветились божественными законами и возблистали благочестивыми делами и словами, *умертвив уды яже на земли* воздержанием, Божиим страхом и любовию. Ибо непрестанною молитвою и поучением в божественных писаниях отверзаются умные очи сердечные и зрят Царя сил, и бывает радость великая, и сильно воспламеняется в душе божественное желание неудержное, при чем совосхищается туда же и плоть, действием Духа, и человек весь соделывается духовным. Вот чего сподобляются делатели блаженного безмолвия и теснейшего подвижнического жития, которые, удалив себя от всякого утешения человеческого, одни с единым на небесах сущим Владыкою непрестанно беседуют.

4) Выслушав сие, тот боголюбивый брат, и божественною в душе уязвившись любовию, оставляет свое место и вместе с оным (Филимоном) достигает скита, где величайшие из отцов совершили путь благочестия. Жить они поселились в Лавре св. Иоанна Колова, предав попечение о себе эконому Лавры, так как желали пребывать в безмолвии. И пребывали они тут благодатию Божиею в совершенном безмолвии, по субботам и воскресениям исхождения творя на общие собрания церковные, а прочие дни пребывая у себя; причем каждый совершал молитву и служения особо.

5) У старца святого (Филимона) было такое правили служения: ночью пропевал он всю Псалтырь и песни (9, помещаемых в псалтири), не спешно, без суетливости, прочитывал одно зачало Евангелия, потом садился и сидел, говоря в себе: *Господи помилуй!* со всем вниманием и довольно долго, пока не мог уже возглашать сего воззвания; и наконец давал себе соснуть. Потом опять на рассвете пропевал первый час, и седши на свое седалище лицем к востоку, попеременно, то пел (псалмы), то читал, по произволению, из Апостола и Евангелия. Так проводил он весь день непрестанно поя, молясь и услаждаясь созерцанием небесного; ум его часто так уводим был в созерцание, что он не знал, на земле ли он находится.

6) Брат, видя, что он так всеусердно прилежит молитвенным служениям и иногда совсем изменяется от божественных помышлений, сказал ему: трудна тебе, отче, в такой старости так умерщвлять и порабощать тело свое?

Он ответил ему: «поверь мне, Бог такое усердие и такую любовь к молитвенному служению вложил в душу мою, что я не в силах вполне удовлетворять ее к тому стремления; немощь же телесную побеждает любовь к Богу и надежда будущих благ». Так все желание его было умно воскрыляемо в небеса, и это даже во время трапезования, а не только в другие времена.

7) Однажды спросил его живший с ним брат некий, какие бывают тайны созерцания? И он, видя его неотступность и то, что он искренно ищет назидания, сказал ему: говорю тебе, чадо, что тому, чей ум совершенно очистился, Бог открывает видения самых служебных сил и чинов (ангельских).

8) Спросил он его и о следующем: чего ради, отче, паче всякого божественного Писания услаждаешься ты Псалтирию, и чего ради, поя тихо, ты представляешься будто разговаривающим с кем то? На это он сказал ему: «Бог так напечатлел в душе моей силу псалмов, как в самом пророке Давиде, и я не могу оторваться от услаждения сокрытыми в них всяческими созерцаниями; ибо они объемлют все божественное Писание». Это исповедал он вопрошавшему с великим смирением, пользы ради, и после долгого неотступного упрашивания.

9) Брат некий по имени Иоанн, от примория устремившись, пришел к святому сему и великому отцу Филимону, и обняв ноги его, сказал ему: что сотворю отче, да спасуся? Ибо ум мой носится и парит туда и сюда, где не следует. И он, помолчав немного, сказал: сия болезнь (душевная) есть принадлежность тех, кои внешни суть, и в них она пребывает. И в тебе она есть, потому что ты не возымел еще совершенно любви к Богу, еще не пришла в тебя теплота любви и познания Его. Говорит ему брат: что же мне делать, отче? Тот сказал ему: поди – возымей сокровенное поучение в сердце своем, и оно очистит ум

от сего. Брат, будучи не посвящен в то, что этим сказывалось, говорит старцу: что же это за сокровенное поучение, отче? И он сказал ему: поди, трезвися в сердце своем, и в мысли своей трезвенно со страхом и трепетом говори: Господи, Иисусе Христе, помилуй мя! Так преподает новоначальным и блаженный Диадох.

10) Брат пошел и, содействием Божиим по молитвам отца успокоившись, усладился таким поучением немного. Но потом это услаждение отошло от него, и он не мог уже трезвенно совершать такое делание и молиться. Почему он опять пошел к старцу и сказал ему о случившемся. Старец говорит ему: теперь узнал уже ты путь безмолвия и умного делания и вкусил происходящей от того сладости. Имей же сие всегда в сердце своем, – ешь ли, пьешь ли, беседуешь ли с кем, в пути ли находишься, или в келии сидишь, не преставай трезвенною мыслию и неблуждающим умом молиться такою молитвою, петь и поучаться в молитвах и псалмах; даже при исправлении самых необходимых потребностей своих не давай уму своему быть праздным, но заставляй его сокровенно поучаться и молиться. Так можешь ты уразуметь глубины божественного Писания и сокрытую в нем силу и дать уму непрестанное делание, да исполнишь апостольское слово заповедующее: *непрестанно молитеся*. Внимай же себе тщательно и блюди сердце свое от приятия худых помыслов, или каких-нибудь суетных и неполезных; но всегда, и когда спишь, и когда встаешь, и когда ешь, и когда пьешь, и когда ведешь беседу, пусть сердце твое втайне мысленно, то поучается в псалмах, то молится: Господи Иисусе Христе Сыне Божий, помилуй мя! Также, когда поешь псалмы языком, внимай, чтоб не говорить одного устами, а в другом парить мыслию.

11) Брат спросил его еще: много суетных мечтаний вижу я во время сна. Старец сказал ему: не ленись и не

малодушествуй; но прежде чем заснешь, многие сотвори молитвы в сердце своем и противостой помыслам и покушениям диавола водить тебя по воле своей, да восприимет тебя Бог. Сколько сил есть, заботься о том, чтобы засыпать с псалмами в устах и умным поучением, и никак не позволяй по нерадению уму своему принимать чуждые помыслы, но с какими помышлениями молился ты, в тех поучаясь склонись и на одр, чтобы и когда будешь спать, они пребывали в тебе, и когда пробудишься, собеседовали с тобою. Проговаривай также и святый символ православной веры прежде, чем заснешь, ибо православствовать о Боге есть источник и охрана всех благ.

12) Еще спросил его брат: сотвори любовь, отче, скажи мне, какое делание имеет твой ум? Научи меня, чтобы и мне спастися. Он сказал ему: зачем это любопытствуешь ты знать? Тот встал, обнял ноги святого, и, лобызая их, умолял его сказать ему это. Старец довольно времени спустя, сказал: не можешь еще ты понести сего. Давать каждому чувству пригодное дело свойственно мужу, обыкшему вращаться в благах правды; и невозможно дара сего сподобиться тому, кто не стал совершенно чист от суетных помышлений мира. Потому, если ты истинно желаешь сего, держи сокровенное поучение в чистом сердце. Ибо если пребудет в тебе непрестанно молитва и поучение в Писаниях; то отверзутся очи души твоей и будет в ней радость великая, и чувство некое неизреченное и горячее, при согревании от Духа и плоти, так что весь человек станет духовным. Итак, ночью ли, или днем сподобит тебя Бог нерассеянно помолиться чистым умом, оставь свое молитвенное правило, и, сколько сил есть, простирайся прилепляться к Богу. И он просветит сердце твое в духовном делании, за которое ты принялся.

К сему присовокупил он: некогда пришел ко мне один старец, и когда я спросил его об устроении его ума, сказал мне: два года пребыл я в молитве пред Богом, от всего сердца умолял Его прилежно, да дарует Он мне, чтобы непрестанно и нерассеянно печатлелась в сердце моем молитва, которую предал Он ученикам своим, и великодаровитый Господь, видя труд мой и терпение, подал мне просимое.

И вот еще что он говорил ему: помыслы о вещах суетных, бывающие в душе, суть недуг празднолюбивой и предавшейся нерадению души; почему нам надлежит, по Писанию, всяким хранением блюсти ум свой, разумно петь без рассеяния и молиться чистым умом. Итак, брате, Бог хочет, чтоб мы являли к Нему свое усердие, во-первых трудами (подвижничества и доброделания), потом любовию и непрестанною молитвою, – и Он подаст нам путь спасения. Явно же, что нет другого пути, возводящего на небо, кроме совершенного удаления от всего злого, стяжания всего благого, совершенной к Богу любви и сопребывания с Ним в преподобии и правде, так что когда у кого будет сие, то он скоро востечет к небесному лику. Но при сем всякому, желающему взыти на высоту, неотложно надлежит умертвить уды, сущие на земли. Ибо когда душа наша усладится созерцанием истинного блага, то уже не возвращается ни к одной из страстей, возбуждаемых сластию греховною; но от всякого отвратившись телесного сладострастия, чистою и нескверною мыслию приемлет явление Бога. Итак, нам потребно великое себя хранение, много телесных трудов и очищение души, да вселим Бога в сердца наши, чтобы прочее безгрешно исполнять божественные Его заповеди, и чтобы Сам Он учил нас блюсти твердо Его законы, испуская, как солнечные лучи, свои на нас воздействия, вложенною в нас благодатию Духа. Трудами и искушениями должны мы очистить образ, по коему были мы созданы разумными и способными воспринимать всякое разумение и Богу уподобление, нося чувства, чистые от всякой скверны чрез переплавление их некого в пещи искушений, и претворяемы бывая в царское достоинство. Бог и человеческое естество создал причастным всякого блага, могущим мысленно созерцать ликования ангелов славы, господств, силы, начала, власти, свет неприступный, славу пресветлую. Но когда исправишь ты какую добродетель, смотри да не превознесется помысл твой над братом, потому что ты исправил ее, а он понерадел; ибо это начало гордости. Когда борешься с какою страстию, смотри не унывай и не малодушествуй от того, что брань стоит упорно; но восстав, повергни себя пред лицом Бога, от всего сердца говоря с пророком: *суди Господи обидящия мя* [Псал. 34, 1], ибо я не силен против них. И Он, видя смирение твое, скоро пошлет тебе помощь свою. Когда идешь с кем в пути, не принимай суетной беседы, но дай уму духовное делание, которое он имел, чтобы пребыло в нем сие благое навыкновение и забвение мирских сластей, и он не исходил из пристани бесстрастия.

Такими и многими другими словесами огласив брата, старец отпустил его.

13) Но спустя немного времени, он опять пришел и начав речь, спросил: что мне делать, отче? В ночном моем служении отягчает меня сон и не дает мне трезвенно молиться и побдеть побольше; и я хочу брать в руки работу, когда пою. На это старец сказал: когда можешь молиться трезвенно, не касайся рукоделия; когда же объят будешь дреманием, тогда, подвигшись немного против помысла, претя ему, коснись рукоделия. Тот опять спросил: ты сам, отче, не отягчаешься сном во время служения своего? Старец сказал: не так то легко; однако же, когда напада-

ет иной раз дремание, немного подвигнусь, но начинаю читать с начала Евангелие от Иоанна, возводя к Богу око ума, и оно тотчас же исчезает. Похоже на это поступаю я и в отношении к помыслам, именно, когда найдет какой из них, я встречаю его как огонь со слезами, и он исчезает. Ты же еще не можешь так вооружаться против них; но паче держи сокровенное поучение и усердствуй совершать установленные святыми отцами, как дневные молитвословия, как-то – часы: – третий, шестой, девятый и вечерню, так и ночные службы. И всеми силами старайся ничего не делать по человекоугодию, и берегись иметь вражду с кем-либо из братии, чтоб не отдалить себя от Бога своего. Старайся также хранить мысль свою не рассеянною, всеусердно внимающею внутренним помыслам. Когда, бывая в церкви, имеешь намерение причаститься святых Христовых Таин, не исходи из нее пока не получишь совершенного мира. Став на одном месте, не отступай оттуда до самого отпуска; в себе же помышляй, что находишься на небе, и со святыми ангелами Богу предстоишь, имея восприять Его в сердце свое; готовься же к сему со страхом и трепетом, чтоб не недостойно сопричастником быть святых сил.

Добре таким образом вооружив брата, и предав Господу и Духу благодати Его, старец отпустил его.

14) К сему рассказывал еще и живший с ним брат следующее. Сидя однажды подле него, я спросил его: был ли он искушаем наветами демонскими, живя в пустыне. Он же сказал: прости, брат, – если попустит Бог придти на тебя искушениям от диавола, каким я подлежал, то не думаю, чтоб ты мог вынести горечь их. Мне семидесятый год, или и с прибавком, много терпел я искушений, живя в разных пустынях в совершенном безмолвии; что же испытал я и вытерпел от этих демонов, о горечи того не полезно повествовать тем, кои не искусили еще

безмолвия. В таких искушениях я всегда поступал так: возлагал все упование мое на Бога, коему давал и обеты отречения, и Он скоро избавлял меня от всякой нужды. Почему, брате, я теперь никакого уже о себе промышления и не творю; но зная, что Он печется обо мне, очень легко переношу находящие на меня искушения. И только то одно Ему от себя приношу, чтоб непрестанно молиться. Немало помогает при сем и то упование, что, чем большие нападают скорби и беды, тем большие они готовят венцы терпящему: ибо у праведного Судии те и другие уравновешивают себя взаимно. Ведая сие, брате, не поддавайся малодушию. Вступил ты в среду брани, чтоб бороться, и борись, воодушевляясь и тем, что тех, кои за нас ратуют против врага Божия, очень много, больше вражеских полчищ. Да и как можно бы было нам осмелиться противостать такому страшному супостату рода нашего, если бы державная десница Бога Слова не обымала нас, не ограждала, и не покрывала? Как бы выдержало человеческое естество наветы его? Ибо как говорит Иов, *кто открыет лице облечения его? В согбение же персей его кто внидет? Из уст его исходят аки свещи горящии, и размещутся аки искры огненнии. Из ноздрей его исходит дым пещи горящии огнем угля. Душа же его яко углие и яко пламы из уст его исходят. На выи его водворяется сила, пред ним течет пагуба. Сердце его ожесте аки камень, стоит же аки наковальня неподвижно. Возжигает бездну, якоже пещь медную, мнит же море яко миро варницу, и тартар бездны, яко же пленника. Все высокое зрит сам же царь всем сущим в водах* [Иов. 41, 4, 10, 15, 22, 23, 25]. Вот против кого у нас брань, брате! Вот каким и коликим изобразило слово этого тирана! При всем том однако ж победа над ним бывает удобна для тех, которые, как следует, проходят уединенническую жизнь, по причине неимения ими в себе ничего, ему принадлежащего, по причине отречения их от мира; по причине их высоких добродетелей, и по причине того, что мы имеем поборающего по нас. Ибо кто, скажи мне, приступив к Господу и страх Его приявши в ум, не претворился естеством и осияв себя божественными законами и делами, не соделал душу свою светлою и способною сиять божественными разумениями и помыслами? Праздною же быть он никогда не дозволяет ей, имея в себе Бога, Который возбуждает ум ненасытно стремиться к свету. И душе таким образом непрерывно воздействуемой, дух не попускает разблажаться страстьми; но как царь какой, дыша страшным гневом и прещением, нещадно посекает их. Такой никогда не возвращается уже вспять, но практикою (добродетелей) с воздеянием рук на небо и умною молитвою одерживает победу в брани.

15) Рассказывал еще брат тот, что при других добродетелях имел Авва Филимон и такую: терпеть не мог слышать праздное слово, и если кто, забывшись, рассказывал что-либо, не относящееся к пользе душевной, то он совсем не отзывался на это. Также, когда я уходил по какому либо делу, он не спрашивал: чего ради уходил? И когда возвращался, не говорил: где ты был? или что и как делал? Так однажды сплыл я в Александрию по необходимой потребности, а оттуда по одному церковному делу отправился в Царьград, не дав о том знать рабу Божию; потом, пробыв там довольно времени, посетив тамошних благоговейных братий, возвратился наконец к нему в скит. Увидев меня, старец обрадовался, и по обычном приветствии, сотворив молитву, сел; но ни о чем совершенно не спросил меня, а пребыл занятым обычным своим умным деланием.

16) Некогда, желая испытать его, я несколько дней не подавал ему хлеба поесть. Он же ни хлеба не попро-

сил и ничего на это не сказал. Тогда, сотворив поклон, я спросил его: сотвори любовь, отче, и скажи мне, не оскорбился ли ты, что я не приносил тебе по обычаю поесть. Он сказал: прости брате! Если двадцать дней не дашь ты мне поесть хлеба, я не попрошу его у тебя; ибо доколе терплю душею, терплю также и телом. Так был он занят созерцанием истинного блага.

17) Говорил он: с тех пор как пришел в скит, не попускал я помыслу своему выходить за стены келлии; но и в мысль свою не принимал я никакого другого помысла, кроме страха Божия и судилищ будущего века, держа в памяти угрожающий грешным суд и огнь вечный и кромешную тьму, и то, как живут души грешников и праведников, и какие блага уготованы праведным и как каждый получает свою награду по труду своему: один за труды подвижничества, другой – за милостыню и любовь нелицемерную, иной за нестяжательность и полное безмолвие, тот за крайнее послушание, этот за странничество. Все сие содержа в мысли, не попускаю я иному помыслу действовать во мне и не могу уже быть с людьми или ими занимать ум свой, чтоб не отдалиться от божественных помышлений.

18) К сему присоединил он и сказание о некоем уединеннике, говоря, что он уже и бесстрастия достиг, и от руки ангела принимает хлеб в пищу, но по причине разленения (ослаблении внимания) лишился такой чести. Ибо когда душа ослабит рассмотрительное и напряженное внимание ума, тогда душу ту объемлет ночь. Где не сияет Бог, там все разливается как во мраке; и не может тогда душа воззревать к единому Богу и трепетать словес его. *Бог приближаяся Аз есмь*, говорит Господь, *а не Бог издалеча. Или утаится человек в сокровенных, и Аз не узрю ли его? Еда небо и землю не Аз наполняю?* [Иер. 23, 23, 24]. И о многих других, подобное пострадавших,

припоминал он. Привел и падение Соломона, который, говорит, такую получил премудрость и так, будучи всеми славим, потому что как денница, утром восходящая, всех осиявал светлостию премудрости, за малую сласть потерял такую славу. Итак страшно поблажать разленению; но надобно непрестанно молиться, чтоб другой какой помысл нашедши не отлучил нас от Бога, и вместо Его не приподставилось уму нашему иное что. Только чистое сердце, став вместилищем Духа Святого, чисто зрит в себе, как в зеркале, самого Бога всего.

19) Слыша сие, говорит живший с Аввою Филимоном брат, и на дела его смотря, я уразумел, что в нем совсем перестали уже действовать телесные страсти, и что он был усердный любитель всякого совершенства, так что всегда виделся преображаемым божественным Духом (от славы в славу) и воздыхающим воздыханиями неизглаголанными, в себе с собою сообращающимся и себя взвешивающим (или себя держащим ровно, как на весах) и всячески подвизающимся, чтоб что-нибудь пришедши не возмутило чистоты ума его и скверна какая-нибудь тайно не приразилась к нему. Видя, говорит, сие и ревностию к подобному образу жизни возбуждаемый, я с усердным обращался к нему прошением, говоря: как я мог бы стяжать чистоту ума подобно тебе? Он же говорил: поди – трудись, ибо для этого труд потребен и болезнование сердца. Блага духовные, достойные усердного искания и труда, не достанутся нам, если будем возлежать на одрах и спать. И земные блага никому не достаются без труда. Тому, кто желает придти в преуспеяние, Надобно прежде всего отрешиться от своих хотений и стяжать непрестанный плач и нестяжательность, не внимай согрешениям других, и своим только, и об них одних плача день и ночь, и не имея суетной дружбы ни с кем из людей: ибо душа, скорбящая о своем бед-

ственном положении и уязвляемая памятию о прежних согрешениях, бывает мертва миру, как и мир умирает для нее, т. е. тогда недейственны бывают плотские страсти и человек (неподдействен) сим страстям. К тому же отрекшийся от мира и со Христом сочетавшийся, и в безмолвии пребывающий любит Бога, хранит образ Его и подобием Ему богатится; ибо свыше приемлет от Него подаяние Духа и бывает домом Бога, а не демонов, и дела праведные представляет Богу, Так душа, став чистою по жизни, свободною от осквернений плоти и не имеющей скверны или порока, облечется, наконец, венцом правды и воссияет красотою добродетелей.

В ком же в начале отречения не поселяется в сердце плач, ни слезы духовные, ни память о неимеющих конца муках, ни безмолвие истинное, ни молитва непрестанная, ни псалмопение и поучение в божественных Писаниях, в ком не обратилось сие в навык, так чтоб, по причине непрерывности приседеня сему, он понуждаем был и не хотя делать то от ума, и страх Божий не господствует в душе его: тот еще почивает на содружестве с миром и не может иметь ума чистым в молитве; ибо только благочестие и страх Божий очищают душу от страстей и соделывая ум свободным, вводят его в естественное ему созерцание, и дают ему коснуться богословия, которое приемлет он в образе блаженства (*блаженни чистии сердцем, яко тии Бога узрят*), – это для сподобляющихся сего еще отселе служит залогом (будущего), и хранит (духовное устроение) непоколебимым.

Итак всеми силами потщимся о практическом делании (добродетелей и подвигов), которыми возводимся к благочестию, что есть мысленная чистота, плод которой – богословское созерцание, естественное (уму). Ибо деяние есть восхождение к созерцанию, как (говорит) проницательный и богословнейший ум (Григория

Богослова). Почему если вознерадим о делании том, то будем чужды всякого любомудрия; ибо хотя бы кто достиг самого верха добродетели, все ему необходимы труд подвижничества, обуздывающего бесчинные стремления тела, и строгое хранение помыслов. И этим способом едва можем мы улучить вселение Христа. Ибо чем больше умножается наша праведность, тем больше возрастает духовное возмужание; и наконец, ум в совершенство пришедши, весь прилепляется к Богу, и осияется божественным светом, – и ему открываются неизреченности таинств. Тогда истинно познает он, где мудрость, где сила, где разум для познания всего, где долголетие и жизнь, где свет очей и мир. Ибо пока занят он борьбою со страстьми, дотоле не имеет возможности насладиться сим; так и добродетели и пороки слепым делают ум; те, чтобы не видел добродетелей, а эти, чтоб не видел пороков. Но когда восприимет он покой от брани, и сподобится духовных дарований, тогда, непрестанно бывая воздействуем благодатию, весь соделывается световидным, и становится не отклоним от созерцания вещей духовных. Таковый не привязан ни к чему здешнему, но пришел от смерти в живот.

Тому, кто восприемлет достоподражательную жизнь и к Богу приближаться ревнует, надлежит иметь непорочное сердце и уста чистые, чтоб слово, исходя из чистых уст чистым, могло достойно воспевать Бога, так как душа, к Богу прилепившаяся, непрестанно с Ним собеседует. Возжелаем же, братие, достигнуть до такой высоты добродетелей и перестанем пресмыкаться по земле, прилепившись к страстям. Подвизающийся и достигший близости к Богу, причастившийся святого света его и уязвившийся любовию к Нему, наслаждается Господним некиим и непостижимым веселием духовным, как говорит божественный псалом: *насладися Господеви, и даст ти прощение сердца твоего: и изведет яко свет правду твою, и судьбу твою яко полудне* [Псал. 36, 4, 6]. И какая любовь так сильна и неудержима, как та, которая от Бога вливается в душу, очистившуюся от всякого зла? Такая душа от истинного расположения сердца, говорит: *уязвлена есмь любовию аз* [Песнь Пес. 2, 5]. Неизреченны и неизъяснимы блистания божественной красоты! Не может изобразить их слово, ни слух вместить! На блистание ли денницы укажешь, на светлость ли луны, на свет ли солнца, – все это неуважительно в сравнении со славою оною, и больше скудно пред лицом истинного света, чем глубочайшая ночь или мрачнейшая мгла пред чистейшим полуднем. Так передал нам и Василий, дивный между учителями, из опыта познав сие и научившись сему.

20) Сие и больше сего рассказывал живший с Аввою брат. Но кто не подивится в нем еще и следующему, как доказательству великого смирения его? Удостоен будучи пресвитерства давно-давно, и так преискренно коснувшись небесного и жизнию и разумом, он всячески избегал божественных священнодействий, как бремени, так что в продолжение многих лет своего подвижничества он очень редко соглашался приступать к святой трапезе (для священнодействия). Но и божественных Таин, причащаться, несмотря на такую постоянно опасливую жизнь, не причащался, когда случалось ему входить в общение и беседовать с людьми, хотя при этом не говорилось им ничего земного, но одно душеполезное для искавших бесед с ним. А когда намеревался причаститься божественных Таин, то пред этим долго докучал Богу, умилостивляя Его молитвами, псалмопениями и исповеданиями. Ужасался он гласа иереева, который возглашает при сем говоря: *святая святым*. Ибо в это время, говорил он, вся церковь полна бывает святых ангелов, и

сам Царь сил таинственно священнодействовав, и хлеб и вино претворив в Свое тело и кровь, чрез св. причащение вселяется в сердца наши. Почему, присовокуплял он, надлежит нам лишь непорочно и чисто, и как бы вне плоти бывая, без всякого сомнения и колебания, дерзать на святое причастие пречистых Христовых Таин, чтоб сделаться причастными бывающего от них просвещения. Многие из св. отцев видели св. ангелов, которые остерегали их (от всего неподобного): – почему и сами они держали себя в глубоком молчании, не говоря ни с кем.

21) И вот еще что говорил (брат тот), что когда бывала старцу нужда самому продавать свое рукоделие, то чтоб не произошла как-нибудь ложь какая, или божба, или лишнее слово, или другой какой вид греха, если б разговаривать и торговаться, он стоял притворясь на вид юродивым; и всякий, желавший купить его рукоделие, брал его у него и давал за то, что хотел. Работал он малые корзинки; и даваемое за них принимал с благодарностию, отнюдь ничего не говоря, сей любомудрый муж.

СВОД ОТЕЧЕСКИХ УРОКОВ

В заключение всего предлагаем свод изложенных в книге сей отеческих уроков. Вот что указали нам отцы, как способ производства молитвы и условия успеха в ней:

– *Частость*, т. е. многократное повторение молитвы Иисусовой.

– *Внимание*, или погружение ума во Иисуса Христа с отгонянием других помыслов.

– *Перемену* молитвенных слов, т. е. произношение Иисусовой молитвы иногда полной, иногда же сокращенной.

– *Повременность*, т. е. чтоб были то молитва, то чтение псалмов, то сидение, то стояние с простертием рук, то опять молитва Иисусова и послеобеденное чтение отцов.

– *Хождение пред Богом*, т. е. чтоб всегда ощущать присутствие Божие и при всяком действии помнить о Боге.

– *Отвержение мира*, при воспоминании о смерти и о молитвенной сладости.

– *Непрестанное призывание имени Иисуса Христа* во всяком случае и времени, если наедине, то гласно, а при людях одним только умом.

– *Засыпание* на одре с Иисусовой молитвою.

– *Наружную молитву* о внутренней, т. е. испрашивание у Господа помощи к усердию и откровению в сердце внутренней молитвы.

Итак, душа, желающая обрести внутреннюю молитву и жаждущая непрерывного соединения и сладчайшего общения со Иисусом Христом, приди, решись и исполняй наставления св. отцов таким образом:

1. Сядь или лучше стань в несветлом и безмолвном углу в молитвенном положении.
2. Пред началом положи несколько поклонов и не распускай членов.
3. Отыщи воображением место сердца под левым сосцем и там установись вниманием.
4. Сведи ум из головы в сердце и говори: «Господи Иисусе Христе, помилуй мя», тихо, устами, или одним умом, как тебе будет удобно, говори не спешно с благоговейным страхом.
5. Старайся в это время, сколько возможно, хранить внимание и не принимай в ум никаких мыслей, ни худых, ни добрых.
6. Имей спокойное терпение, положив стоять долго с забвением всего.
7. Держи умеренное воздержание и коленопреклонение делай по силе
8. Держись молчания.
9. После обеда понемногу читай Евангелие и тех отцов, кои рассуждают о внутреннем делании и молитве.
10. Сон имей часов 5 или 6 в сутки.
11. Иногда наружною молитвою испрашивай действия внутренней.
12. Не касайся такого рукоделия, которое рассеявает.
13. Чаще поверяй свои опыты по отеческим наставлениям.

«Господи! подаждь доброте моей силу», – восклицал некогда св. пророк Давид. Воскликни и ты душа моя: Господи, подаждь твердую решимость расположению моему ко вниманию! От Тебе бо есть и еже хотети и еже

деяти; да помощию и содействием Твоим, очистив ум и сердце посредством внимания, приуготовлю их в обитель Тебе Триединому!

ЧАСТЬ II

РАССКАЗ СТРАННИКА ПРИ ПЯТОМ СВИДАНИИ

Прошел уже год со времени последнего свидания со странником, как, наконец, тихий стук в дверь, и молитвенный голос возвестил приход сего благословенного собрата к сердечному удовольствию встретившего его...

— Гряди, возлюбленный брат! Поблагодарим вместе Господа, благословлявшего путь и возврат твой!

— Слава и благодарение Всевышнему Отцу щедрот о всем, что ни устраивает Он по смотрению Своему, — всегда полезному для нас, странников и пришельцев в «*земли чуждей*»! Вот и я, грешник, расставшись с Вами в прошлом году, опять, по милости Божией сподобляюсь видеть и слышать радушный привет Ваш. И, конечно, Вы ожидаете от меня подробного рассказа о святом граде Божием — Иерусалиме, куда влеклась душа моя и простиралось непреложное намерение мое; но не всегда исполняется то, чего нам хочется. Так случилось и со мной, да и не дивно, ибо мне ли, убогому грешнику, быть удостоену ступать на ту освященную землю, на которой напечатлелись божественные стопы Господа Иисуса Христа?

Вы, батюшка, припомните, что я отправился отсюда в прошлом году с товарищем, глухим старцем, имея письмо Иркутского купца к сыну его в Одессу, чтобы отправить меня в Иерусалим. Так мы благополучно и достигли Одессы в непродолжительном времени. Товарищ мой немедленно нанял место на корабле до Константинополя и отправился, а я, оставшись, пошел искать по письму сына Иркутского купца. Скоро нашедши его квартиру, я, к удивлению моему и сожалению, не нашел в живых сего моего благодетеля: три уже недели прошло, как после кратковременной болезни он скончался и его похоронили. Это меня хотя и сильно опечалило, однакож я положился на волю Божию. Все домашние были в горести, вдова умершего, оставшись с тремя маленькими детьми, до того тосковала, что беспрестанно плакала, по несколько раз в день упадала и терзалась; казалось, что и ей недолго уже жить от такой глубокой скорби. Однако, при всем этом, она приняла меня ласково; не имея возможности, по их обстоятельствам, отправить в Иерусалим, оставила меня у себя погостить недели две, покуда отец покойного, по обещанию своему, приедет сюда в Одессу для распоряжения, счета и устройства торговых дел осиротевшего семейства. Так я и остался.

Живу неделю, месяц и другой: но вместо приезда купец прислал письмо, в котором извещает, что он по обстоятельствам своим приехать к ним не может, а советует сделать счет приказчикам и всем им немедленно отправиться к нему в Иркутск. Начались сборы и хлопоты, и, как я заметил, что им уже не до меня, то, поблагодарив за странноприятие и распростившись с ними, пошел опять странствовать по России...

Думал, думал: куда мне теперь идти? И, наконец, основался на той мысли, чтобы прежде пойти в Киев, где я уже много лет не был. Так и пошел...

Конечно, хотя вначале и скорбел о том, что не исполнилось мое желание быть в Иерусалиме, но ведь это же не без промысла Божия, – размышлял я, – и успокаивался тем упованием, что человеколюбивый Господь примет и намерение, яко дело, и не оставит убогий путь мой без назидания и душевной пользы...

Оно так и вышло, ибо встречался с такими людьми, кои открывали мне многое для меня неведомое, и просвещали темную душу мою во спасение... Если бы я не был направлен на сей путь необходимостью, то не встретил бы сих душевных моих благодетелей.

Итак, днем я шел с молитвою, а вечером, останавливаясь для ночлега, читал мое «Добротолюбие» для подкрепления и возбуждения души моей в борьбе с невидимыми врагами спасения.

Наконец, отошедши от Одессы верст 70-т, я встретил чудное происшествие: ехал большой обоз с товарами – подвод 30-ть, и я их нагнал. Один передовой извозчик, как вожатый, шел при своей лошади, а прочие, собравшись в кучу, шли поодаль. Надо было проходить мимо проточного пруда, в котором взломанный весенний лед крутился и расплывался с водою по окружности с страшным шумом. Вдруг передний молодой извозчик остановил свою лошадь, а за ним должен был и весь обоз остановиться. К нему подбежали все извозчики и видят, что остановившийся стал раздеваться. Его спросили, для чего он раздевается. И получили ответ, что ему очень хочется купаться в пруде. Удивленные извозчики – кто начал над ним смеяться, кто бранить, называя его безумным, а старший, родной брат раздевавшегося извозчика, начал препятствовать ему и толкать, чтобы он ехал. Тот оборонялся и никак не хотел послушаться. Некоторые из молодых извозчиков для шутки начали ведерками, из которых поят лошадей, черпать из пруда воду и плескать на желавшего купаться – кто ему на голову, кто за ворот, говоря: «вот мы тебя выкупаем». Лишь только коснулась его тела вода, он вскрикнул: «ах, как хорошо!» и сел на землю, на него еще плескали; потом вскоре он лег и тут же спокойно умер. Все испугались, не понимая, отчего сие случилось. Старшие хлопотали и говорили о том, что надо о сем объявить суду, а прочие заключали, что ему на роду такая смерть написана.

Постоявши около них с час, я пошел далее. Отошедши верст пять, я увидел село на большой дороге и, вступив в оное, встретил старичка священника, шедшего по улице. Мне вздумалось сказать ему о виденном происшествии и услышать его о сем рассуждение. Священник взял меня к себе, и я, рассказавши ему, что видел, просил его объяснить мне причину, по которой случилось это происшествие...

— Не умею ничего сказать тебе на сие, любезный брат, как разве то, что есть в природе много чудесного и непонятного для нашего ума. Это, как я думаю, устроено Богом для того, чтобы яснее показать человеку правление и промысл Божий о природе в неестественных и непосредственных изменениях ее законов при известных случаях... Мне самому однажды случилось быть свидетелем подобного же происшествия: недалеко от нашего села есть весьма глубокий обрывистый овраг, хотя и не широкий, но глубиною сажен в 10-ть или более; даже страшно посмотреть на темное дно его. Для пешеходов устроен чрез него кое-как мостик. Крестьянин моего прихода, семейный человек и хорошего поведения, вдруг ни с чего почувствовал непреодолимое желание кинуться с того мостика в оный глубокий ров. Целую неделю боролся он с этою мыслию и стремлением; наконец, не могши более выдерживать сего сильного побуждения, он, вставши поутру, поспешно ушел и спрыгнул в ров. Вскоре, услышав стон, с трудом вынесли его из рва с переломанными ногами. Когда спрашивали о причине его падения, от отвечал, что хотя теперь и чувствует сильную боль, но в душе спокоен, что выполнил свое непреодолимое влечение, которое всю неделю так его возбуждало, что он готов был жизнь свою отдать, только чтобы исполнить свое желание. Больше года он лечился в городской больнице; я посещал его и нередко, видя около него врачей, хотел бы так же, как и ты, услышать от них о причине сего случая. Врачи единогласно ответили мне, что то был «раж»... Когда я просил по науке объяснить мне, что это такое и вследствие чего он постигает человека, я более ничего от них не услышал, как то, что это тайна природы, еще не открытая наукою... А я им с своей стороны заметил, что если бы при сей тайне природы человек обращался к Богу с молитвой, да открыл бы добрым людям, то и непреодолимый по вашему «раж» не достиг бы своей цели. Подлинно в жизни нашей человеческой много встреч, не подлежащих ясному уразумению...

Покуда мы так беседовали, сделалось темно, и я остался здесь ночевать. Поутру прислал становой своего писаря, чтобы позволено было похоронить умершего на кладбище, и что лекарь при анатомировании тела никаких признаков умопомешательства не нашел, а относит смерть его к внезапному удару.

— Вот смотри, сказал мне священник, — и медицина не могла определить причины неудержимого влечения его к воде.

Итак, простясь со священником, я пошел дальше.

Путешествуя несколько дней и довольно утомясь, пришел я в большое торговое местечко, называемое «Белая Церковь». Как уже было к вечеру, то я и стал искать себе ночлега. На самом базаре встретился мне человек, похожий тоже на путешественника, спрашивающего по лавкам, где находится дом какого-то обывателя. Увидев меня, он подошел, да и говорит: «видно, что и ты странник, так пойдем же вместе, найдем здешнего мещанина по фамилии Евреинова; он добрый христианин, держит богатый постоялый двор и любит принимать странников; вот у меня о нем и записка»... Я с радостью согласился, и мы скоро отыскали его квартиру. Хотя не застали самого хозяина дома, но жена его, добрая старушка, приняла нас ласково и отвела нам для успокоения на чердаке уединенную особую светелку. Мы, расположившись, немного отдохнули; пришел хозяин и пригласил нас к себе ужинать. За ужином мы разговорились, кто, откуда и как-то дошло слово до того, почему он называется Евреиновым. — «Я расскажу вам замечательный о сем случай», ответил он и начал свое повествование. «Вот, видите, отец мой был еврей, уроженец города Шклова и был ненавистник христиан. С самых молодых лет он готовился быть раввином и прилежно изучал все еврейские сплетни для опровержения христианства. Однажды случилось ему проходить чрез христианское кладбище; там он увидел человеческий череп с обеими челюстями (в коих находились обезображенные зубы), извлеченный должно быть из недавно выкопанной могилы. Он, по ожесточению своему, начал насмехаться над сим черепом: плевал на него, ругал и попирал ногами; не удовлетворившись этим, взял его и вонзил на кол, подобно как надевают кости животных для прогнания хищных птиц. Натешившись таким образом, он пошел в свое место. В следующую же ночь, лишь только он заснул, вдруг предстал пред ним неизвестный ему человек и наступательно укорял его, говоря: „как ты смел надругаться над бренными останками костей моих? Я христианин, а ты враг Христов!" По нескольку раз в ночь повторялось сие видение и лишало его сна и покоя. Потом уже и днем начало мелькать перед ним оное видение и слышаться эхо укорительного голоса. Чем время шло дальше, тем видение повторялось чаще; наконец, начавши чувствовать уныние, страх и изнеможение сил, он прибег к своим раввинам, которые и читали над ним молитвы и заклинания, но видение не только его не оставляло, но повторялось еще чаше и наступательнее. И как таковое его положение сделалось гласным, то, узнав о сем, знакомый ему по торговым делам христианин, начал ему советовать, чтобы он принял христианскую веру и убеждал его тем, что кроме сего ничем иным избавиться не может от беспокоящего его видения. Еврею хотя и очень сего не хотелось, однако он сделал такой отзыв: „я бы рад что хочешь сделать, только бы избавиться от мучительного и невыносимого видения". Христианин обрадовался сим словам, уговорил его подать прошение местному Епископу о крещении его и присоединении к христианской Церкви. Написали прошение и еврей, хотя и неохотно, но подписал оное. И вот, с этой минуты, как было подписано прошение, видение прекратилось и никогда уже не беспокоило. Он чрезвычайно сему обрадовался и, совершенно успокоившись, ощутил такую пламенную веру в Иисуса Христа, что, немедленно отправясь к Епископу, рассказал ему происшествие и объявил сердечное желание креститься. С усердием и быстрым успехом изучив догматы христианской веры и окрестясь, он выехал на житье в сие место, женился здесь на моей матери, доброй христианке, и проводил благочестивую жизнь в довольстве; был щедроподателен бедным, чему подучил и меня, и пред кончиною оставил мне о сем заповедь и благословение. Вот почему я прозываюсь Евреиновым!»

С благоговением и умилением выслушал я рассказ сей, да и подумал сам в себе: Боже мой! Сколь милосерд Господь наш Иисус Христос и как велика любовь Его! Какими различными путями привлекает Он к Себе грешников и как премудро обращает маловажные случаи в руководство к великим делам! Кто бы мог предвидеть, что баловство еврея над мертвою костью послужит ему к истинному познанию Иисуса Христа и будет руководством к благочестивой жизни.

По окончании ужина, поблагодарив Бога и хозяина, пошли мы в свою светелку на покой. Спать еще не хотелось и мы с товарищем разговорились. Он объявил мне, что он Могилевский купец, жил два года в Бессарабии послушником в одном из тамошних монастырей, но токмо по срочному паспорту, и теперь идет на родину за тем, чтобы получить от купеческого общества вечное увольнение к монашеству. Хвалил мне тамошние монастыри, их устав и порядки, и строгую жизнь многих благочестивых старцев, там обитающих, и уверял, что Бессарабские монастыри против русских, как небо от земли. Подбивал и меня туда же. В это время, как мы занимались сими разговорами, привели к нам и еще третьего ночлежника, это был унтер-офицер, уволенный из армии на время, и шел в домовой отпуск. Мы видели, что он очень утомился от дороги. Помолившись вместе Богу, да и легли спать. Вставши рано поутру, мы начали собираться в путь. И лишь только хотели идти поблагодарить хозяина, вдруг услышали благовест к утрени. Мы с купцом стали рассуждать: как же мы пойдем, слышавши благовест и не побывавши в церкви Божией? Лучше отстоим заутреню, помолившись в св. храме, и тогда идти нам будет отраднее. Так и решились, да и унтера позвали с собой. А он нам и говорит: «какое в дороге богомолье, да и что за прибыль Богу, что мы побываем в церкви? Вот придем домой, так там помолимся! Ступайте коли хотите вы, а я не пойду. В это время, покуда вы у заутрени простоите, я уйду верст на пять вперед, а домой поскорей хочется»... На сие купец сказал ему: «смотри, брат, не загадывай вперед, как Бог приведет!»

Итак, мы пошли в церковь, а унтер – в дорогу. Отстоявши утреню (тут же была и ранняя), мы возвратились в свою светелку и начали приправлять свои сумочки. Глядим: хозяйка принесла нам самовар, да и говорит: «куда это вы? Вот напейтесь чайку, да пообедайте у нас; пустим ли мы вас голодных? «Так мы и остались. Не прошло и полчаса, как мы сидели за самоваром, вдруг вбегает к нам наш унтер-офицер, весь запыхавшись.

– Я пришел к вам с горестью и с радостью.

– Что такое? спросили мы его.

– А вот что! Как я с вами простился да пошел, мне вздумалось зайти в корчму разменять ассигнацию на мелкие, да и водочки выпить, чтобы легче идти. Зашедши, разменял я деньги, да и полетел, как сокол, в путь. Отошедши версты три, мне захотелось посчитать деньги, так ли сдал корчмарь. Я сел к сторонке, вынул свой бумажник, перечел, и все так. Вдруг хватился тут же лежавшего моего паспорта, а его как не бывало; одни записки, да деньги. Так я испугался, словно голову потерял. Да и смекнул делом-то: конечно, я оборонил его тогда, когда в корчме расчитывался. Нужно бежать назад. Бегу, бегу, и опять горе возьмет: ну, как его там нет! беда мне будет! Прибежавши, спрашиваю у корчмаря, а он и говорит: «я не видал». Опять меня взяла печаль. Нужно я искать, да шнырять по тем местам, где я стоял, да толокся. И что же? По счастью моему нашел мой паспорт, как он был свернут, так и валялся между соломой и сором на полу, весь затоптанный в грязи. Слава Богу! обрадовался я; словно гора с плеч свалилась! Хотя за неопрятство да за маранье грязью по зубам то отвозят, да это ничего, по крайней мере и домой то, и обратно приду с глазами. А к вам то я зашел, чтобы сказать вам об этом, да еще, в страхе то бежавши, так стер ногу, до живого мяса, что и идти никак нельзя, и для сего попросить сала, чтобы привязать к ране.

– То-то и есть, брат! Это тебе за то, что не послушался и не пошел с нами помолиться – начал говорить купец. – Вот ты хотел далеко вперед нас уйти, а напротив к нам же воротился, да еще и охромел. Я тебе говорил, что не загадывай вперед, вот оно так и вышло! Да мало того, что не пошел в церковь, а еще говорил такие слова: «что за корысть Богу, что мы будем молиться». Это, брат, нехорошо... Конечно, Бог не нуждается в нашей грешной молитве, однако, по любви Своей к нам, любит, когда мы молимся. И не только священная молитва, которую Сам Дух Святый способствует приносить и возбуждает в нас, Ему приятна, ибо Он сего от нас требует, заповедуя: «Будите во Мне и Аз в вас», но ценно пред Ним даже и каждое, по видимости, малое дело, для Него сделанное, каждое намерение, побуждение и даже мысль, направленная к славе Его и ко спасению нашему. За все сие беспредельное милосердие Божие награждает щедро. Любовь Божия воздает благодеяниями тысячекратно более, нежели сего достойно деяние человеческое; если ты сделаешь для Бога на ничтожную лепту, то Он воздаст тебе златицею. Если ты только вознамеришься пойти к Отцу, то Он уже выходит к тебе навстречу. Ты кратким и сухим словом скажешь: «приими мя! помилуй мя!» А Он уже объемлет выю твою и лобызает тебя. Вот какова любовь Отца Небесного к нам недостойным! И по сей только любви Он радуется и о каждом и малейшем спасительном движении нашем. Тебе представляется: какая слава из того Господу и для тебя польза, если ты немного помолишься, а потом опять развлечешься, или хотя и сделаешь какое-нибудь маловажное доброе дело, например прочтешь какую-либо молитву, положишь пять или десять поклонов; вздохнешь от сердца и призовешь имя Иисуса Христа, или заметишь какую-либо добрую мысль, или расположишься прочесть что-либо душеспасительное, или воздержишься от пищи, или перенесешь малую обиду в молчании... Все это представляется тебе недостаточным к совершенному твоему спасению и как бы бесплодным деланием. Нет! каждое из сих малых деяний не пропадает втуне, будет изочтено всевидящим Оком Божиим и получит сторичную награду не токмо в вечности, но и в сей жизни. Это утверждает и св. Иоанн Златоустый. «Никакое добро, говорит он, как бы маловажно ни было, не будет пренебрежено Судиею праведным. Если грехи исследываются с такою подробностью, что мы дадим ответ за слова, за желания и за помышления, то кольми паче добрые дела, сколь бы они малы ни были, изочтены будут с особенною подробностью и вменятся нам в заслугу пред любвеобильным нашим Судиею».

Я представлю тебе пример, мною самим виденный в прошлом году. В Бессарабском монастыре, где я жил, был старец-монах хорошей жизни. Однажды напало на него искушение, – очень захотелось ему сушеной рыбы. И как в монастыре в это время достать было нельзя, то он намеревался пойти на базар и купить... Долго боролся он с этою мыслию и рассуждал, что инок должен довольствоваться общею братскою пищею и всемерно удаляться от сластолюбия, да и по базару среди толпы людей ходить также монаху соблазнительно и неприлично. Наконец, вражеский навет взял верх над его рассуждением, и он, предавшись своеволию, решился и пошел за рыбой. Вышед из обители и идя по городской улице, он заметил, что у него в руках нет четок, и начал размышлять: «как же я пойду, как воин без меча? Это неприлично, да и мирские люди, встречаясь, будут осуждать меня и соблазняться, видя монаха без четок.» Хотел он вернуться, чтобы взять их, но, посмотрев в карманах, нашел их тут. Вынул, перекрестился, надел на руку и пошел спокойно. Подходя уже к базару, увидел он у лавок стоявшую лошадь с большим возом огромных кадок. Вдруг эта лошадь, чего-то испугавшись, кинулась бежать из всей мочи и бить копытами; наскочила на него и, задевши за плечо, повергнула его на землю, хотя и не очень ушибла. Вслед за сим, шагах в двух от него, этот воз опрокинулся и телега разлетелась вдребезги. Скоро вставши, он конечно испугался, но вместе и удивился, как Бог сохранил жизнь его, ибо если бы одною малою секундою воз упал прежде, то и он был бы расшиблен вдребезги, как и телега. Не размышляя о сем далее, он купил рыбы, возвратился, покушал и, помолясь, лег уснуть... В тонком сне явился пред ним какой-то неизвестный ему благолепный старец и говорит: «слушай, я покровитель сей обители и хочу вразумить тебя, чтобы ты понял и помнил урок, данный тебе ныне... Вот смотри: слабая твоя борьба с чувственным услаждением и леность к упражнению в самопонимании и самоотвержении, дали удобство врагу приступить к тебе и он приуготовил было для тебя сей погибельный случай, разразившийся пред твоими глазами. Но Ангел твой хранитель предусмотрел сие, внушил тебе мысль сотворить молитву, вспомнить о четках, и как ты внял сему внушению, послушался и выразил его на самом деле, то сие самое и спасло тебя от смерти. Видишь ли человеколюбие Божие и щедрое Его воздаяние и за малое к Нему обращение?» Сказавши сие, явившийся старец поспешно пошел из келлии, а монах поклонился ему в ноги и с сим пробудился, ощутив себя уже не на одре, а коленопреклоненно простертым у порога двери. Сие видение он тут же рассказал на пользу душевную многим, в том числе и мне.

Подлинно беспредельна любовь Божия к нам, грешным! Не удивительно ли сие, что за такое малейшее дело, за то, что вынул из кармана четки и надел на руку и призвал один раз имя Божие, за сие малое дана жизнь человеку! И на весах судьбы человеческой одна краткая минута призывания Иисуса Христа перевесила многие часы, истощенные в лености... Поистине воздано здесь за малую лепту – златицею... Видишь ли, брат, как сильна молитва, и как могущественно имя Иисуса Христа, призываемое нами! Св. Иоанн Карпафийский в книге «Добротолюбие» говорит, что когда мы в молитве Иисусовой призываем имя Иисусово и говорим: «помилуй мя, грешного», то на каждое таковое прошение ответствует тайный глас Божий: «чадо, отпускаются тебе грехи твои»... И он же продолжает, что в тот час, когда мы говорим молитву, то ничем не различествуем от святых, преподобных и мучеников, ибо, как говорит и св. Златоуст, «молитва, хотя бы произносилась от нас, преисполненных грехами, тотчас очищает» (сл. мол. 2). Великое милосердие Божие к нам, а мы то, грешные и нерадивые, не хотим и малого часа отдать ему на благодарение и меняем время молитвы, которая всего важнее, на житейские хлопоты и заботы, забывая Бога и свой долг! За то нередко подвергаемся бедам и напастям, но и сие ко вразумлению нашему и к обращению к Богу определяет любвеобильный промысл Божий.»

Как кончил купец свою беседу с унтером, я ему и говорю: – ну, почтенный, как ты усладил мою грешную душу, так тебе и поклонился в ноги. Услышав сие, он начал и со мной говорить. «А видно ты охотник до духовных повестей? Постой же, я сейчас прочту тебе подобное тому, что я рассказывал. Вот со мной есть дорожная книжка, называемая „Агапий" или „Грешных спасение." В ней много чудесных происшествий.»

Он вынул из кармана книжку, да и стал читать прекрасную повесть о каком-то благочестивом Агафонике, который был с детства приучен благочестивыми родителями каждый день непременно прочитывать перед иконою Божией Матери молитву «Богородице Дево, радуйся» и проч. Это он исполнял каждодневно. Потом, пришедши в совершенный возраст, стал жить сам по себе и, осуетившись заботами и хлопотами житейскими, редко уже читал сказанную молитву, а наконец и вовсе оставил. В один вечер он принял к себе переночевать странника, который объявил ему, что он пустынник из Фиваиды и видел видение, чтобы пойти к Агафонику и упрекнуть его за оставление молитвы Божией Матери. Агафоник представлял причину оставления ту, что он много лет читал сию молитву и не видел никакой пользы. Тогда пустынник сказал ему: «вспомни, слепой и неблагодарный, сколько раз помогала тебе молитва сия и избавляла от бедствий? Вспомни, как в отрочестве ты чудно спасен был от потопления! Помнишь ли, как повальная заразительная болезнь многих соседей твоих свела во гроб, а ты остался цел! Помнишь ли, как ты, ехавши с товарищем, упал вместе с ним с повозки? Он переломил ногу, а ты ничего не потерпел. Не знаешь ли, что известный тебе бывший здоровый молодой человек ныне лежит в расслаблении, а ты здоров и не чувствуешь страдания?» И еще многое напомнивши Агафонику, наконец сказал: «знай, что все таковые случаи отвращены от тебя покровительством Пресвятыя Богородицы за краткую молитву, которою ты каждодневно возбуждал свою душу к соединению с Богом... Смотри же, продолжай впредь и не оставляй сею молитвою прославлять Царицу Небесную, доколе не оставлен Ею.

По окончании сего чтения позвали нас обедать, и мы, подкрепившись и поблагодаривши хозяина, отправились в путь и разошлись каждый в свою сторону, кому куда было надобно.

После сего шел я дней пять, утешаясь воспоминанием рассказов, которые слышал от благочестивого купца из Белой Церкви; потом стал уже подходить к Киеву, как вдруг ни с чего почувствовал какую-то тягость, расслабление и мрачные мысли; молитва шла с трудом, напало какое то разленение. Итак, чтобы отдохнуть, увидевши по стороне дороги лесок и густой кустарник, пошел туда, чтобы где-нибудь сесть за уединенным кустом и почитать «Добротолюбие» для подкрепления ослабевшей души и успокоения моего малодушия. Найдя безмолвное местечко, я начал читать преп. Кассиана Римлянина, в 4 части «Добротолюбия» о восьми помыслах. Почитавши с полчаса с отрадою, я неожиданно увидел саженях в 50-ти от себя, в глубине леса, человека, который неподвижно стоял на коленях. Я порадовался сему, подумав, что, конечно, он молится Богу, и опять начал читать. Почитавши с час или более, я опять взглянул на этого человека, и он все также неподвижно стоял на коленях. Мне это стало очень умилительно и я подумал, — вот какие есть благочестивые рабы Божии. — Пока я размышлял о сем, вдруг этот человек упал на землю и лежал смирно. Это меня удивило и, как я не видал его в лицо, ибо он стоял на коленях ко мне задом, меня и взяло любопытство пойти и посмотреть, какой это человек. Подошедши, я нашел его в тонком сне. Это был деревенский парень лет 25-ти, чистый лицом и благообразный, но бледный собой, в крестьянском кафтане, подпоясанный мочальной веревкой, и больше при нем ничего не было — ни котомки, ни даже посошка. Услышавши шорох моего прихода, он проснулся и встал. Я спросил его, кто он такой. Он сказал мне, что он государственный крестьянин Смоленской губернии, идущий из Киева.

— Куда же ты теперь путешествуешь? спросил я.
— И сам не знаю, — ответил он: «куда Бог приведет.»

— Давно ли ты из двора?

— Да, уж пятый год.

— Где же ты проживал это время?

— Ходил по разным святым местам, по монастырям, да по церквам, ибо дома-то жить не у чего: я безродный сирота, да к тому же у меня нога хрома, так я и скитаюсь по белу свету!

— Видно богоугодный какой-нибудь человек научил ходить-то тебя не просто по миру, а по святым местам,— сказал я ему.

— Вот видишь ли,— отвечал он: я с малолетства, по сиротству моему, ходил по пастухам в нашем селе и лет 10-ть все было благополучно. Наконец, однажды, пригнав стадо домой, я не догадался, что нет старостиной самой лучшей овцы. А староста наш был злой и бесчеловечный мужик. Как он пришел по вечеру домой, да увидел, что овцы то его нет, прибежал ко мне, стал меня ругать и грозить, чтобы я пошел и сыскал его овцу, а то сулился: «изобью тебя до смерти, руки и ноги переломаю.» Знавши, что он такой злой, я пошел за овцой по тем местам, где пас стадо днем. Искал, искал, искал далее полуночи, но нигде и слуху нет. Ночь была такая темная, ибо время было под осень. Как зашел я в самую глубь леса, а леса по нашей губернии непроходимые, вдруг поднялась буря. Словно деревья все зашатались! Вдали завыли волки, и на меня напал такой страх, что волосы стали дыбом; что дальше, то становилось ужаснее и пришло хоть упасть от страха и ужаса. Вот я и пал на колени, перекрестился, да из всех сил и сказал: «Господи Иисусе Христе, помилуй мя.» Только что я сказал это, вдруг стало легко мне, как будто никакой скорби и не бывало, и робость вся прошла, а на сердце-то так почувствовал хорошо, как будто бы на небеса взлетел... Я обрадовался сему, да нуко беспрестанно говорить сию молитву. И уже не помню, долго ли была буря, и как ночь прошла, а гляжу — уже настал и белый день, а я все стою на одном месте на коленях. Вот я встал спокойно, вижу, что не найти мне овцы, так и пошел домой, а на сердце-то у меня все хорошо и молитву-то говорить так и хочется. Как только пришел я в село, то староста, увидев, что я овцы не привел, избил меня до полусмерти; вот и ногу тогда он вывихнул. Так я после сих побоев шесть недель и лежал почти недвижимый, только и знал, что творил молитву, и она меня утешала. Потом я маленько поправился, да и стал ходить по миру; а как мне между народом беспрестанно толкаться показалось скучно, да и много греха, то я и пошел странствовать по святым местам, да по лесам. Вот так и хожу теперь пятый год.

Слушая сие, я радовался душою, что Господь сподобил меня увидеть такого благодатного человека, да и спросил его: «так и ныне ты часто занимаешься тою молитвою?»

— Да нельзя без того и быть, — ответил он, если только вспомню, как было мне хорошо в лесу то, так словно кто-нибудь толкнет меня на колени, и я стану молиться... Не знаю, угодна ли моя грешная молитва, ибо, помолясь, чувствую иногда великую радость, и сам не знаю отчего, легкость и веселое успокоение, а иногда тягость, скуку и уныние; но при всем том всегда до смерти молиться все хочется.

— Не смущайся, любезный брат: все благоугодно Богу и все спасительно, что бы ни последовало во время молитвы, говорят Св. Отцы, легкость ли, тяжесть ли — все хорошо; никакая молитва, ни хорошая, ни худая, не пропадает пред Богом. Легкость, теплота и сладость показуют, что Бог награждает и утешает за сей подвиг, а тягость, мрачность, сухость означают, что Бог очищает и укрепляет душу и сим полезным терпением спасает ее, приуготовляя со смирением ко вкушению будущей благодатной сладости. Вот в доказательство сего я прочту тебе из св. Иоанна Лествичника.

Я отыскал тут сию статью и прочел ему. Он выслушал со вниманием и удовольствием и очень благодарил меня за оное. Итак мы простились. Он пошел целиком в глубь леса, а я, вышедши на дорогу, продолжал путь мой, благодаря Бога, сподобившего меня, грешного, получить таковое назидание.

На другой день, с помощью Божией, пришел я в Киев. Первое и главное желание мое было, чтобы поговеть, исповедаться и причаститься Св. Тайн Христовых в сем благодатном месте, а потому я и остановился поближе к угодникам Божиим, дабы удобнее было ходить в храм Божий. Меня принял в свою хижину добрый старый казак, и, как он жил одиноко, мне у него было спокойно и безмолвно. В продолжение недели, в которую я готовился к исповеди, мне пришла мысль, чтобы как можно подробней исповедаться. Я и начал от юности моей вспоминать и перебирать все мои грехи в самой подробности, чтобы все это не забыть; я начал все, что вспомню, записывать до самых даже мелочей и написал большой лист. Услышал я, что за 7 верст от Киева в Китаевой Пустыни есть духовник подвижнической жизни и весьма мудрый и благоразумный,– кто ни побывает у него на духу, приходит в чувство умиления и возвращается со спасительным наставлением и легкостью в душе. Сие очень меня возрадовало и я немедленно пошел к нему. Посоветовавшись и побеседовавши, я подал ему свой листок на рассмотрение. Прочитавши оный, он сказал мне: «ты, любезный друг, написал много пустого. Выслушай: 1) не должно на исповеди произносить тех грехов, в коих ты прежде каялся и был разрешен и не повторял их, а иначе это будет недоверчивость к силе таинства исповедания; 2) не должно вспоминать других лиц, соприкосновенных к грехам твоим, а только себя осуждать; 3) св. Отцы запрещают произносить грехи со всеми околичностями, а признаваться в них вообще, дабы частным разбором оных не возбуждать соблазна в себе и в духовнике; 4) ты пришел каяться, а не каешься в том, что не умеешь каяться, т. е. хладно и небрежно приносишь покаяние; 5) мелочи ты все перечел, а самое главное опустил из вида,— не объявил самых тяжких грехов, не сознал и не записал, что *ты не любишь Бога, ненавидишь ближнего, не веруешь слову Божию и преисполнен гордостью и честолюбием*. В сих четырех грехах вмещается вся бездна зла и все наше душевное развращение. Они суть главные корни, от коих происходят все отростки наших грехопадений.

Услышавши это, я удивился, да и начал говорить: «помилуйте, преподобный батюшка, как же можно не любить Бога, Создателя и Покровителя нашего! Чему же и верить, как не слову Божию, — в нем все истинно и свято. А каждому ближнему я желаю добра; да и за что же мне его ненавидеть? Гордиться же мне нечем: кроме бесчисленных грехов моих, я ничего похвального не имею. И куда мне по моей бедности и хворости сластолюбствовать и похотствовать? Конечно, если бы я был образованный или богатый, то, неспорно, что был бы и виноват против сказанного вами.»

— Жалко, любезный, что ты мало понял то, что я тебе объяснял. Дабы скорее вразумить тебя, вот дам я тебе списочек, по которому я и сам всегда исповедуюсь. Прочти его и ты ясно увидишь точные доказательства всего того, что я тебе сейчас говорил.

Духовник подал мне списочек, и я стал читать его.

Исповедь внутреннего человека, ведущая ко смирению

"Внимательно обращая взор мой на самого себя и наблюдая ход внутреннего моего состояния, я опытно уверился, что я не люблю Бога, не имею любви к ближнему, не верю ничему религиозному и преисполнен гордостью и сластолюбием. Все это я действительно нахожу в себе посредством подробного рассматривания моих чувств и поступков, как-то:

1) *Я не люблю Бога.* Ибо если бы я любил Его, то непрестанно размышлял бы о Нем с сердечным удовольствием; каждая мысль о Боге доставляла бы мне отрадное наслаждение. Напротив, я гораздо чаще и гораздо охотнее размышляю о житейском, а помышление о Боге составляет для меня труд и сухость. Если бы я любил Его, то собеседование с Ним чрез молитву питало бы меня, наслаждало и влекло к непрерывному общению с Ним; но, напротив, я не токмо не наслаждаюсь молитвою, но еще при занятии ею чувствую труд, борюсь с неохотою, расслабляюсь леностью и готов с охотою чем-нибудь маловажным заняться, чтобы только сократить или престать от молитвы. В пустых занятиях время мое летит неприметно, а при занятии Богом, при поставлении себя в Его присутствие, каждый час мне кажется годом. Кто кого любит, тот в продолжение дня беспрестанно о нем мыслит, воображает его, заботится о нем и при всех занятиях любимый друг его не выходит из его мыслей; а я в продолжение дня едва ли отделяю и один час, чтобы глубоко погрузиться в размышление о Боге и воспламенить себя в Его любви, а двадцать три часа охотно приношу ревностные жертвы страстным моим идолам!.. В беседах о предметах суетных, о предметах низких для духа, я бодр, я чувствую удовольствие, а при рассуждении о Боге я сух, скучлив и ленив. Если же и невольно бываю увлечен другими к беседе божественной, то стараюсь скорее переходить к беседе, льстящей страстям моим. Неутомимо любопытствую о новостях, о гражданских постановлениях, о политических происше-

ствиях; алчно ищу удовлетворения моей любознательности в науках светских, в художествах, в приобретениях, а поучение в Законе Господнем, познании о Боге, о религии не делает на меня впечатления, не питает души моей, и я сие почитаю не токмо несущественным занятием христианина, но как бы сторонним и побочным предметом, коим я должен заниматься разве только в свободное время, на досуге. Кратко сказать, если любовь к Богу познается по исполнению Его заповедей: «аще любите Мя, заповеди Моя соблюдите», говорит Господь Иисус Христос, а я заповедей Его не токмо не соблюдаю, но даже и мало стараюсь о сем, то по самой чистой истине следует заключить, что я не люблю Бога... Сие утверждает и Василий Великий, говоря: «Доказательством, что человек не любит Бога и Христа Его есть то, что он не соблюдает заповедей Его» (Нрав. прав. 3).

2) *Я не имею любви к ближнему.* Ибо не только не могу решиться для блага ближнего положить душу мою (по Евангелию), но даже и не пожертвую моею честью, благом и спокойствием для блага ближнего. Если бы я любил его по Евангельской заповеди, как самого себя, то несчастье его поражало бы и меня, благополучие его приводило бы и меня в восхищение. А, напротив, я выслушиваю любопытнее несчастные повести о ближнем, не сокрушаюсь, а бываю равнодушным или, что еще преступнее, – нахожу как бы удовольствие в оном и худые поступки брата моего не покрываю любовию, но с осуждением их разглашаю. Благосостояние, честь и счастье его не восхищают меня, как собственные, а совершенно, как все чуждое, не производят во мне радостного чувства, но еще тонко возбуждают во мне как бы зависть или презрение.

3) *Я не верю ничему религиозному.* Ни бессмертию, ни Евангелию. Если бы я был твердо убежден и несомненно

верил, что за гробом есть жизнь вечная с возмездием за дела земные, то я беспрестанно размышлял бы об этом; самая мысль о бессмертии ужасала бы меня, и я провождал бы жизнь сию как пришлец, готовящийся вступить в свое отечество. Напротив, я и не думаю о вечности и конец настоящей жизни почитаю как бы пределом моего существования. Тайная мысль гнездится во мне: кто знает, что будет по смерти? Если и говорю, что верю бессмертию, то это говорю только по разуму, а сердце мое далече отстоит от твердого убеждения в оном, что открыто свидетельствуют поступки мои и постоянная забота о благоустройстве чувственной жизни. Когда бы святое Евангелие, как слово Божие, было с верою принято в мое сердце, я бы беспрестанно занимался оным, изучал бы его, наслаждался бы им и с глубоким благоговением даже взирал бы на него. Премудрость, благость и любовь, в нем сокрытые, приводили бы меня в восхищение, я наслаждался бы поучением в Законе Божием день и ночь, питался бы им, как повседневною пищею, и сердечно влекся бы к исполнению его правил. Ничто земное не сильно было бы отклонить меня от оного. Напротив, если я изредка и читаю или слушаю слово Божие, то и то или по необходимости, или по любознательности и при сем не входя в глубочайшее внимание, чувствую сухость, незанимательность и, как бы обыкновенное чтение, оставляю без всякого плода и охотно готов заменить его чтением светским, в коем нахожу более удовольствия, более новых занимательных предметов.

4) *Я преисполнен гордости и чувственного себялюбия.* Все поступки мои сие подтверждают: видя в себе доброе, желаю поставить его на вид, или превозношусь им пред другими, или внутренне любуюсь собой; хотя и показываю наружное смирение, но приписываю все своим силам и почитаю себя превосходнейшим других

или, по крайней мере, не худшим; если замечу в себе порок, стараюсь извинить его, покрыть личиною необходимости или невинности; сержусь на неуважающих меня, почитая их неумеющими ценить людей; дарованиями тщеславлюсь, неудачи в предприятиях почитаю для себя оскорбительными, ропщу и радуюсь несчастью врагов моих; если и стремлюсь к чему-либо доброму, то имею целью или похвалу, или своекорыстие духовное, или светское утешение. Словом, — я непрестанно творю из себя собственного кумира, которому совершаю непрерывное служение, ища во всем услаждений чувственных и пищи для сластолюбивых моих страстей и похотений.

Из сего перечисленного я вижу себя гордым, любодейным, неверующим, нелюбящим Бога и ненавидящим ближнего. Какое состояние может быть греховнее? Состояние духов тьмы лучше моего положения: они хотя не любят Бога, ненавидят человека, живут и питаются гордостью, но по крайней мере веруют, трепещут от веры. А я? Может ли быть участь бедственнее той, которая предстоит мне? И за что строже и наказательнее будет определение суда, как не за таковую невнимательность и безрассудную жизнь, которую я сознаю в себе!»...

Прочитавши сие данное мне духовником исповедание, я ужаснулся, да и подумал сам в себе: «Боже мой, какие страшные кроются во мне грехи, и до сих пор я их не замечал!» Итак, желание очистить их заставило меня просить наставления у сего великого отца духовного, каким бы образом, познавши причины всех зол, найти способ к исправлению. Вот он и начал мне толковать.

— Видишь ли, любезный брат, причина нелюбви к Богу есть неверие, причина неверия — неубеждение, а причина неубеждения есть неискание светлых истинных познаний, нерадение о просвещении духовном. Словом сказать: не веря, нельзя любить; не убедясь, нельзя верить. А чтобы убедиться, необходимо снискать полные и обстоятельные познания предположенного предмета; необходимо следует, посредством размышлений, изучения слова Божия и опытных наблюдений, возбудить в душе жажду и вожделение или, как иные выражаются, «удивление», которое производит неутолимое желание ближе и совершеннее познавать вещи, глубже проникать в свойства предмета.

Один духовный писатель рассуждает о сем так: «любовь», говорит он, «обыкновенно развивается познанием, и чем больше будет глубокости и пространства в познании, тем более будет любви и тем удобнее размягчается душа и располагается к любви Божественной, прилежно рассматривая самое пресовершеннейшее и преизящнейшее существо Божие и беспредельную Его любовь к человекам».

— Вот теперь видишь, что причина прочитанных тобою грехов есть леность к мышлению о духовных предметах, погашающая чувство самой потребности оного. Если ты желаешь узнать и средства к побеждению сего зла, то всемерно старайся о просвещении духовном, достигай его прилежным занятием словом Божиим, учением св. отцов — размышлениями и духовным советом или собеседованием с мудрыми о Христе. Ах, любезный брат, сколько бедствий встречаем мы от того, что ленимся просвещать душу нашу словом истины, не поучаемся в законе Господнем день и нощь и не молимся о том прилежно и неотступно! А от сего и внутренний человек наш и гладен, и хладен, и истощен, не имея силы к бодрственному шествию путем правды к спасению. Итак, чтобы воспользоваться сими средствами, решимся, возлюбленный сколько можно чаще наполнять ум свой размышлениями о предметах небесных, и любовь, излиянная свыше на сердца наша, разовьется и воспламенится в нас. Будем вместе с сим и, сколько можно, чаше молиться, ибо молитва есть главнейший способ и сильнейшее средство к нашему обновлению и преуспеянию. Будем молиться взывая так, как учит св. церковь: «Господи, сподоби мя ныне возлюбити Тя, якоже иногда возлюбих той самый грех!»

Со вниманием выслушав все это, я умиленно просил сего святого отца исповедывать меня и сподобить св. Христовых Таин. Итак на утро, удостоившись причащения, я хотел возвратиться в Киев с сим благодатным напутствием, но сей добрый мой отец, намереваясь идти на днях в Лавру, оставил меня на сие время в своей пустынной келлии, дабы я мог беспрепятственно предаться молитве в сем безмолвии. И подлинно, все эти дни я провел как бы на небе: по молитвам старца моего, я, недостойный, наслаждался совершенным успокоением. Молитва так легко и усладительно изливалась в сердце моем, что я в сие время, кажется, забыл о всем и о себе, – токмо и помышлял я о едином Иисусе Христе!

Наконец, духовник возвратился, и я просил его наставления и совета, куда бы теперь продолжать мне страннический путь мой. Он благословил меня так: «поди-ка ты в Почаев, поклонись там Чудотворной Стопе Пречистой Божией Матери, и Она направит стопы твоя на путь мирен». Так я, с верою принявши совет его, через три дня и пошел в Почаев.

Не без скуки шел я верст 200, ибо дорога пролегала через корчмы и слободы еврейские, и редко встречались христианские жилища. В одном хуторе увидел я русский христианский постоялый двор и, обрадовавшись ему, зашел туда переночевать и попросить на дорогу хлеба, ибо сухари мои подходили уже к концу. Здесь увидел я хозяина – старика, по-видимому зажиточного, и услышал, что он одной со мной Орловской губернии. Как скоро вошел я в горницу, то первый вопрос его был: «какой ты веры?»

Я отвечал, что православной христианской.

— Какое у вас православие! — с усмешкой сказал он, «у вас православие-то только на языке, а в делах-то у вас басурманское поверье. Знаю, брат, вашу-то веру! Меня самого один ученый поп соблазнил было и ввел во искушение, и я пришел в вашу церковь, да, побывши полгода, опять возвратился в наше согласие. В вашу церковь соблазнительно придти: службу Божию дьячки кое-как бормочат и все с пропусками и беспонятицей; а певчие-то по селам не лучше, как в корчмах; а народ-то стоит, как попало — мужчины вместе с женщинами, во время службы разговаривают, вертятся по сторонам, оглядываются и ходят взад и вперед, так что не дадут спокойно и в тишине помолиться. Так что это за служба Божия? Это один только грех! А у нас-то как благочестиво служба-то: внятно, без пропуска, пение-то умилительно, да и народ то стоит тихо — мужчины особо, женщины особо, и все знают, где и какой поклон положить по уставу св. церкви. Именно, как придешь в нашу церковь, то чувствуешь, что на службу Божию пришел; а в вашу церковь пришедши, не образумишься, куда пришел: в храм или на базар!..

Слушая это, я понял, что сей старик старообрядец; но как говорил он правдоподобно, то я и не мог с ним спорить и обращать его, а только сам в себе подумал, что нельзя обращать старообрядцев к истинной церкви до тех пор, покуда у нас не исправится церковное богослужение и не покажет сему примера в особенности духовный чин. Старообрядец ничего внутреннего не знает, он опирается на наружности, а у нас-то и небрегут о ней.

Итак, я хотел отсюда уйти и вышел уже в сени, как неожиданно увидел в растворенную дверь в особой каморке человека, по виду не русского, лежавшего на кровати и читавшего книгу. Он поманил меня к себе и спросил, кто я такой. Я объявил ему. Вот он и начал говорить: «послушай, любезный, не согласишься ли мне, больному, послужить хоть неделю, покуда я при помощи Божией поправлюсь? Я грек, монах со Святой Афонской Горы, живший в России для сбора на обитель, и вот, возвращаясь к своему месту, сделался болен, так что и не могу ходить от боли ног, потому и нанял здесь сию квартиру. Не откажись, раб Божий! Я заплачу тебе».

— Не нужно мне никакой платы, я с усердием послужу Вам, чем могу, ради имени Божия. Я так при нем и остался. Много наслушался я от него о душеспасительных вещах. Рассказывал он о св. Афонской Горе, о великих там подвижниках и о многих отшельниках и затворниках. При нем было «Добротолюбие» на греческом языке и книга Исаака Сирина. Мы вместе читали и сличали славянский перевод Паисия Величковского с подлинником греческим, причем он отозвался, что нельзя точнее и вернее перевести с греческого, как переведено Паисием на славянский язык «Добротолюбие». Как я заметил, он беспрестанно молился и искусен был во внутренней молитве сердца (и чисто говорил по-русски), то и расспрашивал его по сему предмету. Он с охотою рассказывал о сем, и я слушал со вниманием, даже и записал многие слова его. Вот, например, он толковал о превосходстве и величии Иисусовой молитвы так:

— "*Величие Иисусовой молитвы*", говорил он, "открывает даже самая ее форма, которая состоит из двух частей: в первой из оных, т.е. *Господи, Иисусе Христе, Сыне Божий*, вводит разум в историю жизни Иисуса Христа или, как выражаются св. Отцы, «сокращает в себе все Евангелие», а во второй части, т.е. *помилуй мя грешного*, представляет историю нашей немощи и греховности. При сем замечательно, что нельзя премудрее, существеннее и отчетливее выразить желание и прошение бедной, грешной и смиренной души, как сим словом: *помилуй мя!* Всякое иное выражение не было бы так достаточно и полно, как сие. Например, если бы сказать: «прости мя!», «отпусти грехи!» «отпусти беззакония!» «изглади преступления!» все это выражало бы одно токмо прошение об избавлении от наказания, вследствие страха робкой и нерадивой души. Но изречение *помилуй мя* изображает не одно токмо желание получить прощение, возбужденное страхом, но представляет и истинный вопль сыновней любви, надеющейся на милосердие Божие и смиренно сознающей свое бессилие к преломлению воли и духовному бодрствованию над собою; вопль о помиловании, т. е. милости, являемой в даровании духа силы от Бога, духа укрепляющего противостать искушениям и побеждать греховную наклонность. Подобно как должник-нищий просит милостивого заимодавца не токмо простить ему долг, но и подать еще милостыню, сжалившись над его крайней бедностью, сие глубокое изречение *помилуй мя* выражает, как бы так сказать: «Милостивый Господи! Прости мне грехи и помози исправить жизнь мою, разверзи в душе моей неленостное стремление к последованию Твоим повелениям, сотвори милость прощением содеянных грехов и обращением рассеянного ума, воли и сердца моего к Тебе Единому».

После сего, как я удивился мудрым речам его и благодарил за назидание грешной души моей, он и еще протолковал мне замечательную вещь.

— Если хочешь, сказал он, то я и еще расскажу тебе (и как-то назвал по ученому, ибо говорил, что учился в Академии Афинской) *об интонации Иисусовой молитвы*.

Вот смотри: многократно случалось мне слышать, как многие из богобоязненных христиан творят устную Иисусову молитву по заповеди слова Божия и преданию св. церкви и выполняют сие не токмо в домашнем молении, но и в храме Божием. Внимательно и с приятностью прислушиваясь к сему тихому произношению молитвы, можно ради душевной пользы заметить, что нота сего молитвенного гласа у многих бывает различна, а именно: иные, возвышая тон на самом первом слове молитвы, т. е. сказав *Господи*, все прочие слова доканчивают с понижением голоса и единообразно. Другие, начиная молитву низшим тоном, возвышают его на середине молитвы, т. е. на слове *Иисусе*, и делая восклицание, прочие слова опять доканчивают с понижением тона так, как начали. Иные, начав и продолжая предшествовавшие слова молитвы низким однообразным тоном, на последнем слове, т. е. *помилуй мя*, возвышают тон с восхищением. А некоторые, произнося всю полную молитву, т. е. *Господи Иисусе Христе, Сыне Божий, помилуй мя грешного*, делают повышение на одном только слове – Сыне Божий.

Теперь смотри: молитва одна и та же; православные христиане держат вероисповедание одно и то же; общее понятие, что сия самоважнейшая и высшая всех молитв молитва содержит в себе два предмета – Господи Иисусе и Его умилостивление, всем одинаково известно. Почему же не все одинаково выражают ее в интонации, т. е. в произношении? Почему не на одном и том же, но на известном каждому месте в особенности умиляется душа и выражается в особенно возвышенном и напряженном тоне? Может быть, на сие многие скажут, что это происходит вследствие навыка, или примера, взятого с других, или по понятию, соответствующему различному взгляду каждого, или, наконец, кому как легче и удобнее произносить по состоянию способности его к слову... А я об этом думаю совсем иначе. Мне желательно здесь поискать чего-либо высшего, неведомого не токмо прислушивающимся, но даже и самому молящемуся, – нет ли здесь тайного движения Духа Святого, «ходатайствующего воздыханиями неизглаголанными», в неведущих: как и о чем молиться? И если всяк молится во имя Иисуса Христа Духом Святым, по извещению Апостола, то тайнодействующий Снятый Дух, «даяй молитву молящемуся», вместе с сим каждому против силы его может подавать и благодатный дар Свой: иному благоговейный страх Божий, иному любовь, иному твердость веры, иному умилительное смирение и проч. А посему, получивший дар благоговеет и прославляет державу Вседержителя и в молитве своей выражает с особенным чувством и восторгом слово «Господи», в котором подразумевает он величие и власть Творца мира. Получивший таинственное излияние в сердце любви, преимущественно восторгается и проникается сладостию восклицания «Иисусе Христе», подобно как некий старец без особенного восторга любви и сладостей не мог и слышать имени «Иисусе», произносимого даже и в простом разговоре. Непоколебимо верующий в Божество Иисуса Христа, Единосущное Богу Отцу, воспламеняется и еще более твердеет в вере, произнося слова «Сыне Божий». Получивший дар смирения и глубоко-сознающий собственное бессилие при словах «помилуй мя» сокрушается, смиряется и с преимущественным напряжением изливается при сих последних словах молитвы Иисусовой, питает надежду на милосердие Божие и гнушается собственных падений. Вот причины, как думаю, разности интонации при произношении молитвы во имя Господа Иисуса Христа!.. А из сего замечания можно при слышании понимать (во славу Божию и в собственное назидание), кто в особенности Каким проникнут чувством и кто какой имеет духовный дар. На сие мне некоторые говорили: «почему же все сии признаки тайных духовных даров не предъявляются вместе, в совокупности? Тогда бы не одно, но каждое слово молитвы проникалось бы единообразной восторженной интонацией молящегося»... Я отвечал на сие следующим образом: «так как благодать Божия разделяет дары премудро и различно каждому против силы его, как видно из Священного Писания, то кто может сие испытать и входить ограниченным разумом в распоряжение благодати? Брение не состоит ли в полной власти скудельника, и не властен ли он делать то или другое из брения?..

Дней пять провел я с сим старцем, и он понемногу стал укрепляться здоровьем. Время сие так было для меня назидательно, что я не замечал, как оно летело, ибо мы в сей каморке, как бы в безмолвном затворе, решительно ничем другим ни занимались, как только молились тайно, призывая имя Иисуса Христа, или беседовали об одном же токмо предмете, т. е. о внутренней молитве.

Однажды зашел к нам какой-то богомолец и очень сетовал, скорбел и бранил евреев, селениями коих он шел и терпел от них неприятности и обманы. До того он был на них ожесточен, что проклинал их и признавал даже недостойными их жить на земле по их упорству и неверию и, наконец, сказал, что он имеет непреодолимое отвращение к ним. Выслушав, сей мой старец начал его вразумлять:

«Напрасно, друг мой», сказал он, «ты так бранишь и проклинаешь евреев; а они такие же создания Божии, как и мы, о них надо сожалеть и молиться, а не проклинать их. Поверь, что омерзение твое к ним происходит от того, что ты не утвержден в любви Божией и не имеешь внутреннего молитвенного залога, а потому и не имеешь внутреннего мира. Я прочту тебе о сем в св. Отцах. Послушай, что пишет Марк подвижник: „душа, внутренне соединившаяся с Богом, от величайшей радости бывает как незлобивое и простосердечное дитя и уже не осуждает никого, – ни эллина, ни язычника, ни иудея, ни грешника, но на всех зрит без различия чистым оком и одинаково радуется о всем мире и желает, да и все эллины, и евреи, и язычники прославляют Бога". А Египетский Великий Макарий говорит, что внутренние созерцатели „толикою любовию распаляются, что если бы возможно было, то всякого бы человека в утробу свою вселили, не различая злого или доброго". Вот слышишь, любезный брат, как рассуждают св. Отцы, а потому и советую тебе, отложивши ярость, смотреть на все, как находящееся под промыслом всеведущего Бога и при встрече со скорбями преимущественно обвинять себя в недостатке терпения и смирения».

Наконец, прошла неделя с лишком. Старец выздоровел, и я от души поблагодарил его за все благие наставления и простился с ним. Он поехал в свое место, я пошел в предположенный путь свой.

Вот уже начал я приближаться к Почаеву. Не доходя верст сто, нагнал меня какой-то солдат. Я спросил его, куда он идет; он сказал мне, что на родину в Каменец-Подольскую губернию. В молчании пройдя с ним верст десять, я заметил, что он тяжко вздыхает, как бы о чем-то грустит, и весьма мрачен. Я спросил его: «отчего ты так печален?» А он начал ко мне приставать и говорить: «добрый человек! если ты уже приметил скорбь мою, то побожись накрепко и поклянись, что никому не донесешь, и я все расскажу тебе о себе, ибо мне смерть приходит, а посоветываться не с кем».

Я заверил его по-христиански, что мне нет никакой нужды никому ни о чем доносить, и я по любви братской рад подать ему совет, какой могу.

«Видишь ли», сказал он, «я был отдан в солдаты из господских крестьян. Прослуживши пять лет, мне стало невыносимо трудно, да часто меня колотили за неисправность, да за пьянство. Я и вздумал бежать. Вот теперь уже пятнадцатый год в бегах. Лет шесть я скрывался и укрывался кое-где; воровал по клетям да амбарам, уводил лошадей, подламывал лавки и промышлял сим все один, а покраденное сбывал разным плутам; деньги пропивал, развратничал и все грехи творил, только душ не губил. И все шло благополучно. Наконец, попал я в острог за бродяжничество без паспорта, но и оттуда, нашедши случай, бежал. Потом нечаянно я встретился с солдатом же, который с чистою отставкою шел домой в дальнюю губернию. И как он был болен и едва мог идти, то и попросил меня довести его до ближайшей деревни, дабы удобнее там найти квартиру. Я его и довел. Нас десятский пустил ночевать в сарай на сено; там мы и легли. Проснувшись рано поутру, я взглянул, а уже мой солдат умер и весь окостенел. Я поскорее нутко шарить его вид, то есть отставку, и как нашел ее, да и денег порядочно, то поскорее, пока еще все спали, из сарая то вон, да задворками, да в лес... Так и ушел. Прочитал его паспорт и увидел, что и лета-то, и приметы его со мною почти сходны. Я обрадовался сему, да и пошел смело в дальнюю Астраханскую губернию. Там я стал остепеняться и наниматься по работникам. Вот и пристал я к старому мещанину, который имел свой дом и торговал скотом. Он был одинокий, жил только с дочерью-вдовою, Проживши у него год, я женился на оной его дочери; потом старик умер. Мы торговли поддерживать не умели, я опять стал пить, жена тоже и в год прожили все, что осталось после старика. Наконец и жена моя захворала и умерла, а я продал все последнее и дом и деньги вскоре промотал; жить стало нечем и кормиться не на что. Вот я и принялся опять за прежнее ремесло, и ну промышлять воровством, да еще и смелее, ибо имел паспорт. Так опять и развращался с год. В одно время долго мне не удавалось, я и увел у бобыля старую худую лошаденку, да и продал ее за полтинник на живодерню. Взявши деньги, пошел в кабак, выпил вина, да и задумал пойти в одну деревню, где была свадьба, чтобы как все после пира заснут, то украсть бы что попадет получше. Как солнышко не совсем еще закатилось, то я и пошел в лес, чтобы дождаться полночи. Прилегши там, крепко я заснул. Вот и вижу во сне, что я стою на красивом обширном лугу. Вдруг начала на небе надвигаться страшная туча, и вскоре такой сильный раздался громовой удар, что земля подо мною раздвинулась и меня словно кто вколотил по самые плечи в землю, которая со всех сторон меня защемила,— одна голова да руки остались наружи. Потом сия грозная туча как бы опустилась на землю, и из нее вышел мой старый дед, умерший лет двадцать. Он был человек благочестивый и находился лет тридцать церковным старостой в нашем селе. С сердитым и грозным видом подошел он ко мне, и я затрясся от страха. Взглянувши около себя, я увидел вблизи несколько куч вещей, которые я в разное время крал. Я еще более испугался. Дед мой, подошедши ко мне и указывая на первую кучу, грозно сказал: «это что? Давите его!» И вдруг земля со всех сторон начала так сильно сжимать и сдавливать меня, что я, не могши переносить боли, тоски и истомы, застонал и закричал: «помилуйте!» Но мучение все продолжалось... Потом дед указал на другую кучу и также сказал: «а это что? Давите его сильнее!» И я почувствовал такую сильную боль и тоску, что никакое мучение на сей земле не может с ним сравняться. Наконец, оный дед мой близко подвел ко мне ту лошаденку, которую я вчера украл, и крикнул: «а это что? Давите его как можно больнее!» И меня так мучительно сдавило со всех сторон, что я не могу и пересказать, как было жестоко, страшно и истомно; точно как будто жилы из меня тянуло и с ужасною болью душило так, что невозможно было терпеть и надо было упасть без памяти, если бы сие мучение хотя немного продолжалось; но подведенная лошаденка брыкнула и задела меня в щеку, которую и рассекла. В тот миг, при сем ударе, я проснулся весь в ужасе и, трясясь, как расслабленный. Взглянул, а уж белый день и солнце всходит. Хватил за щеку, а из нее течет кровь, а те места, которые во сне были в земле, все как словно одеревенели и как мурашки по них ползают. В сем испуге я едва кое-как встал и пошел домой. Щека у меня долго болела, вот видишь, и теперь шрам, которого прежде не было. Итак, после сего видения часто стал нападать на меня страх и ужас, и как только вспомню ту муку, которая мне грезилась, то и начинается тоска и истома и так мучительно, что не знаю куда деваться... Что дальше, то сие стало представляться чаще и, наконец, я стал бояться людей и стыдиться, как будто все узнали бывшее мое плутовство. Потом от сей грусти я не мог ни пить, ни есть, ни спать и как тень шатался. Думал было идти в свой полк и во всем признаться: потерпевши наказание, авось Бог простил бы грех, но боялся и оробел, потому что прогонят сквозь строй. Итак, выходя из терпенья, хотел было удавиться. Но пришла мысль, что и так уж мне жить недолго и скоро умру, ибо вся сила пропала, то я и вздумал пойти проститься с родиной и там умереть. У меня на родине есть родной племянник, вот теперь туда и иду уже полгода, а все грусть и страх меня мучает... Как ты думаешь, добрый человек, что мне делать? Ведь уж терпения моего не хватает!...

Выслушав все это, я удивился сам в себе и прославил премудрость и благодать Божию, видя, как она различными способами обращает грешников, да и стал ему говорить: «любезный брат! Ты бы во время то страха и тоски молился Богу. Это главное врачество от всех наших скорбей»...

— Да никак нельзя, сказал он мне: «думается, что как скоро я стану молиться, то тут же меня Бог исковеркает».

— Пустое, брат! Эти мысли диавол тебе влагает. Бог бесконечно милосерд и соболезнует о грешниках и прощает кающихся вскоре. Ведь ты знаешь Иисусову молитву, т. е. «Господи, Иисусе Христе, помилуй мя, грешного». Вот ее беспрестанно и говори.

— Да как же не знать этой молитвы! Я когда и воровать то ходил, то иногда читывал ее, чтобы было смелее.

— Так вот смотри же теперь: Бог тебя не коверкал и тогда, когда, шедши на беззаконие, ты говорил молитву; а будет ли погублять тебя, когда ты на пути покаяния станешь молиться? Теперь видишь ли, что мысли твои суть вражеские!.. Поверь, любезный, если будешь говорить сию молитву, несмотря на то, что бы ни проносилось тебе в мыслях, то скоро почувствуешь отраду, весь страх и тягота твои пройдут, и ты напоследок совершенно успокоишься, будешь благоговейным человеком и все греховные страсти пропадут. Заверяю тебя в этом, потому что я много видел сие на опыте.

При сем я рассказал ему несколько случаев, при коих Иисусова молитва оказывала чудотворную свою силу над грешниками. Наконец, я стал его уговаривать, чтобы он прежде родины своей зашел бы со мной к Почаевской Божией Матери, прибежищу грешных, к там исповедывался и причастился. Все сие солдат мой слушал со вниманием и, как было приметно, с радостью. Итак, он на все согласился. Мы и пошли в Почаев вместе, с тем условием, чтобы ничего одному с другим не говорить, а беспрестанно творить бы Иисусову молитву. С таким безмолвием шли мы целые сутки. На другой день он сказал мне, что чувствует себя легче; по-видимому, он был и спокойнее прежнего. На третьи сутки мы пришли в Почаев, и я опять ему подтвердил, чтобы он ни днем, ни ночью, покуда не заснет, не прекращал бы молитвы и уверял его, что *святейшее имя Иисусово нестерпимое врагам, сильно спасти его*, и при сем прочитал ему из «Добротолюбия» о том, что хотя и на всякое время должно творить Иисусову молитву, в особенности же с *преимущественной тщательностью прилежать ей тогда, когда готовимся ко причащению Святых Христовых Таин*. Он так и поступал и немедленно исповедался и приобщился. Хотя помыслы нередка еще и нападали на него, но и удобно прогонялись молитвою Иисусовой. На воскресный день, чтобы легче встать к утрени, он вечером лег пораньше, и творил непрестанно Иисусову молитву, а я еще сидел в углу и с ночником читал мое «Добротолюбие». Прошло с час времени и он заснул, а я стал молиться. Вдруг минут через двадцать он встрепенулся и, пробудясь, скоро вскочил, подбежал ко мне весь в слезах и с великою радостью сказал: «ах, брат, что я теперь видел! Как мне легко и радостно! Верую, что Бог не мучит, а милует грешников. Слава Тебе, Господи, слава Тебе!»

Я, удивленный и обрадованный сим, спросил его подробно рассказать мне, что с ним случилось.

– А вот что: как только я заснул, то и увидел себя на том же самом лугу, где меня мучили. Я сначала было испугался, но вижу, что вместо тучи восходит ясное солнце, чудный свет осиял весь луг, и я увидел на нем красные цветы и травы. Вдруг близко подошел ко мне мой дед, такой хороший из себя, что не наглядишься, и так ласково и приветливо тихо сказал мне: «ступай в Житомир к церкви Георгия Победоносца; там тебя возьмут в церковные сторожа; живи тут до конца жизни и молись непрестанно; Бог тебя помилует!» Сказав сие, он перекрестил меня и в ту же минуту исчез. Я почувствовал такую радость, что и сказать невозможно, как будто что с меня свалилось и я взлетел на небеса... С сим я вдруг проснулся, чувствуя, что мне легко, а сердце то так и не знает, что делать от радости. Теперь что мне следует делать? Я сейчас же немедленно пойду в Житомир, как велел мне мой дед. Мне и идти то будет легко с молитвой!

— Помилуй, любезный брат, куда ты пойдешь в полночь? Отслушай хоть утреню, да, помолись, и с Богом. Так мы не спали, а после сей беседы пошли мы в церковь. Он всю утреню молился прилежно со слезами и говорил, что ему очень легко и радостно, и молитва Иисусова творится со сладостью. Потом за обедней еще причастился и, пообедавши, я проводил его на Житомирскую дорогу, где мы со слезами и радостию простились.

После сего я начал размышлять о себе и думал, куда бы мне теперь идти. Наконец решился на той мысли, чтобы возвратиться опять в Киев. К сему тянули меня мудрые наставления тамошнего моего духовника, да и то, что, поживши у него, не найдет ли он каких христолюбивых благодетелей, чтобы отправить меня в Иерусалим или, по крайней мере, на Афонскую гору. Итак, проживши еще неделю в Почаеве, проводя время в воспоминании тех поучительных встреч, кои я видел на своем пути, и в записывании некоторых назидательных предметов, я собрался в дорогу, надел котомку, да и пошел в церковь, чтобы в напутствие поклониться Божией Матери и помолиться за обедней, да прямо идти.

Стоял взаду церкви. Вот и вышел какой-то человек, хотя не очень богато одетый, но по виду как благородный, да и спрашивает меня, где продаются свечи. Я указал. Обедня отошла, я остался помолиться при стопе Матери Божией. Помолился и пошел себе в путь. Пройдя немного на улице, увидел в одном доме отворенное окно, под которым сидел барин и читал книгу. Мне должно было идти мимо сего окна, и я увидел, что сидит тот, который в церкви спрашивал меня о свечах. Я, проходя, снял шапку, а он поманил меня к себе и спросил: «ты, должно быть, странник?» и, позвав к себе, расспросил, кто я такой и куда прохожу; затем поднес мне чаю и говорит: «послушай, голубчик! я бы советовал пойти в Соловецкий монастырь, там есть преуединенный и спокойный скит, называемый Анзерским. Это такое место, как второй Афон, и всякого туда принимают, а послушание только в том и состоит, чтобы по очереди читать в церкви псалтирь, часа по 4-е в сутки. Вот я и сам путешествую туда же и по обещанию иду пешком. Мы пошли бы вместе и мне было бы с тобой безопаснее, ибо, говорят, дорога-то здесь глуха, а при мне есть и деньги, и я прокормил бы тебя всю дорогу. И пошли бы сажени на три один от другого, дабы друг другу не мешать творить молитву. Подумай-ка, брат, да согласись! Будет сие и тебе на пользу.

Услышав сие приглашение, я счел оное при сем неожиданном случае за указание мне пути Матерью Божией, Которую просил о наставлении меня на стези благие, и, ничего не думая, тут же и согласился.

Так мы и вышли на другой день в поход. Шли трое суток, как условились, один позади другого; он беспрестанно читал книгу, которую ни днем, ни ночью не выпускал из рук, а иногда о чем-то размышлял. Наконец, мы остановились в одном месте пообедать. Он сам кушал, а книга пред ним лежит раскрытая, и он часто в нее посматривает. Я увидел, что эта книга – Евангелие, да и сказал ему: «осмелюсь вас, батюшка, спросить, для чего вы беспрестанно ни днем, ни ночью не выпускаете из рук Евангелие и всегда вы его держите и носите?»

– Для того, отвечал он, почти беспрестанно учусь из одного его...

— Чему же вы учитесь? продолжал я.

— Христианской жизни, которая заключается в молитве; молитву я почитаю самым главным и необходимым способом ко спасению и первейшею обязанностью каждого христианина. Молитва составляет и первую ступень и венец благочестивой жизни; потому то Евангелие и заповедует непрестанно, всегда молиться; как другим делам благочестия назначается свое время, а для молитвы нет праздного времени; без молитвы ничего доброго сделать нельзя, а без Евангелия достодолжной молитве научиться нельзя. Поэтому, все достигшие спасения путем внутренней жизни, как священные проповедники слова Божия, так пустынники и отшельники и даже все богобоязненные из христиан, непременным и всегдашним своим занятием имели поучение в глубине Слова Божия, и чтение Евангелия составляло существенное их дело. Многие из них непрестанно Евангелие в руках своих имели и просящим их наставления во спасении таковой давали совет: «сиди в безмолвной келлии и читай и перечитывай Евангелие».

Мне очень понравилось сие его рассуждение и стремление к молитве, и еще спросил его: «из которого же в особенности Евангельского наставления почерпаете Вы учение о молитве?»

— Из всех четырех Евангелистов, ответил он, словом из всего Нового Завета, читая его по порядку. Долговременно читая оный и вчитавшись, мне открылось, какая находится постепенность и правильная связь *учения о молитве* по всему Евангелию, начиная с первого Евангелиста, так и идет по ряду правильным порядком (в системе). Например: с самого начала изложен приступ или введение к учению о молитве, потом форма или наружное выражение в словах, далее условие, необходимое для молитвы, средство, как научиться оной, и примеры.

Наконец, таинственное учение о внутренней, духовной, непрестанной молитве во имя Иисуса Христа, которая представлена выше и благотворнее молитвы форменной; потом ее необходимость, благие плоды и проч. Словом, все подробно, полное познание молитвенного упражнения в систематическом порядке или последовательности изложено в Евангелии с самого начала и до конца.

Услышав сие, я вознамерился попросить его, чтобы указал он мне все это подробно, почему и начал ему говорить: «так как я более всего люблю слушать и беседовать о молитве, то мне весьма желательно видеть сию тайную связь учения о молитве во всей подробности. Укажите мне, Господа ради, все это по самому Евангелию».

Он на сие охотно согласился и сказал мне: «раскрой свое Евангелие, смотри в него и отмечай, что я буду говорить» (он дал мне и карандаш). Извольте посмотреть эти мои заметки. – Вот отыщи, начал он говорить, во-первых у Евангелиста Матфея главу шестую и прочти в ней с пятого стиха и до девятого (Мф. VI, 5-9). Видишь ли вот здесь приготовление к молитве или введение, поучающее, чтобы не ради тщеславия и не в шуме, но в уединенном месте и в спокойствии начинать молитву и молиться токмо о прощении грехов, да о соединении с Богом, а не выдумывать многих и излишних прошений о разных житейских нуждах, подобно язычникам. Потом читай далее сию же главу от стиха девятого до четырнадцатого (Матф. VI, 9-14). Здесь представлена форма молитвы, т. е. в каких словах должно ее произносить. В ней премудро соединено все необходимое и потребное для нашей жизни. Засим продолжай еще чтение 14 и 15 стиха сей же главы и увидишь условие, которое нужно сохранить, дабы молитва была действительна, ибо без прощения нами оскорбляющих нас не простит Господь и наших грехов. Переступив в 7-ю главу, ты найдешь от 7-го до 12-го стиха средства для успеха в молитве и одобрение в надежде: «просить, искать, стучать»; сие усиленное выражение изображает *частость молитвы* и преимущественное упражнение в оной так, чтобы молитва не токмо сопутствовала при всех занятиях, но даже и превышала бы их во времени. *Это составляет главнейшую принадлежность молитвы...* Сему пример увидишь в 14 главе Евангелиста Марка от 32-го до 40-го, где Сам Иисус Христос повторяет многократно одну и ту же речь молитвенную. Подобный пример частоты молитвы представляет и Евангелист Лука (Лк. XI, 5-14) в притче неотступного прошения друга, также и в многократном докучливом прошении вдовицы у судии (Лк. XVIII, 1-15), изображая повеления Иисуса Христа, что должно *всегда*, во всякое время я на всяком месте молиться и не унывать, т. е. не обленяться.

После сего обстоятельного наставления еще раскрывается в Евангелии от Иоанна существенное учение таинственной внутренней молитвы сердца и, во-первых, предлагается в мудрой истории беседа Иисуса Христа с Самарянкой, где открывается внутреннее поклонение Богу в духе и истине, какового желает Бог, и которая есть непрестанная истинная молитва, как живая вода, текущая в живот вечный (Иоан. IV, 5-25). Далее в 15 главе от 4-го стиха до 8-го еще яснее изображается сила, мощность и необходимость молитвы внутренней, т. е. пребывание души во Христе, в непрестанной памяти Божией. Наконец, прочти в 16-ой главе сего же Евангелиста от 23-го до 25-го стиха. Смотри, какая из сего раскрывается тайна! Видишь ли, что молитва во имя Иисуса Христа, или так называемая Иисусова молитва, т. е. *Господи, Иисусе Христе, помилуй мя*, часто и многократно повторяемая, имеет величайшую силу и с большим удобством отверзает сердце и освящает. Это достоверно можно заметить из примера. Апостолов, которые хотя и не один год были учениками Господа Иисуса и уже были от Него научены молитве Господней, т. е. *«Отче наш»*, и нам от них известной, но при окончании Своей земной жизни Иисус Христос открыл им тайну, чего еще в молитве им недоставало, чтобы молитва их была решительно успешна. Он сказал им: «Доселе не просисте ничесоже во имя Мое. Елика аще чесо просите от Отца во имя Мое даст вам». Это так с ними и было, ибо после сего, когда Апостолы научились приносить молитву во имя Господа Иисуса Христа, тогда сколько они произвели дивных чудотворений, и как обильно просветились сами!... Теперь видишь ли связь и полноту учения о молитве, так премудро изложенную в св. Евангелии? Если же после сего приступить к чтению и посланий Апостольских, то и в них найдешь также последовательное учение молитвы.

Для продолжения предшествовавших замечаний я укажу тебе некоторые места, изъявляющие принадлежности к молитве. Так в Деяниях Апостольских описывается практика, т. е. прилежное и постоянное упражнение в молитве первенствующих христиан, просвещенных уверованием во Иисуса Христа (Деян. IV, 31); повествуется о плодах или последствиях сего постоянного пребывания в молитве, т. е. излияния Духа Святого и даров Его на молящихся. Подобно сему увидишь и в 16 главе, в стихах 25 и 26. Потом следуй по порядку посланий Апостольских и ты увидишь: 1) как необходима молитва во всех случаях жизни (Иак. V, 13-16); 2) как помоществует молиться Дух Святый (Иуд. I, 20-21) и (Рим., VIII, 26); 3) как должно всегда молиться духом (Ефес. VI, 18); 4) сколь потребны спокойствие или внутренний мир при молитве (Филип. IV, 6-7); 5) сколь необходимо непрестанно молиться (Фесс. V, 17, и 6) наконец заметим, что должно молиться не токмо о себе, но и о всех (1 Тим. II, 1-5).

Таким образом, вчитываясь долговременно и внимательно, можно находить и еще многие открытия таинственных познаний, сокрытых в слове Божием, которые ускользают от редкого или беглого чтения оного. Из указанного теперь мною заметил ли ты, как премудро и как последовательно, т. е. в тайной систематической связи, открывает Новый Завет Господа нашего Иисуса Христа наставление свое о сем предмете, который мы теперь проследили? В каком дивном порядке последовательности разложено оное по всем четырем Евангелистам? Вот например: у св. Матфея видим приступ или введение к молитве, самую форму, условия и проч.; идя далее, у св. Марка находим примеры; у св. Луки – притчи, а у св. Иоанна таинственное упражнение во внутренней молитве, хотя и у всех Евангелистов (кратче или пространнее) все сие находится. В Деяниях изображается практика и последствия молитвы; в Посланиях Апостольских, как и в самом Апокалипсисе, многие принадлежности неразлучно связуются с делом молитвы!.. Вот почему я и довольствуюсь одним только Евангелием в изучении всех путей душеспасительной жизни.

Во все время, как он мне указывал и толковал, я отмечал все показуемые им места на моем Евангелии, которое при моей Библии. Все это показалось очень замечательным и назидательным и я за сие много его благодарил.

Потом мы еще шли дней пять с безмолвием. У сего моего спутника очень заболели ноги, должно быть, от непривычки к продолжительной ходьбе, а потому он и нанял подводу парою и взял и меня с собою. Так мы и доехали до ваших пределов и остановились здесь на трое суток, дабы, передохнувши, немедленно отправиться в Анзеры, куда ему нестерпимо желательно.

– Замечателен этот твой товарищ! Должно быть, при его благочестии, он весьма образован; желал бы я его увидеть.

– Мы стоим на одной квартире; пожалуй я приведу его к вам завтра. Теперь же поздно... Простите!

ШЕСТОЕ СВИДАНИЕ

Брат от брата помогаем, яко град тверд и высок; укрепляется яко основанное царство. (Притч. XVIII, 19).

– Вот по данному вчера слову и обещанию, явившись к вам, я пригласил с собой и того почтенного спутника, который душеспасительною беседою облегчал страннический путь мой, и которого вы желали видеть.

– Весьма приятно как мне, также, надеюсь, и сим честнейшим моим посетителям, видеть обоих вас и слышать полезное опытное ваше слово. Вот и у меня: это – преподобный схимник, а это – благоговейный иерей. Итак, где два или три собраны во имя Иисуса Христа, там Он и Сам быть обещался; а нас теперь уже и пятеро во имя Его, то, конечно, и благодать Его тем щедрее на нас изольется!

Вчерашний рассказ спутника твоего, любезный брат, о пламенной приверженности твоей к св. Евангелию, очень замечателен и поучителен. Любопытно услышать, каким образом открылась тебе эта великая благочестия тайна?

– Любвеобильный Господь, хотящий всем спастися и в разум истины приити, открыл мне, по великой милости Своей, сие познание чудным образом, без всякого посредства человеческого. Пять лет я был профессором в Лицее, проходя путь жизни мрачными стезями разврата, увлекаясь суетною философиею по стезям мира, а не по Христе, и, может быть, совершенно погиб бы, если бы меня не поддерживало несколько то, что я жил вместе с благочестивою матерью моею и родною сестрою моею, внимательною девицею... Однажды, прогуливаясь по общественному бульвару, я встретился и познакомился с прекрасным молодым человеком, объявившем о себе, что он француз, аттестованный студент, недавно приехавший из Парижа и ищущий себе место гувернера. Превосходная его образованность очень мне понравилась, и я пригласил его к себе, как заезжего человека, и мы подружились. В продолжении двух месяцев он нередко посещал меня, и мы вместе иногда прогуливались, ветренничали, вместе выезжали в общества, разумеется, самые безнравственные. Наконец, он явился ко мне с приглашением в одно из вышесказанных обществ и, дабы скорее убедить меня, начал выхвалять особенную веселость и приятность того места, куда меня приглашал. Сказавши о сем несколько слов, вдруг начал просить меня выйти с ним из моего кабинета, в котором мы сидели, и усесться в гостиной. Это мне показалось странным, и я, сказавши, что уже не раз замечаю неохотность его быть в моем кабинете, спросил его: какая этому причина? И еще долее удержал его здесь и потому, что гостиная была подле комнаты матери и сестры моей, а потому тут разговаривать о пустой материи было бы неприлично. Он поддерживал свое желание разными уветками, наконец откровенно сказал мне следующее: «вот у тебя на этой полке между книгами поставлено Евангелие; я так уважаю эту книгу, что мне тяжело в присутствии оной разговаривать о наших рассеянных предметах. Вынеси, пожалуйста, ее отсюда, и тогда мы будем говорить свободно». Я по ветренности своей, улыбнувшись на сии его слова, взял с полки Евангелие, да и говорю: давно бы ты сказал это мне! И подавая ему в руки, промолвил: на вот сам положи его в ту комнату!.. Лишь только я коснулся до него Евангелием, он в тот же миг затрясся и *исчез*. Это меня так сильно поразило, что я от страха упал на пол без чувств. Услышавши стук, вбежали ко мне домашние и целых полчаса не могли привести меня в чувство. Наконец я, очувствовавшись, ощутил сильный страх, трепет, беспокойное волнение и совершенное онемение руки и ноги так, что я не мог двигать оными. Призванный врач определил болезнь названием паралича, вследствие какого-нибудь сильного потрясения или испуга. Целый год после этого случая, при аккуратном лечении от многих врачей, я лежал и не получал ни малейшего облегчения от болезни, которая впоследствии указала на необходимость выйти в отставку от ученой службы. Престарелая мать моя в сие время умерла, сестра расположилась посвятить себя монастырской жизни. Итак все это еще более отягчало мою болезнь. Одну только имел отраду в сие болезненное время – в чтении Евангелия, которое с начала моей болезни не выходило из рук моих, как залог чудного случая со мною.

Однажды неожиданно зашел ко мне незнакомый пустынник, ходящий для сбора на обитель. Он убедительно говорил мне, чтобы я не надеялся на одни только лекарства, которые без помощи Божией не сильны подать помощь, а просил бы Бога и прилежно о том молился, *ибо молитва есть самое мощное средство к исцелению всех болезней и телесных и душевных.* «Как же я могу в таком положении молиться, когда не в силах ни поклона положить, ни руки поднять для крестного знамения?» возразил я ему по своей рассеянности. Он сказал мне на сие: «хотя как-нибудь молись!» И далее не мог мне существенно объяснить, как молиться... По уходе сего посетителя я как бы невольно начал размышлять о молитве и о ее силе и действиях, припоминая богословские лекции, давно слышанные мною в заведении, когда еще я был студентом. Это очень отрадно занимало меня, возобновляло в памяти светлые религиозные познания, согревало душу мою, и тут же я начал чувствовать некоторое облегчение болезненных моих припадков. Так как беспрестанно находилось при мне Евангелие, то я по вере моей к нему, вследствие чуда, а также вспомнив, что все построение трактата о молитве я слышал на лекциях, основанных на текстах Евангельских, то и почел за самое лучшее учиться молитве и благочестию христианскому единственно в наставлениях Евангелия. Вчитавшись в оное, я почерпнул в нем, как в обильном источнике, полную систему спасительной жизни и истинной внутренней молитвы. С благоговением отметив все места и тексты по сему предмету, я с сего времени беспрестанно стараюсь изучить сии божественные постановления и посильно, хотя и с трудом, прилагать к практике. При таком моем занятии болезнь моя постепенно стала облегчаться и, наконец, как видите, я совершенно выздоровел. Оставшись одиноким, я в благодарность Богу за Его отеческие милости и исцеление и вразумление решился, по примеру сестры моей и влечению души, посвятить себя отшельнической жизни, дабы беспрепятственно воспринимать и усвоять столь сладостные глаголы живота вечного, указанные мне в слове Божием.

Вот в настоящее время я пробираюсь в уединенный скит при Соловецкой обители на Белом море, называемый Анзерским, о коем я достоверно слышал, как об удобнейшем месте для созерцательной жизни. Еще скажу вам: правда, хотя и утешает меня в сем моем путешествии святое Евангелие и обильно просвещает недозрелый ум мой, согревая и хладное сердце, но, с признанием бессилия моего, выражусь откровенно, что условия к исполнению дел благочестия и приобретению спасения, требующие совершенного самоотвержения, чрезвычайных подвигов, глубочайшего смиренномудрия, кои предписывает Евангелие, ужасают меня по высоте своей и по немощи и поврежденности моего сердца. Итак, стоя теперь среди отчаяния и надежды, не знаю, что со мной будет впредь!...

СХИМНИК. – При столь обязательном залоге особенной и чудной милости Божией и при научной образованности вашей непростительно не только впадать в уныние, но даже и тени сомнения о покровительстве Божием и помощи Его допускать в душу вашу! Знаете ли, что говорит о сем Богопросвещенный Златоуст? «Никто не должен унывать (поучает он) и представлять изветом, что заповеди Евангельские невозможны или неудобоисполнимы! Бог, предопределяя спасение человека, конечно, не с тем намерением предписал ему заповеди, чтобы неудобоисполнимостью оных сделать его преступником. Нет! Но чтобы святостью и благопотребностью оных облаженствовать нас, как в сей жизни, так и в вечности».

Конечно, регулярное и неуклонное исполнение предписаний Божиих для нашей природы представляется чрезвычайно трудным, следовательно и спасение неудободостигаемым: но то же слово Божие, которое законоположило заповеди, представляет в себе и средства не токмо к удобному исполнению оных, но даже и утешению при оном исполнении. Если это при первом взгляде и покрыто завесою тайны, то, конечно, для того, чтобы преимущественнее обратить упражняющегося ко смирению и удобнее приблизить к соединению с Богом чрез указание непосредственного к нему прибежища в молитве и прошении Его отеческой помощи. В этом-то и состоит тайна спасения, а не в надежде на собственное усилие.

СТРАННИК. – Как хотелось бы мне, немощному и бессильному, узнать сию тайну, дабы чрез нее, как через средство, сколько-нибудь исправить ленивую жизнь мою во славу Божию и свое спасение!

СХИМНИК. – Тайна сия известна тебе, возлюбленный брат, из твоей книги «Добротолюбие». Она заключается в непрестанной молитве, которую ты так твердо изучил и которою так ревностно занимался и утешался?..

СТРАННИК. – Упаду к ногам твоим, преподобный отче! Бога ради, удостой меня из уст твоих услышать полезное о сей спасительной тайне и о священной молитве, о которой я более всего жажду слышать и люблю читать к подкреплению и утешению многогрешной души моей.

СХИМНИК. – Хотя я и не могу удовлетворить желания твоего собственным моим рассуждением о сем высоком занятии, потому что я еще мало опытен в сем деле, но у меня есть очень вразумительная тетрадка одного духовного писателя именно о сем предмете. Если благоугодно будет нашим собеседникам, то я сейчас же принесу ее и, если пожелаете, могу и прочесть ее пред вами. Благоволите!

ВСЕ. – Сделайте милость, преподобный батюшка! Не лишайте нас такового спасительного познания.

Тайна спасения, открываемая непрестанною молитвою

Как спастися? Сей благочестивый христианский вопрос естественно рождается в уме каждого, вследствие ощущения поврежденной и расслабленной природы человека и остатка в оной первоначального стремления к истине и праведности. Каждый, хотя несколько имеющий веру в бессмертие и воздаяние жизни вечной, невольно встречается с мыслию о том, как спастись, когда обращает взор свой на небо... Затрудняясь в решении этой задачи, он вопрошает о сем благоразумных и сведущих, потом читает по указанию их наставительные книги духовных писателей по сему предмету, стремясь неуклонно последовать и слышанным к вычитанным истинам и правилам. Во всех сих наставлениях он встречает поставленными на вид, как необходимые условия ко спасению: благочестивую жизнь, подвиги и труды над самим собою для решительного самоотвержения, руководствующего к творению добрых дел, к постоянному исполнению всех заповедей Божиих, свидетельствующему непоколебимость и твердость веры... Далее ему проповедуется, что все сии условия ко спасению необходимо должны быть выполняемы с глубочайшим смирением и в совокупности, ибо как все добродетели зависят одна от другой, то и должны одна другую поддерживать, одна другую совершенствовать и воодушевлять, подобно, как лучи солнца тогда токмо являют силу свою и производят пламень, когда сосредоточиваются чрез стекло в одну точку. А иначе *«неправедный вмале и во мнозе неправеден есть»*.

Вдобавок к сему, для наибольшего убеждения в необходимости сей многосложной и совокупной деятельности, он слышит высокую похвалу изяществам добродетелей и осуждение низости и бедственности пороков. Все сие запечатлевается неложным обещанием или величественной награды и блаженства, или мучительного наказания и бедствий в жизни вечной.

Таков в особенности характер проповедания новейшего времени!

Направленный, таким образом, пламенный желатель спасения со всею радостью приступает к исполнению наставлений и приложению к опытам всего слышанного и вычитанного. Но увы! на первом даже шаге своего стремления он не находит возможности достигнуть своей цели, предусматривая и даже испытывая, что поврежденная и расслабленная его природа возьмет верх над убеждениями разума; что свободное его произволение связано, наклонности повреждены, сила духа в изнеможении. При таковом опытном самосознании своего бессилия он естественно переходит к той мысли, что не находится ли каких-либо средств, способствующих к выполнению того, что предписывает закон Божий, чего требует христианское благочестие и что исполняли и все удостоившиеся получить спасение и святыню. Вследствие сего и дабы примирить в себе требование разума и совести с немощью исполнительных сил, он еще обращается к проповедникам спасения с вопросом: как спастися? Как оправдать недоступные для него условия спасения? И в силах ли неуклонно выполнять сам проповедующий все то, чему он поучает?.. «Проси Бога, молись Богу, чтобы Он помог тебе!» Так не плодотворнее ли было бы, если бы прежде или всегда и при всем учить молитве, как виновнице исполнения всего, чего требует христианское благочестие и чем приобретается спасение? заключает вопрошавший и, вместе с сим, приступает к изучению молитвы, – читает, размышляет, соображает учение писавших по сему предмету. Правда, много находит в них светлых мыслей, глубоких познаний и сильных выражений. Иной прекрасно рассуждает о необходимости молитвы; другой – о ее силе, благотворности, об обязанности молиться, о том, что для молитвы нужно усердие, внимание, теплота духа, чистота мысли, примирение с врагами, смирение, сокрушение и прочее, долженствующее быть при молитве...

А что такое молитва в самой себе и как существенно молиться? Так как на сии, хотя и первейшие и самонужнейшие вопросы, весьма редко можно находить обстоятельные и общепонятные объяснения, то ревностный желатель молитвы опять остается под покровом тайны.

Ему из общего чтения вкоренится в памяти хоть и благочестивая, но одна токмо наружная сторона молитвы, и он придет к такому заключению или выводу: чтобы молиться, надо ходить в церковь, креститься, кланяться, становиться на колени, читать псалтырь, каноны, акафисты...

Это всеобщее понятие о молитве тех, кои не знакомы с писаниями о внутренней молитве и созерцательными творениями святых отцов. Наконец, встречается искатель с книгою, называемою «Добротолюбие», в коей двадцать пять святых отцов понятно изобразили науку истинной и существенной сердечной молитвы. Здесь тайна спасения и молитвы начинает для него приподнимать свою завесу, и он видит, что истинно молиться значит направлять разум и память к неопустительному воспоминанию Бога, ходить в Его божественном присутствии, возбуждать себя к Его любви посредством богомыслия и соединять имя Божие с дыханием и движением сердца, руководствуясь ко всему этому призыванием устами Святейшего имени Иисуса Христа или творением Иисусовой молитвы во всяком времени и месте и при всяком занятии *непрерывно*...

Хотя сии светлые истины, озарив познания искателя и открыв ему путь к изучению и достижению молитвы, и убедят его немедленно приступить к исполнению сих мудрых наставлений, однако ж при опытах своих, действуя в периодических приемах, он не останется еще без затруднений, покуда опытный наставник не раскроет ему (по той же книге «Добротолюбие») во всей полноте тайны, что токмо *частость* или непрестанность молитвы (как бы она ни произносилась вначале) есть единственное мощное средство, как совершенства внутренней молитвы, так и спасения души. Частость молитвы есть основание или фундамент, держащий на себе весь круг спасительной деятельности, как подтверждает сие и св. Симеон, Новый Богослов: «Тот, говорит он, кто непрестанно молится, в сем одном все доброе совокупил».

Итак, дабы представить истину сего открытия во всей полноте, наставник развивает ее в нижеследующем образе:

Для спасения души, во-первых, необходима истинная вера. Священное писание говорит: *без веры невозможно угодити Богу* (Евр. XI, 6).— *Иже не имет веры, осужден будет.*

Но из того же Священного Писания видно, что человек не может сам собою возродить в себе веры даже на горчичное зерно; что вера не от нас, Божий бо есть дар; что вера, яко дар духовный, дается Духом Святым.

Что ж в таком случае делать? Как примирить потребность человека в вере с невозможностью возродиться в себе со стороны человека? В оном же Священном Писании открыто для сего средство и показаны примеры: *«просите и дастся вам»*. Апостолы не могли сами собой возбудить в себе совершенства веры, но молили Иисуса Христа: *«Господи, приложи нам веру»*. Вот пример снискания веры. Отсюда видно, что вера приобретается молитвою.

Для спасения души при истинной вере потребны и благие дела — добродетели, ибо *«вера без дел мертва есть»*, яко от дел оправдается человек, а не от веры единыя, и *аще хощеши внити в живот, соблюди заповеди: еже не уби -еши, не прелюбы сотвориши, не украдеши, не лжесвидетельствуеши, чти отца и матерь и возлюбиши искренняго, яко сам себе*. И все сии заповеди потребно исполнять в совокупности. «Иже бо весь закон соблюдает, согрешит же в едином, бысть всем повинен». Так учит св. Апостол Иаков.

А св. Апостол Павел, представляя слабосилие человеческое, говорит, что «от дел закона не оправдится всяка плоть». *«Вемы бо, яко закон духовен есть, аз же плотен есмь, продан под грех. Еже бо хотети прилежити ми, а еже содеяти доброе, не обретаю, но еже не хощу злое сие содеваю. Умом моим работаю закону Божию, плотию же закону греховному.* Каким же образом исполнить потребные дела закона Божия, когда человек бессилен, не имеет возможности оправдать в себе заповеди?

Не имеет возможности только до тех пор, пока не просит о том, пока о том не молится. *«Не имате, зане не просите»*, представляет причину св. Апостол. Да и Сам Иисус Христос говорит: *«без Мене не можете творити ничесоже».* А как творить с Ним, сему учит так: *«будете во Мне и Аз в вас». «Аще кто пребудет во Мне, плод мног сотворит».* А быть в Нем значит непрестанно ощущать Его присутствие, непрестанно просить во имя Его: «Аще что просите во имя Мое, Аз сотворю». Итак, возможность исполнения добрых дел приобретается молитвою же! Пример сему виден в самом Апостоле Павле, трикратно молившемся о побеждении искушений, преклонявшем колена пред Богом Отцем, да даст Он утверждение во внутреннем человеке, и, наконец, заповедавшем прежде всего *творити* молитвы и о всем даже непрестанно молиться. Из всего вышесказанного следует, что все душевное спасение человека зависит от молитвы, а потому она, во первых, прежде всего и нужна, ибо ею оживляется вера, чрез нее исполняются все добродетели. Словом, при молитве все споспешествуется успехом, а без оной никакого дела христианского благочестия не может совершиться.

Посему-то непрестанность, всегдашность исключительно и представляется одной токмо молитве; прочие добродетели -каждая имеет свое время, а в молитве заповедуется упражняться непрерывно, – «*непрестанно молитеся*». Подобает всегда молитися, молитися на всяко время, на всяком месте.

Истинная молитва требует своих условий: она должна быть приносима с чистотою мыслей и сердца, с пламенным усердием, с твердым вниманием, с трепетным благоговением и с глубочайшим смирением. Но кто в добросовестном сознании не согласится, что он далек от вышепредставленных условий для истинной молитвы, что он отправляет молитву свою более по необходимости, более с принуждением себя, нежели по влечению, по наслаждению молитвою, по любви к молитве? Об этом и Священное Писание свидетельствует, что человек не в силах упостоянить и совершенно очистить ум от неподобных помыслов: «надлежит бо человеку помышление на злое от юности его», что един Бог дает нам сердце ино и дух новый дает нам, «что еже хотети и еже деяти Божие есть». И сам Апостол Павел сказал: «дух мой (т. е. глас мой) молится, а ум мой без плода есть». И «не вемы, како или о чесом молимся» – подтверждает он же. Из сего следует, что мы не можем в молитве нашей обнаружить существенных ее свойств!

Что же при таком бессилии каждого человека осталось возможным со стороны его воли и силы для спасения души его? Веры он стяжать не может без молитвы, добрых дел также; наконец, и истинно молиться не в силах. Что же осталось на его долю, что представлено его свободе и силам, дабы не погибнуть, а спастись?..

Так как во всяком деле есть качество, то оное Господь представил Своей воле и дарованию. А чтобы ясней показать зависимость человеческую от воли Божией и глубже погрузить его в смиренномудрие, Бог оставил воле и силам человеческим одно *количество* молитвы, заповедав непрестанно молиться на всякое время, на всяком месте. А сим-то и открывается таинственный способ к достижению истинной молитвы, а вместе с нею и веры, и исполнения заповедей, и спасения Итак, на долю человека дано количество. Частость молитвы предоставлена его воле... О сем точно так учат и отцы Церкви. Св. Макарий Великий говорит: «молиться как-нибудь (но часто) состоит в нашей воле, а молиться истинно есть дар благодати». Преп. Исихий говорит, что частость молитвы приемлет навыкновение и обращается в натуру; что без частого призывания имени Иисуса Христа невозможно очистить сердце.

Преподобные Каллист и Игнатий советуют прежде всех подвигов и добродетелей начинать молитву во имя Иисуса Христа часто, беспрерывно, ибо частость и нечистую молитву возводит к чистоте. Блаженный Диодох утверждает, что если бы человек как можно чаще призывал имя Божие (молился), то не впадал бы в согрешения. Как опытны, мудры и близки к сердцу сии практические наставления Отцов! Они в опытной простоте проливают свет на способы и средства к совершенствованию души. Какая у них высокая противоположность с нравственными наставлениями теоретического разума! Разум убеждает: делай то и то доброе, вооружись мужеством, употреби силу воли, убедись благими последствиями добродетели, например, – очисти ум и сердце от суетных мечтаний, наполни место их поучительными размышлениями, делай добро и будешь уважаем и спокоен, живи так, как требует разум и совесть... Но увы! все это при всем усилии не достигает своей цели без частой молитвы, без привлечения ею помощи Божией. После сего раскроем еще поучения отцов и посмотрим, как говорят они, например, об очищении души. Св. Лествичник пишет: «при омрачении души нечистыми помыслами, Иисусовым именем побеждай супостатов, часто повторяя оное.

Крепче и успешнее сего оружия не найдешь ни на небеси, ни на земли». Св. Григорий Синаит поучает: «знай, что никто не может удержать ума своего сам, а потому при нечистоте мысли чаще и многократнее призывай имя Иисуса Христа, и помыслы сами собою утихнут». Какой простой и удобный, но и опытный способ и противоположный совету теоретического разума, самомнительно стремящегося достигнуть чистоты собственным самодействием! Сообразив сии опытные наставления св. отцов, приходим к такому истинному заключению, что главный, единственный и удобнейший способ к приобретению дел спасения и духовного совершенства есть частость, беспрерывность молитвы, как бы она ни была немощна.

Христианская душа! Если ты не находишь в себе силы поклоняться Богу духом и истиною; если сердце твое еще не ощущает теплоты и сладостного вкуса в умственной и внутренней молитве, то принеси в молитвенную жертву то, что можешь, что состоит в твоей воле, что соразмерно твоим силам. Пусть низшие органы уст твоих прежде сроднятся с частым неотступным молитвенным взыванием; пусть часто, беспрерывно призывают мощное имя Иисуса Христа. Это не составляет большого труда и каждому посильно. При том же сего требует и опытная заповедь свят. Апостола: *«да приносим выну (всегда) жертву Богу, сиречь плод устен исповедающихся имени Его»*. Частость молитвы непременно произведет навыкновение и обратится в натуру, привлечет по времени ум и сердце в достодолжное настроение. Вообрази при сем, если бы человек неупустительно выполнил одну сию заповедь Божию о непрестанной молитве, то в одной он исполнил бы все заповеди, ибо если бы он беспрерывно во всякое время при всех делах и занятиях совершал молитву, тайно призывал Божественное имя

Иисуса Христа, хотя сначала и без душевной теплоты и усердия, хотя с понуждением себя токмо, но тогда бы он не имел уже времени в чувственных греховных удовольствиях. Каждая преступная мысль его встречала бы препятствие в ее распространении, каждое греховное дело не обдумывалось бы так плодовито, как в праздном уме: сократились бы или вовсе уничтожились многословие и празднословие, и каждый проступок немедленно очищался бы благодатною силою столь часто призываемого имени Божия. Частое упражнение в молитве часто бы отвлекало душу от греховных дел и привлекало бы к существенному ее знанию — к единению с Богом! Теперь видишь ли, как важно и необходимо количество в молитве? Частость в молитве есть единственный способ к приобретению чистой и истинной молитвы, есть самое лучшее и самое действительнейшее приуготовление к молитве и вернейший путь к достижению молитвенной цели и спасению!

Для дальнейшего убеждения в необходимости и плодотворности частой молитвы сколь можно тверже, заметь: 1) что каждое возбуждение, каждая о молитве мысль есть действие Духа Святого и глас Ангела твоего хранителя; 2) что имя Иисуса Христа, призываемое в молитве, содержит в себе самосущную и самодействующую благотворную силу, а потому 3) не смущайся нечистотою или сухостью молитвы твоей и с терпением ожидай плода от частого призывания имени Божия. Не слушай неопытного, несмысленного внушения суетного мира, будто бы одно хотя и неотступное, но хладное взывание есть бесполезное многословие... Нет! Сила имени Божия и частость призывания явят плод свой во время свое!..

Прекрасно рассуждает о сем один из духовных писателей. «Знаю, говорит он, что для многих мнимодуховных лжемудрых философов, ищущих везде ложного величия и благородных будто бы упражнений в очах разума и гордости – простое, и устное и единичное, но частое упражнение в молитве представляется малозначущим, или низким занятием, или безделицею. Но обманываются они, несчастные, и забывают наставления Иисуса Христа – *«Аще не будете яко дети, не внидете в Царствие Божие»*. Они составляют для себя какую-то науку для моления, на зыбких основаниях естественного разума. Потребно ли много учения, ума или знания, чтобы сказать чистосердечно: *«Иисусе, Сыне Божий, помилуй мя!»*. Не таковые ли частые молитвы восхвалял Сам Божественный наш Учитель? Не сими ли краткословными, но частыми молитвами испрашиваемы и производимы были чудотворения? Ах, христианская душа! Бодрствуй и не умолкай в беспрестанных взываниях Господней молитвы! Хотя бы сей вопль твой происходил от сердца еще рассеянного и наполненного в половину миром,– нужды нет! Надобно только его продолжать, не умолкать, и не беспокойся: он сам собою очистится от учащения. Не выпускай никогда из памяти, что *«Иже в вас, болий есть того, иже в мире»*. *«Болий бо есть Бог сердца вашего, и весть вся»*, говорит Апостол.

Итак, после сих всех убеждений, что частость молитвы, при всем слабосилии так мощна, безусловно доступна человеку и состоит в полной его воле – решись испытать, хотя один день на первый раз, провести в наблюдении за собою, за частостию твоей молитвы так, чтобы на молитвенное призывание имени Иисуса Христа употреблено было гораздо более времени в продолжение суток, нежели на другие занятия; и сие преимущество молитвы над делами житейскими – во времени непременно докажет тебе, что сей день не потерян, а приобретен во спасение; что на весах правосудия Божия, частая молитва перетягивает доску слабостей твоих и поступков, и заглаживает грехи оного дня в памятной книге совести, поставляет тебя на степень праведности, и дарует надежду получить освящение и в вечной жизни. (С рукописи автора, полученной о. Амвросием из Доброго монастыря).

СТРАННИК. – От всей души моей благодарю вас, отче святый! вы усладили чтением сим мою грешную душу. Господа ради благословите мне переписать для себя этот списочек – я в несколько часов спишу его. Все прочитанное так прекрасно и отрадно, и глупому моему уму понятно и точнехонько, как и в «Добротолюбии» о сем рассуждают св. отцы. Бот, напр., Иоанн Карпафийский в 4-й части «Добротолюбия» тоже говорит, что если ты не имеешь силы к воздержанию и подвигам деятельным, то знай, что Господь молитвою хощет спасти тебя. А в вашей тетрадке как прекрасно и понятно все сие распространено. Благодарю, во-первых, Бога, а потом и вас, что сподобился сие услышать!

ПРОФЕССОР. – И я с большим вниманием и удовольствием прослушал лекцию вашу, достопочтеннейший батюшка! Все доводы, по самой строгой логике верные, для меня замечательны; но при сем, кажется мне, что возможность непрестанной молитвы преимущественно обуславливают благоприятные к сему обстоятельства и совершенно спокойное уединение. Ибо согласен, что частая или непрестанная молитва есть мощный и единственный способ к приобретению благодатной помощи во всех делах благочестия и освящения души, и доступный силам человека, но сей способ может быть употребляем токмо тогда, когда человек пользуется возможностию уединения и спокойствия: в устранении от занятий, хлопот и развлечений он может часто или непрестанно молиться; ему тогда предстоит одна токмо борьба с леностию, или скукою от помыслов; но если обязанный должностию, обязанный делами беспрерывными, необходимо находящийся в шумном обществе людей, и усердно бы желал часто молиться, то не может сего выполнить по причине неизбежной рассеянности. Следовательно единственный способ частого моления при условии токмо благоприятствующих обстоятельств может быть не всеми употребляем и принадлежит не всем.

СХИМНИК. – Напрасно вы так заключаете! Не говоря даже о том, как сердце, обученное внутренней молитве, может всегда, при всех занятиях (и физических и умственных) во всякой шумности беспрепятственно молиться и призывать имя Божие (ведущий сие сам опытно знает, а неведущему потребно постепенное сему обучение), можно утвердительно сказать, что никакое стороннее развлечение не может пресечь молитву в желающем молиться, ибо тайная мысль человеческая не подлежит никакому внешнему связанию, и совершенно свободна сама в себе, она во всякое время может быть ощущаема и обращена в молитву, даже и самый язык может тайно без внешнего звука выражать молитву в присутствии многих, и при занятиях внешних; да при том же занятия наши не так важны, и разговоры наши не столь занимательны, чтобы не можно было найти удобства, при оных, повременно и часто призывать имя Иисуса Христа, если даже и ум не приобучен еще к непрестанной молитве; хотя, конечно, уединение от людей и рассеивающих предметов и составляет главное условие для внимательной и непрестанной молитвы; однако, в случае невозможности воспользоваться оным, не должно извинять себя в редкости молитвы: поелику количество, частость доступна возможности каждого – и здорового и больного, и состоит в его воле. Доказательные сему примеры представляют те, кои бывши обременены обязанностями, развлекающими должностями, заботами, хлопотами и работою, не токмо всегда призывали Божественное имя Иисуса Христа, но даже и посредством сего обучились и достигли непрестанной внутренней молитвы сердца. Так патриарх Фотий, из сенаторов возведенный в сан патриаршеский, при управлении обширною Константинопольскою паствою, непрестанно пребывал в призывании имени Божия, и даже достиг чрез сие самодейственной, сердечной молитвы. Так Каллист во св. Афонской горе, проходя хлопотливое поварское послушание, научился непрестанной молитве. Так простосердечный Лазарь, обремененный непрестанными работами на братию, беспрерывно, при всех шумных занятиях произносил Иисусову молитву и успокаивался. И многие другие, подобно упражнявшиеся в непрестанном призывании имени Божия. Если бы невозможно было молиться при отвлекающих занятиях, или в обществе людей, то конечно не предписывалось бы невозможное. Св. Иоанн Златоуст в поучении своем о молитве говорит следующее. «Никто не должен представлять ответа, что невозможно всегда молиться занятому жизненными попечениями, или не могущему быть в храме. Везде, где ты ни находишься, можешь поставить жертвенник Богу в уме твоем посредством молитвы». Итак, молиться удобно и на торжище, и в путешествии, и стоящему при продаже, и сидящему за ремеслом; везде и во всяком месте молиться можно. Да и подлинно, если человек обратит прилежное внимание на себя, то везде найдет удобство для молитвы, только бы убедился в том, что молитва должна составлять главное занятие перед всеми его обязанностями. В таком случае он бы, конечно, распоряжался в делах своих решительнее, при необходимом разговоре с людьми соблюдал бы краткость, молчаливость и уклончивость от бесполезного многословия; не суетился бы излишне в хлопотах, дабы посредством всего этого более приобресть времени на тихую молитву. При таком настроении все действия его, силою призывания имени Божия, ознаменовались бы успехом и, наконец, он приучил бы себя к беспрерывному молитвенному призыванию имени Иисуса Христа и опытно познал бы, что частость молитвы, сие единственное ко спасению средство, представлено возможности и воле человека, и что во всяком времени, положении и месте молиться можно, и удобно восходить от частой молитвы устной к умной, а от сей к молитве сердечной, отверзающей царство Божие внутрь нас.

ПРОФЕССОР. – Согласен, что при всех механических занятиях можно, и даже удобно совершать частую, или даже непрерывную молитву, ибо машинальное рукоделие не требует напряженного углубления, и многого соображения, а потому ум мой и может при оном погружаться в непрестанную молитву и уста следовать тому же. Но когда должен я заняться чем-либо исключительно умственным, как-то: внимательным чтением, или обдумыванием глубокого предмета, или сочинением, то как могу при сем молиться умом и устами? И так как молитва есть преимущественно дело ума, то каким образом в одно и то же время одному уму я могу дать разнородные занятия?

СХИМНИК. – Разрешение этого вопроса вашего очень будет не трудно, если возьмем в соображение то, что непрестанно молящиеся разделяются на три разряда: 1) на начинающих, 2) успевающих и 3) научившихся молитве. А посему, начинающие могут иметь и при умственных упражнениях повременное частое возбуждение ума и сердца к Богу, и произношение краткой молитвы устной; а успевающие или пришедшие в постоянное настроение ума, могут заниматься размышлением или сочинением в беспрерывном присутствии Божием, как основании молитвы. Это может выразить следующий пример. Представь, что строгий и взыскательный Царь повелел тебе сочинить рассуждение на данную им глубокую материю – в Его присутствии – у подножия Его трона; как бы ты ни был совершенно занят твоим предметом, однако же присутствие Царя, в руке которого жизнь твоя, овладевши тобою, не попустит тебе ни на малое время забыть, что ты рассуждаешь, соображаешь и сочиняешь не наедине, а на месте, требующем особенного благоговения, почтения и приличия. Это то ощущение и живое чувство близости Царя очень ясно выражает возможность заниматься непрестанною внутреннею молитвою и при умственных упражнениях.

Что же относится до тех, кои долгим навыком или милостию Божиею от молитвы умственной приобрели молитву сердечную, то таковые не токмо при глубоком занятии ума, но даже и в самом сне не прекращают непрестанной молитвы, что свидетельствует Премудрый: *«Аз сплю, а сердце мое бдит»...* В преуспевших, сердечный механизм получает такую способность к призыванию Имени Божия, что сам собою возбуждаясь к молитве, вовлекает ум и всю душу в непрестанное молитвенное излияние, в каковом бы состоянии молящийся ни находился, и чем бы отвлеченным и умственным ни занимался.

ИЕРЕЙ. – Позвольте, преподобный батюшка, и мне в свою очередь, высказать свои мысли. В прочтенной вами статье замечательно выражено, что единственный способ ко спасению и совершенству, есть частость молитвы – «какова бы она ни была»... Для меня это неудобопонятно, а потому мне представляется: какая будет из того польза, если я и беспрестанно буду молиться и призывать токмо языком Имя Божие, но не имею внимания, и не понимаю, что говорю? Это будет только одно празднословие! Последствием сего будет токмо то, что переболтается язык, а ум препятствуемый сим в своих размышлениях, также понесет ущерб своей деятельной способности. Бог требует не слов, а внимательного ума и очищенного сердца. Не лучше ли, хотя и изредка, или в установленное токмо время, совершить хотя и краткую молитву, но со вниманием, с усердием, с теплотою души, и с достодолжным понятием? А иначе, хотя день и ночь произноси молитву, но не имей чистоты душевной и дел благочестия, то и тогда не приобретешь ничего спасительного; но оставшись при одной наружной токмо болтовне, и наконец утомившись и соскучившись, придешь к такому последствию, что, совсем охладивши веру к молитве, вовсе бросишь сие бесплодное упражнение. Далее бесполезность одного устного моления можно видеть и в обличениях, представленных Священным Писанием; так например: *«Сии люди устами чтут Мя; сердце же их далече отстоит от Мене». «Не всяк глаголяй Ми: Господи, Господи внидет в Царствие Небесное». «Хощу пять словес умом моим глаголати, нежели тьмы словес языком»* и проч.. Все это выражает бесплодность наружной невнимательной молитвы уст.

СХИМНИК. — Представленное вами заключение могло бы иметь некоторое основание, если бы не соединена была с советом устной молитвы, — непрестанность или всегдашность; если бы молитва во Имя Иисуса Христа не имела самодействующей силы, и не приобреталось бы внимание и усердие к оной вследствие постепенности при упражнении молитвенном... Но так как здесь дело идет о частости, долговременности и непрестанности молитвы (хотя бы оная и сопровождалась вначале невнимательностью или сухостью), то сим и разрушаются выведенные вами неправильные заключения. Разберем это подробнее. Один духовный писатель, убеждая в величайшей пользе и плодотворности частой молитвы, выражаемой единообразными словами, напоследок говорит: «Хотя многие ложнопросвещенные и почитают бесполезным и даже мелочным сие устное и частое творение одной и той же молитвы, называя оное машинальным и бессмысленным занятием простых людей; но к несчастью, они не знают той тайны, которая впоследствии открывается сим машинальным упражнением, не знают того, как устный, но частый вопль сей нечувствительно соделывается истинным воплем сердца, углубляется во внутренность, становится приятнейшим, делается как бы естественным для души, просвещает ее, питает и ведет к соединению с Богом. Мне кажется, эти порицатели подобны тем маленьким ребяткам, коих вздумали научить азбуке и чтению; соскучив сим учением, они закричали однажды: — не во сто ли раз лучше идти нам ловить рыбу, как это делают наши отцы, чем проводить день в беспрестанном повторении А, Б, В, или царапать бумагу птичьим пером? Польза и просвещение чтением, которая должна была произойти для них от скучного сего затверживания букв, была для них тайна. Подобно составляет тайну сокровенную и простое, но частое призывание Имени Божия для тех, кои не имеют познания и убеждения в последовательной величайшей пользе оного. Они, измеряя дело веры силою своего неопытного и недальновидного разума, забывают при сем, что человек состоит из тела и души... Для чего, например, желая очистить душу, ты прежде очищаешь тело: налагаешь на себя пост, лишаешь тело свое питательной и раздражающей пищи? Конечно, для гого, чтобы оно не препятствовало или, лучше сказать, способствовало чистоте души и просвещению разума; чтобы беспрестанное ощущение алчбы телесной напоминало тебе о решимости твоей искать усовершенствования внутреннего и занятия богоугодного, так удобно тобою забываемого... И ты опытно ощущаешь, что чрез внешний пост твоего тела ты приобретаешь внутреннее утончение разума, спокойствие сердца, орудие к укрощению страстей, и напоминание о духовном упражнении. И так ты посредством наружной материи получаешь внутреннюю духовную пользу и пособие. Тоже понимай и о устной непрестанной частой молитве, которая долговременностью своею развивает внутреннюю молитву сердца: располагает и способствует к умственному соединению с Богом. Напрасно воображают, что частостию перебиваем язык, и соскучив сухою непонятливостию, должно будет вовсе оставить сие бесполезное наружное молитвенное упражнение. Нет! опыт показывает здесь совсем противное: практические делатели непрестанной молитвы уверяют, что бывает так: решившийся непрестанно призывать имя Иисуса Христа, или, что то же, беспрерывно изрекать Иисусову молитву, конечно, вначале испытывает труд и борется с леностью, но чем дальше и больше в сем упражняется, тем нечувствительнее роднится с сим занятием, так, что впоследствии уста и язык его получают таковую самодвижность, что уже без помощи усилия, сами собою неудержимо движатся и без гласа изрекают молитву. А вместе с сим так настраивается механизм гортанных мускулов, что молящийся начинает чувствовать, что творение молитвы составляет всегдашнюю существенную его принадлежность, и даже при каждом оставлении ее он ощущает, как чего-то в нем недостает; а сие-то и бывает основанием тому, что и ум сам собою начинает склоняться и прислушиваться к сему непроизвольному действию уст, будучи возбуждаем сим ко вниманию, которое и бывает, наконец, источником сладости сердечной и истинной молитвы. Вот истинное и благодетельное последствие непрестанной, или частой устной молитвы, совсем противоположное заключению неопытных и непонимающих сего дела! Что относится до мест Священного Писания, приводимых вами в свидетельство вашего возражения, то сие объясняется надлежащим рассмотрением оных. Лицемерное почитание устами Бога, тщеславие сии или лукавое величание взыванием: «Господи, Господи!» обличал Иисус Христос по той причине, что гордые фарисеи имели веру в Бога токмо на языке, и нисколько не оправдывали сего своего верования, и не признавали оного сердцем. Это к ним и сказано и не относится к чтению молитвы, о которой прямо и положительно, или определенно заповедал Иисус Христос так: «Подобает всегда молиться и не стужати» (т. е. не унывать). Подобно сему и св. Апостол Павел отдает преимущество пяти слов, сказанных понятно, нежели множеству слов, произнесенных или без смысла, или на незнакомом языке в церкви, разумея сие об общественном поучении, а не о молитве собственно, о которой утвердительно говорит так: «Хощу да творят (христиане) молитву на всяком месте» вообще советует: «Непрестанно молитеся». Теперь видите ли, как частая молитва при всей даже простоте, плодотворна? И какого строгого соображения требует правильное понимание Священного Писания?...

СТРАННИК. Истинно так, честнейший батюшка! Я многих видал, которые просто, без всякого просветительного наставления, и не зная, что есть внимание, сами собою устно творя беспрестанную Иисусову молитву, достигали того, что уста и язык их не могли удерживаться от изречения молитвы, которая впоследствии так их усладила и просветила, и из слабых и нерадивых сделала подвижниками и поборниками добродетели...

СХИМНИК. Да! Молитва как бы перерождает человека. Сила ее столь могущественна, что ничто – никакая сила страсти против нее устоять не может. Если благоугодно будет, то на прощанье я прочту вам, братие, коротенькую, но любопытную статейку, которую я захватил с собой.

ВСЕ. С благоговейным удовольствием послушаем!...
СХИМНИК.
О силе молитвы

Молитва столь сильна и могущественна, что молись и делай, что хочешь, и молитва возведет тебя к правильному и праведному деланию.

Для богоугождения ничего более не нужно, как любить, – люби и делай все, что хочешь, говорит блаженный Августин: ибо кто истинно любит, тот не может и хотеть сделать что-либо неугодное своему возлюбленному... Так как молитва есть излияние и действие любви, то поистине о ней можно сказать так же подобное: для спасения ничего более не нужно, как всегдашняя молитва: молись и делай что хочешь, и ты достигнешь цели молитвы, приобретешь ею освящение!..

Чтобы обстоятельнее развить понятие о сем предмете, поясним оное примерами:

1) Молись, и мысли все, что хочешь, и мысль твоя очистится молитвою. Молитва подаст тебе просветление ума, утишит и отгонит все неуместные помыслы. – Сие утверждает св. Григорий Синаит: «Если хочешь, советует он, прогнать помыслы и очистить ум, молитвою прогоняй их, ибо кроме молитвы ничем не можно удержать мысли». О сем также говорит и св. Иоанн Лествичник: «Иисусовым Именем побеждай мысленных врагов, кроме сего оружия не найдешь иного».

2) Молись, и делай, что хочешь, и дела твои будут богоугодны, и для тебя полезны и спасительны.

Частая молитва, о чем бы ни была, не останется без плода (Марк Подвижник) поелику в ней самой есть сила благодатная. «Свято имя Его и всяк, иже призовет Имя

Господне, спасется.» Например, молившийся без успеха в нечестии в сей молитве получил образумление и зов к раскаянию. Сластолюбивая девица молилась при возвращении и молитва указала ей путь к девственной жизни и к слышанию наставлений Иисуса Христа.

3) Молись, и не трудись много своею силою побеждать страсти. Молитва разрушит их в тебе: «Иже в вас болий есть того, иже в мире», говорит священное писание. А св. Иоанн Карпафийский учит, что если ты не имеешь дара воздержания, не печалься; но знай, что Бог требует от тебя прилежания к молитве, и молитва спасет тебя.

Описанный в Отечнике старец, который «падши победи» т. е. преткнувшись грехом, не унял, но обратился к молитве и ею остепенился, служит доказательным сему примером.

4) Молись и не опасайся ничего, не бойся бед, не страшись напастей, молитва защитит, отвратит их. Вспомни утопавшего маловерного Петра; Павла, молившегося в темнице; инока, избавленного молитвою от постигшего искушения; девицу, спасенную от злонамеренного воина вследствие молитвы, и тому подобные случаи: это подтверждает силу, мощность и всеобъемдемость молитвы во имя Иисуса Христа.

5) Молись, хоть как-нибудь, токмо всегда, и не смущайся ничем; будь духовно весел и покоен: молитва устроит все и вразумит тебя. Помни, что о силе молитвы говорят святые – Иоанн Златоустый и Марк Подвижник: первый утверждает, что «молитва, хотя бы приносилась от нас, наполненных грехами, тотчас очищает»... А второй так о сем говорит: «Молиться как-нибудь состоит в нашей силе; а молиться чисто есть дар благодати». Итак, что в твоей силе, тем пожертвуй Богу; хотя количество (для тебя возможное) приноси вначале Ему в жертву, и

Божия сила излиется в твою немощную силу; и молитва сухая и рассеянная, но частая – всегдашняя, обретши навык, и обратясь в натуру, соделается молитвою чистою, светлою, пламенною и достодолжною.

6) Затем, наконец, что если бы время твоего бодрствования сопровождалось молитвою, то естественно, что не оставалось бы времени не только на греховные дела, но даже и на помышления об оных.

Теперь видишь ли, сколько глубоких мыслей сосредоточивается в сем мудром изречении: «люби, и делай, что хочешь. Молись, и делай, что хочешь!»... Как отрадно и утешительно все сказанное для грешника, отягченного слабостями, – для стенящего под бременем воюющих страстей!

Молитва – вот все, что дано как всеобъемлющее средство ко спасению и усовершенствованию души... Так! Но с именем молитвы тесно соединено здесь и ее условие: «Непрестанно молитеся», заповедует слово Божие. Следовательно, молитва тогда явит вседействующую силу и плод, когда будет производима часто, непрестанно, ибо частость молитвы безусловно принадлежит нашей воле: как и чистота, усердие и совершенство молитвы есть дар благодати.

Итак, будем молиться как можно чаще, посвятим всю жизнь нашу молитве, хотя и развлеченной вначале! частое упражнение оной научит вниманию, количество непременно приведет к качеству.

Чтобы научиться делать, что-либо хорошо, надобно делать оное как можно чаще, сказал один опытный духовный писатель.

ПРОФЕССОР. Поистине, великое дело молитвы! А ревность к частости оной есть ключ для отверзения благотворных сокровищ ее. Но как часто встречаю я в себе борьбу между ревностию и леностию! Как бы желательно было найти средство и помощь к одержанию победы, и к убеждению и возбуждению непрестанно прилежать молитве!..

СХИМНИК. Многие из духовных писателей различные представляют средства, основанные на здравом рассуждении – для возбуждения прилежности к молитве: как например:

1. Советуют углубляться в размышления о необходимости, превосходстве и плодотворности молитвы для спасения души.

2. Твердо убедить себя, что Бог безусловно требует от нас молитвы, и слово Его везде о сем проповедует.

3. Постоянно помнить, что по лености и небрежению о молитве не можно успевать в делах благочестия и приобрести покой и спасение; а потому и неминуемо должно будет подвергнуться за сие, как наказанию на земле, так и мучению в вечной жизни.

4. Воодушевить решимость свою примерами Угодников Божиих, кои все путем непрестанной молитвы достигли освящения и спасения и проч.

Хотя все сии средства имеют свое достоинство и вытекают из истинного разумения, но болящая нерадением сластолюбивая душа, приемля и употребляя оные, редко видит их плодотворность по той причине, что сии врачевства горьки для избалованного ее вкуса, и слабы для глубоко поврежденной ее натуры. Ибо кто из христиан не знает, что молиться должно часто и прилежно, что сего требует Бог; что за леность к молитве понесем наказание, что все святые усердно и непрестанно молились; однако, все сие познание так редко оказывает свое благотворное последствие! Каждый наблюдатель видит в себе, что он или мало, или нисколько не оправдывает деятельностью сих внушений разума и совести, и при нередком воспоминании о сем живет все так же худо и леностно...

Посему-то опытные и богомудрые св. Отцы, зная слабость произволения и дебелость сластолюбивого сердца человеческого, действуют на оное в особенности, и с сей стороны, подобно врачам приправляющим горькое лекарство сладкими сиропами и услащающим края лекарственного сосуда медом, открывают легчайшее и действительнейшее средство, истребляющее леность и нерадение к молитве, состоящее в надежде при помощи Божией — достигнуть совершенства и сладостного упования молитвою любви к Богу. Они советуют сколько можно чаще размышлять о таковом состоянии души, и внимательно читать о сем повествования Отцов, кои ободрительно уверяют, как доступно и легко можно достигнуть сих сладостных внутренних ощущений в молитве; и сколь они вожделенны, как-то: сладость источающаяся из сердца; усладительная теплота и свет, изливающиеся внутри; неизреченный восторг, радость, легкость, глубокий покой и существенное блаженство и самодовольство жизни, внушаемое при действии молитвы в сердце. Углублением в сии размышления, слабая и хладная душа согревается, укрепляется, ободряется успехом к молитве, и как бы приманивается к опытам молитвенного упражнения, как говорит о сем святой Исаак Сирин: «приманка для души есть радость, производимая надеждою, процветающею в сердце; и преспеяние сердца есть размышление о своем уповании». Он же продолжает: «в начале сего делания и до конца предполагается какой-либо способ и надежда совершения... а сие и побуждает ум положить основание дела и в воззрении на сию цель, заимствует ум для своего утешения в деле». Также преподобный Исихий, описывая преткновение леностию к молитве и образумления к поновлению усердия к оной в заключение прямо говорит следующее: «Тогда бо не за иное что в сердечном безмолвии хотети готовы бываем, точию за сладкое оного в душе чувствие и веселие» (гл. 120).

А из сего следует, что поощрением к рачению о молитве наставляет сей Отец «сладостное ее чувство и веселие»... Подобно сему и Великий Макарий учит, «что духовные труды наши (молитву) с целию и надеждою плодов, т. е. с наслаждением в сердцах наших, мы исполнять должны (ел. 3., гл. 5).

Ясный пример сего способа, как мощного средства, виден на множайших местах «Добротолюбия» в подробных описаниях молитвенных наслаждений; их то, как можно чаще потребно прочитывать борющемуся с недугом лености или сухости при молитве, почитая себя однако же недостойными сих наслаждений и присно укоряя себя в нерадении о молитве.

ИЕРЕЙ. Не поведет ли неопытного таковое размышление к духовному любострастию, – как называют богословы то стремление души, которая алчет чрезмерных утешений и любезности благодати, не довольствуясь тем, что она должна выполнять дело благочестия по обязанности и долгу, не мечтая о награде?

ПРОФЕССОР. Я думаю, что богословы в сем случае предостерегают от неумеренности или алчности духовных наслаждений, а не вовсе отвергают сладость и утешение при добродетелях: ибо, если желать награды и не есть совершенство, Бог однако не возбраняет человеку помышлять о награде и утешении и даже Сам употребляет мысль о награде для поощрения человека к исполнению заповедей и к достижению совершенства. – «Чти отца твоего и матерь твою» вот заповедь! – И вот вслед за нею награда, поощряющая к исполнению ее: «Да благо ти будет». «Аще хощеши совершен быти, иди, продаждь имение твое и даждь нищим», – вот требование совершенства. – И непосредственно за сим награда, поощряющая к достижению совершенства: «Имети имаши сокровище на небеси» (Мф. XIX, 27).

«Возрадуйтесь в тот день, егда возненавидят вас человецы и пронесут имя ваше яко зло, Сына человеческого ради», – вот великое требование подвига, для которого нужна необыкновенная сила духа и непоколебимое терпение. Для сего вот и великая награда и утешение, способные возбудить и поддержать необыкновенную силу духа: «се бо мзда ваша многа на небесех», посему я думаю, что и некое стремление к сладости в сердечной молитве потребно, и составляет главный способ к достижению, как прилежности, так и успеха в оной. Итак, все это неоспоримо подтверждает практическое рассуждение отца схимника о сем предмете, сейчас нами выслушанное...

СХИМНИК. – Самым ясным словом говорит о сем предмете один из великих Богословов, именно св. Макарий Египетский так: «Как при насаждении винограда прилагается прилежание и труд с целию собрания плодов, и если их не будет, то все дело будет тщетно; так и при молитве, если плодов духовных, т. е., любви, мира, радости и проч. в себе не усмотришь, бесполезен будет труд наш: и потому, духовные труды наши «молитву с целию, или надеждою плодов, т. е. наслаждений сладостию в сердцах наших мы исполнять должны» (сл. 3, гл. 5). Видишь ли, как ясно разрешил сей св. Отец вопрос о потребности наслаждений при молитве?... Да вот и еще кстати мне пришел на память недавно прочитанный мною взгляд одного духовного писателя на то, что естественность молитвы для человека составляет главную причину влечения к излиянию; и посему рассмотрение сей естественности, может также служить сильным средством к возбуждению прилежности в молитве, каковых средств так желательно изыскивает г. профессор. Что припомнится, я сейчас вкратце перескажу вам замеченное мною из сего трактатца: например, пишет оный духовный автор, что разум и природа доводят человека до Богопознания. Первый исследывая, что не может быть действия без причины, и по лествице осязаемых вещей восходя от низших к высшим, наконец достигает до главной причины Бога. Вторая, на каждом шагу раскрывая удивительную премудрость, стройность, порядок, постепенность, дает основательный материал для лествицы, ведущей от конечных причин к бесконечной. Таким образом, естественный человек естественно приходит к познанию Бога. Потому-то ни одной нации, ни одного племени дикого не бывало и нет, без какого-либо понятия о Боге. – Вследствие сего понятия самый дикий островитянин без всяких сторонних побуждений, как бы невольно возводит взор свой к небу, падает на колени, изводит непонятный для него, но необходимый вздох, чувствует непосредственно, что-то особенное, «что-то влекущее его в высоту, что-то нудящее к чему-то неведомому... Из сего основания происходят все естественные религии, при этом весьма замечательно то, что повсеместно сущность или душу каждой религии составляет тайная молитва, ознаменовывающая себя каким-либо видом движений и явного жертвоприношения, более или менее искаженного тьмою грубого и дикого понятия людей языческих!... Сколь дивное сие явление в глазах разума, столь более требует от него же раскрытия тайной причины сего дивного явления, выражающегося в естественном стремлении к молитве.

Психологический ответ на сие не труден: корень, глава и сила всех страстей и действий в человеке есть врожденное себялюбие. Сие ясно подтверждает коренная и всеобщая идея самосохранения. Каждое желание, каждое предприятие, каждое действие человеческое имеет целию своею удовлетворение себялюбия, искание собственного блага. Удовлетворение сей потребности сопровождает всю жизнь естественного человека. Но дух человеческий не удовлетворяется ничем чувственным, и врожденное себялюбие никогда не умолкает в своем стремлении; посему желания развиваются все более и более, стремление к благу возрастает, наполняет воображение и настраивает к сему чувства. Излияние сего внутреннего ощущения и желание само собою разверзающееся, есть естественное возбуждение к молитве, есть потребность себялюбия, с трудом достигающего своих целей. Чем менее человек преуспевает и чем более имеется в виду собственное благо, тем более желает, тем сильнее изливает желание свое в молитве; обращается с прошением, желаемого к неведомой причине всего сущего. Итак врожденное себялюбие – главная стихия жизни, есть коренная причина, возбуждающая естественного человека к молитве!..

Премудрый Творец природы влил в природу человека способность себялюбия именно как приманку, по выражению отцов, которая бы влекла и возводила падшее человеческое существо к горнему общению. -

О, если бы человек не портил сей способности и держал бы ее в превосходстве в отношении к своей духовной натуре! Тогда бы он имел сильное ободрение и средство на пути к нравственному совершенству. Но увы! Как часто из сей благородной способности делает он подлую страсть самолюбия, когда обращает ее в орудие животной своей натуры!...

Сердечно благодарю вас, дражайшие мои посетители! душеспасительная ваша беседа весьма меня усладила, и много поучительного сообщила мне малоопытному. Да воздаст Господь благодатию Своею за назидательную любовь вашу....

Все распростились.

СЕДЬМОЕ СВИДАНИЕ

«Молитеся друг за друга да исцелеете» (Иак. V, 16).

СТРАННИК. – Мы с благочестивым спутником, профессором, не могли преодолеть общего желания, чтобы отправиться в путь и не зайти к вам окончательно проститься и попросить молитв ваших за нас...

ПРОФЕССОР. – Да, понятны для нас ваша искренность и те душеспасительные беседы, коими мы наслаждались у вас среди друзей ваших. Это воспоминание сохранится в душах наших, как залог общения и христианской любви и в отдаленной отсюда стране, куда мы стремимся.

– Благодарю вас за память и любовь, а между тем, как приход ваш кстати! У меня остановились два путешественника: Молдавский монах и пустынник, живший двадцать лет безмолвно в лесу. Им хочется вас увидеть, я сейчас позову их... Вот они!

СТРАННИК. – Ах, какая блаженная жизнь в пустыне! И удобная для беспрепятственного приведения души к соединению с Богом! Безмолвный лес, как Эдемский Рай, в коем сладостное древо жизни произрастает в молитвенном сердце пустынножителя. Если бы я сколько-нибудь имел средств к пропитанию, то, кажется, не расстался бы с отшельническою жизнию.

ПРОФЕССОР. – Все нам кажется особенно хорошо издали, а при опыте каждый уверяется, что всякое место, имея свои удобства, имеет и свои невыгоды. Конечно, для имеющего меланхолический темперамент и влечение к безмолвию отрадна жизнь отшельническая, но сколько же предстоит и опасностей на сем пути! Аскетическая история представляет много примеров, в коих видно, как многие отшельники и затворники вовсе лишившие себя общения с людьми, впали в самообольщение и глубокую прелесть.

ПУСТЫННИК. — Удивляюсь, как часто в России, не токмо в иноческих обителях, но даже и от некоторых богобоязненных мирян, приходится слышать, что многих желающих пустынной жизни, или упражнения во внутреннем молитвенном делании, удерживает от последования сему влечению боязнь, чтобы не погибнуть от прелести. Настаивая на этом они представляют примеры, в подкрепление своих умозаключений; почему как сами чуждаются внутренней жизни, так и других от нее отдаляют... Думаю, это происходит из двух начал: или от непонимания дела и непросвещения духовного, или от собственной лености к подвигу созерцания и зависти, чтобы не превзошли их в сих высших познаниях другие стоящие на низшей степени в сравнении с ними.. Очень жаль, что держащиеся сего убеждения не вникают в рассуждения святых отцов по сему предмету, которые прямо и решительно поучают, что не должно бояться или сомневаться, призывая Бога. Если некоторые и впали в самопрельщение или исступление ума, то сие случилось с ними от гордости, от неимения наставника и от принятия явлений и мечтаний за истину. Если же и случилось бы таковое искушение (продолжают они же), то привело бы к опытности и венцу; ибо скорая помощь Божия покровительствует при сем попущении. Дерзайте! Аз с вами есмь, не бойтеся! говорит Иисус Христос. (Гр. Син. л. ф.) Из сего и следует, что напрасно боязнь и устрашение от внутренней жизни под предлогом самопрельщения: ибо смиренное сознание своих грехов, откровенность души наставнику и «безвидие» при молитве, есть твердый и безопасный оплот от прелести, которой многие так сильно боятся, и потому не касаются умного делания, как между тем, они-то сами и находятся в прельщении, по опытным словам св. Филофея Синайского, который говорит следующее: «Многие из иноков не понимают прелести ума своего, которую претерпевают от бесов; т. е. они прилежно упражняются токмо в одной деятельности (в наружных добродетелях), о уме же, т. е. о внутреннем созерцании, не пекутся, будучи не просвещены и не ведущи (гл. 37). „Если даже и услышат о других, что внутренне воздействовала в них благодать, то сие почитают прелестию от зависти", подтверждает св. Григорий Синаит (гл. 1)».

ПРОФЕССОР. – Позвольте спросить вас: конечно, сознание своих грехов удобно для каждого внимающего себе; но как поступить в таком случае, когда нет такого наставника, который опытно мог руководствовать на внутреннем пути и приемля откровение души, мог бы сообщить правильное и благонадежное ведение относительно духовной жизни? В таком случае, конечно, лучше не касаться созерцания, нежели самочинно и без руководителя посягать на оное?... Далее: для меня неудобопонятно, каким образом, поставляя себя в присутствие Божие, можно сохранить совершенное «безвидие»? Это не естественно, ибо душа наша или ум ничего не может представить в воображении безформенно, в совершенном безвидии. И почему бы, при погружении ума в Бога, не представлять в воображении Иисуса Христа или Пресвятую Троицу и проч?..

ПУСТЫННИК. – Хотя руководство опытного и сведующего в духовном деле наставника, или старца, коему бы беспрепятственно с доверенностию и пользою можно было ежедневно открывать душу, помыслы и встречи на пути внутреннего обучения, и составляет главное условие при упражнении в сердечной молитве, подвизающегося в безмолвии: но в случае невозможности найти такового, те же св. отцы, кои сие заповедуют, представляют при сем исключение. Преподобный Никифор монашествующий ясно учит о сем так: «при упражнении во внутреннем сердечном делании, потребен истинный и сведующий наставник. Если же такого нет, то следует прилежно искать: если не находишь, то с сокрушением сердца призови Бога в помощь почерпать наставление и руководство в учении св. Отцов и поверять себя Словом Божиим, изображенным в Священном Писании». При сем надо также принять в соображение и то, что истинному усердному желанию искателя можно услышать полезное и наставительное слово и от простых: ибо также св. Отцы уверяют, что если с верою и правым намерением вопросить и сарацина, то и сей может сообщить слово полезное; если же без веры и справедливой цели потребуешь наставления у Пророка, то и он не удовлетворит тебя... Пример сему видим в Великом Египетском Макарии, которому однажды сделал вразумление и сим пресек страсть простой поселянин. Что же касается «безвидия», т. е. чтобы не воображать и не принимать никаких явлений во время созерцания ни света, ни ангела, ни Христа и какого-либо святого и отвращаться от всякого мечтания; то сие заповедают опытные св. Отцы, конечно, по той причине, что способность воображения удобно может воплощать, или как бы оживлять умопредставления; а посему неопытный легко может увлечься сими мечтами, почесть их за явления благодатные, и подпасть самопрельщению, а при том же, как изображает Священное Писание, что «и сатана весь преображается в ангела света». А что ум естественно и удобно может находиться в «безвидии» и сохранять оное и при памятований присутствия Божия, то это усматривается из того, что сила воображения может ощутительно что-либо представить в «безвидии» и держаться на оном представлении при внимании предметам, не подлежащим чувству зрения, не имеющим внешнего вида или формы. Так например: представление и самоощущение души нашей – воздуха, тепла, холода; находясь на холоде, можно живо представить в уме теплоту, хотя оная и не имеет формы, не подлежит зрению, не измеряется осязанием находящегося на холоде! Подобно сему, и присутствие духовного и непостижимого существа Божия можно представить в уме, сознавать в сердце в совершенном безвидии.

СТРАННИК. – Случилось и мне в странствии моем слыхать от людей набожных и ищущих спасения, что они боятся под изветом прелести коснуться внутреннего делания. Некоторым и я с пользою почитывал из «Добротолюбия» наставления св. Григория Синаита, который говорит, что «сердечное действие не может быть прелестным (не так, как умственное), ибо если бы враг и захотел превратить теплоту сердечную в свое нестройное жжение; или веселие сердца заменить мокротною сладостию: но время, опыт и чувство само собою обличат сии его коварства, даже для не очень ведающих сие его ухищрение»...

Также встречал и других; кои, к большому сожалению и познавши стезю безмолвия и сердечной молитвы, в случае какого-либо преткновения или греховной слабости, впадают в уныние и оставляют внутреннее делание сердца, познанное ими!

ПРОФЕССОР. – Да это и очень естественно! Я и сам иногда на себе сие испытываю, когда случится из внутреннего настроения уклоняться в развлечения, или сделать какой-либо проступок... Ибо как внутренняя молитва сердца есть дело святое, и единение с Богом, то прилично ли и не дерзновенно ли вводить дело святое в сердце греховное, – не очистивши его прежде безмолвным сокрушенным покаянием и достодолжным приготовлением к общению Божию? Лучше онеметь пред Богом, нежели износить «безумные глаголы» из сердца омраченного и развлеченного.

МОНАХ. – Очень жаль, что вы так рассуждаете! Эта мысль «уныния», которая преступнее всякого греха, и составляет главное оружие темного мира в отношении к нам... Опытные святые Отцы наши в сем случае совсем иное дают наставление. Преподобный Никита Стифат говорит, что если бы ты пал и низшел даже в глубину адской злобы; то и тогда не отчаивайся, а обращайся скорее к Богу, и Он скоро восставит упадшее твое сердце и даст тебе силу более прежней (гл. 54). Итак, после всякого падения и греховного уязвления сердца, немедленно следует поставлять его в присутствие Божие для исцеления и очищения, подобно как зараженные вещи, пролежав несколько времени под влиянием солнечных лучей, теряют свою заразительную остроту и силу. О сем множество духовных учителей говорят утвердительно. В борьбе со врагами спасения, – страстями нашими, однако никак не должно отступать от живоносного делания, т. е. призывания Иисуса Христа, сущего в сердцах наших! Поступки наши не только не должны отвращать нас от хождения в присутствии Божием и от внутренней молитвы, возбуждая беспокойство, уныние и печаль, но еще и способствовать к скорому обращению нашему к Богу. Младенец водимый матерью, когда начнет ходить, скорее к ней обращается, и крепко за нее придерживается, когда спотыкается.

ПУСТЫННИК. – Я так о сем думаю, что дух уныния и обуревающие сомнительные помыслы возбуждаются удобнее всего рассеянностью ума, и не хранением безмолвного обращения и самого себя. Древние богомудрые отцы одерживали над унынием победу, получали внутреннее озарение и укрепление в уповании на Бога, в спокойном безмолвии и уединении; да и нам преподали в сем случае полезный и мудрый совет: «сиди безмолвно в келлии твоей и она всему тебя научит».

ПРОФЕССОР. – По моей доверенности к вам, мне очень желательно услышать ваш критический разбор моих мыслей относительно похваляемого вами безмолвия и благотворной пользы затворничества, коего так любят держаться пустынники. Вот как о сем я рассуждаю: так как все люди по закону природы, предписанному Творцом, состоят в необходимой зависимости один от другого; а потому и обязаны один другому помогать в жизни, и один для другого трудиться и быть полезными один другому, то сею общительностью зиждется благосостояние человеческого рода, и любовь к ближнему. А безмолвный затворник, удаливший себя от общения с людьми, чем может в бездействии своем служить ближнему, и какую пользу приносит для благосостояния человеческого общества? Он совершенно разрушает в себе закон Творческий, относительно союза любви к себе подобным и благотворного влияния на собратию!..

ПУСТЫННИК. – Поелику таковой взгляд ваш на безмолвие не верен, то и заключение не правильно; разберем это подробно:

1. Уединенный безмолвник не только не находится в бездейственном и праздном состоянии, но преимущественно действует и даже более, нежели участвующий в общественной жизни. Он неутомимо действует высшею

разумною своею натурою: наблюдает, соображает, следит за состоянием и ходом нравственного своего бытия. Это истинная цель безмолвия! А сие сколько полезно для собственного его усовершенствования, столько же и для ближних, лишенных возможности нерассеянно погружаться в самих себя, для развития нравственной жизни, ибо наблюдательный безмолвник, сообщая свои внутренние опыты, или словесно (при исключительных случаях), или передавая оные письменно, благотворно содействует душевной пользе и спасению своих собратий и содействует более и выше, нежели общественный и частный благотворитель, потому что частная, чувственная благотворительность мирских людей ограничивается всегда небольшим числом благотворимых; а благотворящий нравственно приобретением убеждений и опытных способов к совершенствованию духовной жизни делается благотворителем целых народов; его опыты и назидания переходят от поколения к поколению, что мы и видим, и чем пользуемся с древности до сего времени. И что ничем не разнится от щедрой милостыни Христа ради, осуществяемой христианскою любовью, но даже и превосходит оную по своим последствиям.

2. Благотворное и полезнейшее влияние безмолвника на ближних открывается не только в общении его наставительных наблюдений над внутреннею жизнию, но даже и самый пример его отрешенной жизни пользует внимательного мирянина, приводя его в самосознание и обращая к чувству благоговения... Житель мира, слыша о благоговейном отшельнике, или проходя мимо его затвора, ощущает возбуждение к благочестивой жизни, вспоминает, чем может быть человек на земле, и как доступно возвращать человеку первобытное свое созерцательное состояние, в каком он вышел из рук Творческих. Безмолвный отшельник самым молчанием своим учит,

самою жизнию пользует, назидает и убеждает к исканию Бога...

3. Показанная польза проистекает от безмолвия истинного, просвещенного и осененного светом благодатным. Но если бы безмолвник и не имел сих благодатных даров, чтобы быть светильником мира, если бы вступил на путь безмолвия с тою только целью, чтобы скрыть себя от сообщества себе подобных, по причине своей лености и нерадивости и худого и соблазнительного примера, то и тогда бы он сделал великую пользу, и имел бы благотворное влияние на общество, среди которого он находился, подобно, как садовник отсекает сухие и бесплодные ветви, и извергает вредные растения для беспрепятственного возрастания лучших и полезных. И это уже много, и это уже общественная польза, что безмолвник отшельничеством своим отъемлет соблазн, неминуемо происходивший бы от его соблазнительной жизни среди людей, и повреждавший бы нравственность ближних.

О важности безмолвия св. Исаак Сирин отзывается так: «Когда на одну сторону положим все дела жития сего, а на другую молчание: тогда найдем, что оно перевешивает на весах (сл. 41). Творящих знамения, и чудеса и силы в мире, не сравнивай с безмолвствующими с ведением. Бездейственность безмолвия возлюби паче, нежели насыщения алчущих в мире, и обращения многих народов к Богу. Лучше тебе самого себя разрешить от уз греха, нежели рабов освободить от рабства» (сл. 56).

Даже самые стихийные мудрецы сознавали пользу безмолвия: философская школа неоплатоников, имевшая многих знаменитых последователей под руководством философа Плотина, глубоко развивала созерцательную, внутреннюю жизнь, достигаемую преимущественно в безмолвии... Один духовный писатель сказал, что если бы государство было развито до последней степени образованности и нравственности, то и тогда все еще останется забота и потребность иметь людей, для иных, созерцательных целей, кроме общественной гражданской деятельности, дабы поддерживать дух истины, и приемля оный от всех веков минувших, сохранять для веков будущих и передавать потомству. Таковые люди, в церкви суть пустынники, отшельники и затворники.

СТРАННИК. – Кажется, никто так верно не оценил превосходства безмолвия, как св. Иоанн Лествичник: «безмолвие, говорит он, есть матерь молитвы, возвращение из греховного плена, нечувствительный успех в добродетелях, и непрестанное восхождение на небо». Да и Сам Иисус Христос, дабы показать нам пользу и необходимость безмолвного уединения, почасту оставляя общественную проповедь, уходил в безмолвные места для молитвы и успокоения.

Созерцательные безмолвники суть как столбы, поддерживающие благочестие Церкви своими непрестанными молитвами: даже в самой древности видно, что многие из благочестивых мирян, даже самые цари и сановники их, отправлялись на посещение пустынников и безмолвников, дабы просить молитв их в подкрепление и спасение. Следовательно, и безмолвный отшельник может служить ближним, и содействовать к пользе и благу общества уединенною молитвою.

ПРОФЕССОР. – Вот, еще и эта мысль для меня неудоборешима: у всех нас христиан есть общий обычай просить молитв друг у друга; желать, чтобы молился о мне другой, и в особенности доверенный мне член Церкви. Это не просто ли потребность себялюбия, не перенятое ли токмо обыкновение говорить так, как слыхали от других, как мечтается уму без всяких дальнейших соображений? Ужели Бог требует ходатайства человеческого, провидя все и делая по Своему всеблагому Промыслу, а не по нашему хотению; зная и определяя все прежде прошения нашего, как говорит святое Евангелие? Ужели сильнее может побеждать определение Его молитва многих, нежели одного? В таком случае Бог был бы лицеприятен? Ужели молитва другого может спасти меня, когда кийждо от своих дел, или прославится, или постыдится? А посему требование молитвы другого и есть (как думаю) токмо благочестивый плод духовного учитвства, поставляющий на вид смирение и желание угодить предпочтением одного другому, более ничего!

МОНАХ. — По внешнему рассуждению и стихийной философии может представляться это и так, но духовный разум, осененный светом религии и образованный опытом внутренней жизни, проникает глубже, созерцает светлее и таинственно открывает совсем противоположное представленным вами указаниям!... Чтобы скорее и яснее понять это, объясним примером и проверим истину сию Словом Божиим. Например: к одному учителю ходил ученик брать уроки просвещения. Слабые способности, а не менее и леность и рассеянность, препятствовали ученику в успехах учения и поставляли его в разряд ленивых и безуспешных. Опечаленный сим он не знал, что делать, как бороться с недостатками своими. Некогда встретясь с другим учеником, товарищем по классу, более его способным, прилежным и успешным, объявил ему свое горе. Сей, принявши в нем участие, пригласил его заниматься вместе: «будем учиться вместе, — сказал он, — нам будет охотнее и веселее, и потому успешнее»...

Итак они стали учиться совокупно, передавая один другому, кто что понял; предмет учения был один и тот же. И что же последовало чрез несколько дней? Нерадивый сделался прилежным, полюбил учение, небрежение его обратилось в усердие и понятливость, что оказало благотворное влияние и на самый характер его и нравственность. А понятливый его товарищ сделался еще способнее и трудолюбивее. Они в воздействии одного на другого приобрели общую пользу... Да это и весьма естественно; ибо человек рождается в обществе людей, развивает разумные понятия чрез людей; обычаи жизни, настроения чувств, стремление желаний, словом все он приемлет по образцу себе подобного. А потому как жизнь людей состоит в теснейшем соотношении и могущественном влиянии одного на другого, то кто между какими людьми живет, таковым и навыкает обычаям, действиям и нравам. Следовательно хладный может возгреваться, тупой – остреть, ленивый – возбуждаться к деятельности живым участием подобного себе человека. Дух духу может передавать себя, может благотворно действовать один в другом: вовлекать его в молитву, во внимание, ободрять в унынии, отклонять от порока и возбуждать к святой деятельности, а посему воспомоществуемый один другим, может соделываться благочестивее, подвижнее и богоугоднее... Вот тайна молитвы за других, объясняющая благочестивый обычай христиан – молиться одному за другого, просить молитвы братней!..

А из сего можно видеть, что не Бог удовлетворяется многими прошениями и ходатайствами, (как это бывает у сильных земли), а самый дух и сила молитвы очищает и возбуждает душу, о которой молятся, и представляет ее как способную к соединению с Богом...

Если так плодотворна обоюдная молитва живущих на земле, то само собою разумеется, что молитва о преставившихся так же обоюдно благодетельна по теснейшей связи мира горнего с дольним; так же может вовлекать в общение души – Церкви воинствующей, с душами – Церкви торжествующей; или, что то же, с отшедшими.

Хотя все сказанное мною и есть суждение психологическое; но раскрыв Священное Писание, мы уверимся в истине оного!.. 1) так говорит Иисус Христос Апостолу Петру: «Аз же молихся о тебе, да не оскудеет вера твоя». Вот сила молитвы Христовой укрепляет дух Петра и ободряет при искушении против веры. 2) Когда Апостол Петр содержался в темнице: молитва же была прилежна в церкви о нем. Здесь обнаруживается помощь братской молитвы в скорбных обстоятельствах жизни... 3) Но самая ясная заповедь о молитве за ближних выражается святым Апостолом Иаковом так: «исповедуйте друг другу согрешения, и молитеся друг за друга, яко да исцелеете. Много бо поможет молитва праведнаго поспешествуема». Здесь определенно подтверждается и вышесказанное психологическое умозаключение...

А что сказать о примере Апостола Павла, данном нам в образец молитвы друг за друга? Один писатель замечает, что этот пример св. Апостола Павла должен научить нас, сколь потребна взаимная друг за друга молитва, когда и сей толико святый и крепкий подвижник духовный, признает для себя нужду в сей духовной молитвенной помощи. Он в послании своем к Евреям выражает прошение свое так: молитеся за нас, уповаем бо яко добру совесть имамы во всех добре хотящих жити. Внимая сему, как неразумно было бы опираться на свои токмо собственные молитвы и успехи, когда руководствуемый смирением, толико облагодатствованный святый муж просит соединить молитву ближних (Евреев) с его собственною? А потому, с каким смирением, простотою и союзом любви, надлежит нам не отвергать, не пренебрегать молитвенной помощи даже немощнейшего из верующих, когда прозорливый дух Апостола Павла, не употребил в сем случае разборчивости; но просил молитвы общей от всех, зная, что сила Божия в немощех совершается; следовательно и может иногда совершаться в немощных по-видимому молитвенниках...

Убедясь сим примером, заметим еще, что молитва друг за друга поддерживает союз христианской любви заповеданной Богом, свидетельствует смирение и дух молящегося, и воспламеняется сим обоюдная молитва.

ПРОФЕССОР. – Прекрасен и точен разбор и доказательства ваши, но любопытно было бы услышать от вас, самый способ и форму молитвы о ближних, ибо я думаю, что если плодотворность и вовлечение молитвы зависит от живого участия к ближним, и преимущественно постоянного влияния духа молящегося на дух требующего моления, то не будет ли таковое настроение души отвлекать от беспрерывного поставления себя в безвидное присутствие Божие, и излияния души пред Богом в ее собственной потребности? А если токмо раз или два в сутки привести на память своего ближнего с участием к нему и прося ему помощи Божией; то достаточно ли сие будет к вовлечению и подкреплению души того, о ком молишься? Короче сказать: хочется узнать, каким образом, или как молиться о ближних?

МОНАХ. – Молитва о чем бы ни была, приносимая Богу, не должна, да и не может выводить из поставления себя пред Богом: поелику, если она изливается к Богу, то и бывает, конечно, в Его присутствии... Относительно же способа моления о ближних надо заметить, что сила сей молитвы состоит в искреннем христианском участии к ближнему и по мере оного, имеет влияние на его душу. А потому, при воспоминании о нем (о ближнем) или в назначенный для сего час, следует возведя умственный взор к Богу принести молитву в следующей форме: Милосердый Господи! Да будет воля Твоя, хотящая всем спастись и в разум истины приидти: спаси и помилуй раба Твоего (такого-то). Приими сие желание мое, как вопль любви, заповеданной Тобою.

Обыкновенно повторяются слова сии по временам движений души или случается перебирать четки – с сею молитвою. Я по опыту изведал, как благотворно действует таковое моление на того, о ком произносится.

ПРОФЕССОР. – Назидательная беседа и светлые мысли, почерпнутые из ваших взглядов и рассуждений, обязывают сохранять их в незабвенной памяти, а ко всем вам питать уважение и благодарность в признательном моем сердце...

СТРАННИК И ПРОФЕССОР. – Итак, время отшествия нашего уже настало; усерднейше просим молитв ваших в напутствие и сопутствие наше!

– Бог мира, возведый из мертвых Пастыря овцам Великаго, кровию Завета вечнаго, Господа нашего Иисуса Христа, да совершит вы во всяком деле блазе сотворити волю Его, творя в вас благоугодное пред Ним, Иисус Христом, Ему же слава во веки веков.

Аминь!

ПРИМЕЧАНИЕ

Описанные здесь по поучению Св. Отцов способы сердечной внутренней молитвы требуют опытного водителя, без коего опасно отваживаться на этот высокий духовный подвиг, подобный мечу обоюду острому. Но все мы должны понуждать себя к непрестанной молитве, во исполнение веления Божия: «Непрестанно молитесь, да не внидите в напасть». Начало молитвы для всех одно, как совершал оное странник; начнем и мы, как он начал, и будем просить Хотящего всем спастись, да дарует Он нам богопро-священного наставника, как даровал оного страннику сему. Самое твердое основание молитвы есть совершенная всецелая преданность в волю Божию и глубочайшее смирение. Человек, какие бы подвиги не совершал, хотя бы даже мертвого воскресил, если он только дерзнет отнести что-либо к себе, то все это потеряно. Все без изъятия должно относить к Богу, по реченному Им: «Без Мене не можете творити ничесоже». Даже самое желание наше упражняться в молитве – и это уже есть дар Божий, благодать свыше, ибо мы сами постоянно склоняемся ко всему греховному.

www.orthodoxlogos.com

www.ingramcontent.com/pod-product-compliance
Lightning Source LLC
Chambersburg PA
CBHW060553080526
44585CB00013B/548